怪咖时代

反传统创业模式

王挺　王栋◎著

红旗出版社

图书在版编目（CIP）数据

怪咖时代：反传统创业模式 / 王挺 王栋著 .
— 北京：红旗出版社，2017.4
ISBN 978 - 7 - 5051 - 4184 - 1
Ⅰ. ①怪… Ⅱ. ①王… Ⅲ. ①创业-商业模式 Ⅳ.
① F241.4
中国版本图书馆 CIP 数据核字 (2017) 第 097044 号

书　名　怪咖时代：反传统创业模式
作　者　王　挺　王　栋

出 品 人　李晓阳　　特邀编辑　刘慧美　王士源
责任编辑　于鹏飞　　封面设计　李尹书装

出版发行　红旗出版社　　地　　址　北京市朝阳区南磨房化工路甲 18 号
邮政编码　100727　　编 辑 部　010 - 57274617
E - mail　hongqi1608@126.com
发 行 部　010 - 57270296
印　　刷　北京鑫瑞兴印刷有限公司
开　　本　710 毫米 ×1000 毫米　1/16
字　　数　205 千字　　印　　张　18
版　　次　2017 年 6 月北京第 1 版　2017 年 6 月北京第 1 次印刷
ISBN 978 - 7 - 5051 - 4184 - 1　　定　　价　58.00 元

欢迎品牌畅销图书项目合作　联系电话：010 - 57274627
凡购本书，如有缺页、倒页、脱页，本社发行部负责调换

序 / PREFACE

创业是一种病

导读：面对创业，除了担当之外，若要迈入成功的殿堂，还需要有三种必备素养：秀才情怀、强盗逻辑和土匪精神。

创业是一种病，一种无法治愈的精神病。

这个世界上大多数人其实都不适合创业，因为创业实在是一件苦不堪言的事，因为所有的创业曲线都是很熬人的，谁也没有对未知的结果抱有绝对的把控能力。台湾连续创业者 Jamie 根据众多创业者的实践，画出了创业曲线图，我想但凡创业者大都能从中找到自己的影子吧。从欢天喜地创立公司的“无知的乐观”到折腾一圈发现前途渺茫的“绝望的三观”最后再到坚持不懈、不言放弃的“知情的悲观”，所有的创业者都被现实认认真真地筛选一遍，最终留下的，将成为商业文明的推动者。

逆水行舟，不进则退，创业就是如此。所有创业者都有着与生俱来的危机感，创业者天生都有着一颗不安分的心，这种不安分随着创业的推进，逐渐成为一种习惯，演化成如影随行的“精神病”，最终让创业者成为打不死的“小强”。

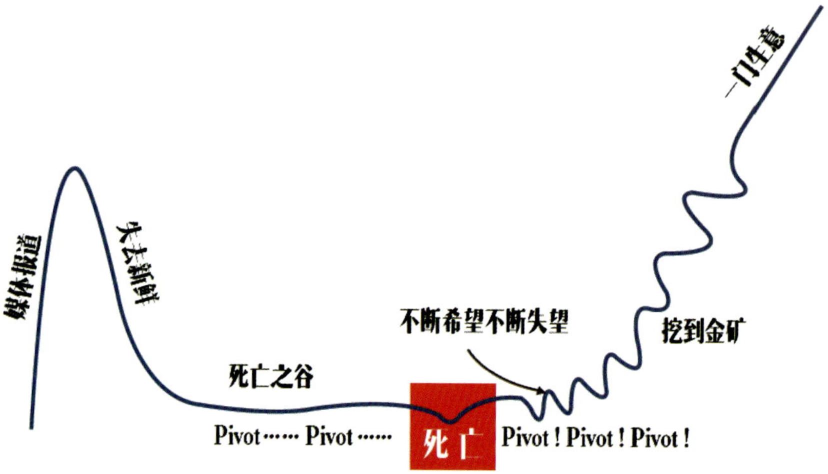

大多数的创业路径如出一辙，一开始想做 A，做着做着做成了 B，结果得到了一个 C，最终讲一个故事变成了 D。我们常挂在嘴边的 BP（Business plan，商业计划书）实际上 99% 总是和最终的结果挂不上钩，因为这个世界变化快，而移动互联网席卷而来更是催生出创业的未知和不确定性。在这波诡云谲的商业世界，如何“活下去”是创始人心中永远无法回避的话题。

不在危机中灭亡，就在危机中爆发。危机感基本上是每一个创业者的天性。

刚创业的人，整天想着如何赚钱养活自己和员工；创业有所小成的人，整天想着如何升级竞争力更好地复制业务、爆破更大业绩；而极少数大成的创业者，则更为焦虑，天天警觉以防被人颠覆……

人之初，性本贱。创业者们有时累到极致，大骂老子不干了，但一觉之后，第二天满血复活，立马又带上团队继续踏上没有尽头的征途。创业者的亢奋可以在 3W 咖啡和车库咖啡中领略，但即使已经笑傲江湖的大佬们也毫不逊色，甚至更善于结盟成团、不断精进。对于创业者而言，活脱脱的就是生命不息、折腾不止！

一入创业深似海，从此节操是路人。创业路上的人基本上都缺乏对家庭的照顾。每一个人从创业开始便心系企业，为了活下去、发展起来、大展宏图，必须如太阳一样源源不断地为团队注入能量，不管怎样的境遇，创业者始终充满无比的热望，谁让他是创业者、创始人呢？在他自己创造的世界里也只有他自己能够点亮希望。虽然创业者也参差不齐，有各种风格，但从我的内心来看，每一位都值得尊敬，原因只有一个，一旦选择创业的征程，他们将都有一个最重要的素养，那个素养是：担当！虽然有时为了生存和发展出现各种雷人的姿势和夸张的故事，但是“一白遮百丑”，创业者始终是推动商业进化和人类文明的前行者。

面对创业，除了担当之外，若要迈入成功的殿堂，还需要有三种必备素养：秀才情怀、强盗逻辑和土匪精神。

秀才情怀是指我们要有良好的价值观、使命、愿景，有重情重义的人格魅力；要懂得运筹帷幄，有决胜于千里之外的智慧；还要有动心忍性，成就于纵横捭阖的格局。

而强盗逻辑是指在商业的世界里认知大于事实，你需要抢占制高点，这个制高点不仅仅是现实中的制高点，更重要的是用户心智认知中的制高点，这样才能先发制人、拔得头筹。

土匪精神指的是实干精神，没有哪一份事业是悠悠荡荡、浑浑噩噩干出来的，但凡创业活下来的都是严重聚焦结果、全力以赴干出来的。面对一切困境，卓越的人付之一笑，破釜沉舟，一个字“干”！有条件上，没有条件，创造条件还要上，每一位创业者都是被逼出来的。逼一逼就成功了。

创业是条不归路，一旦踏上，便很难回头。那种已经野了的心再也无法适应朝九晚五的常人生活，虽然焦虑和亢奋常常如影随行。但，正是他们，才使得商业百花齐放、百家争鸣。

在物质生活无比丰富的今天，我们要感谢那些把青春、生活全部投入到创业中的创业者们，无论今天他们已经呼风唤雨还是被迫离场，无论今天他们富甲一方还是另起炉灶。他们，确实为了我们美好的生活贡献了智慧、汗水和精力。创业不易，守业更难。他们非同常人，因为付出更多。看似有着充满着活力的状态，但却也有一人扛天下的辛劳，他们需要每一个人给予关爱和支持、监督和鞭策。我们可以叫他们老板，也可以称之为商人或者创始人，这些都不重要，重要的是他们不只是一个标签，而是这个社会最有担当的一个群体，不但自己养活了自己，还为政府和社会担负起超于常人的责任。

谨以此向所有走在路上的创业者道一声珍重，并用鲁迅的一首诗向所有打拼在市场的创业者们报以深深的敬意！

自题小像

鲁迅

灵台无计逃神矢，风雨如磐暗故园。

寄意寒星荃不察，我以我血荐轩辕。

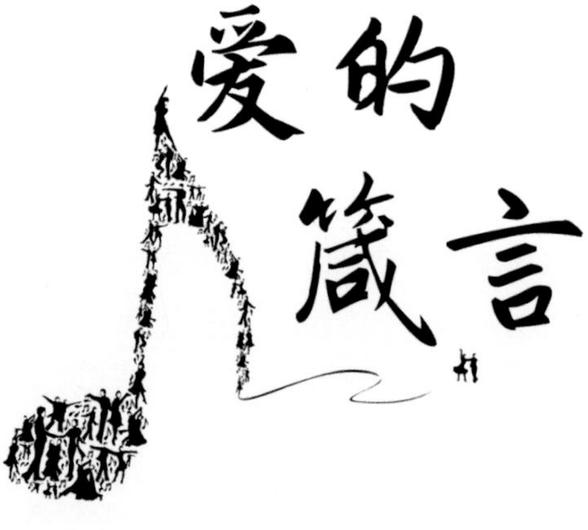

扫描二维码

给你听一首歌

下面我用七个成语来描述创业的不同阶段，你现在处在哪个阶段？

第一个成语：墨守成规

第二个成语：守株待兔

第三个成语：刻舟求剑

第四个成语：田忌赛马

第五个成语：叶公好龙

第六个成语：小马过河

第七个成语：行者无疆

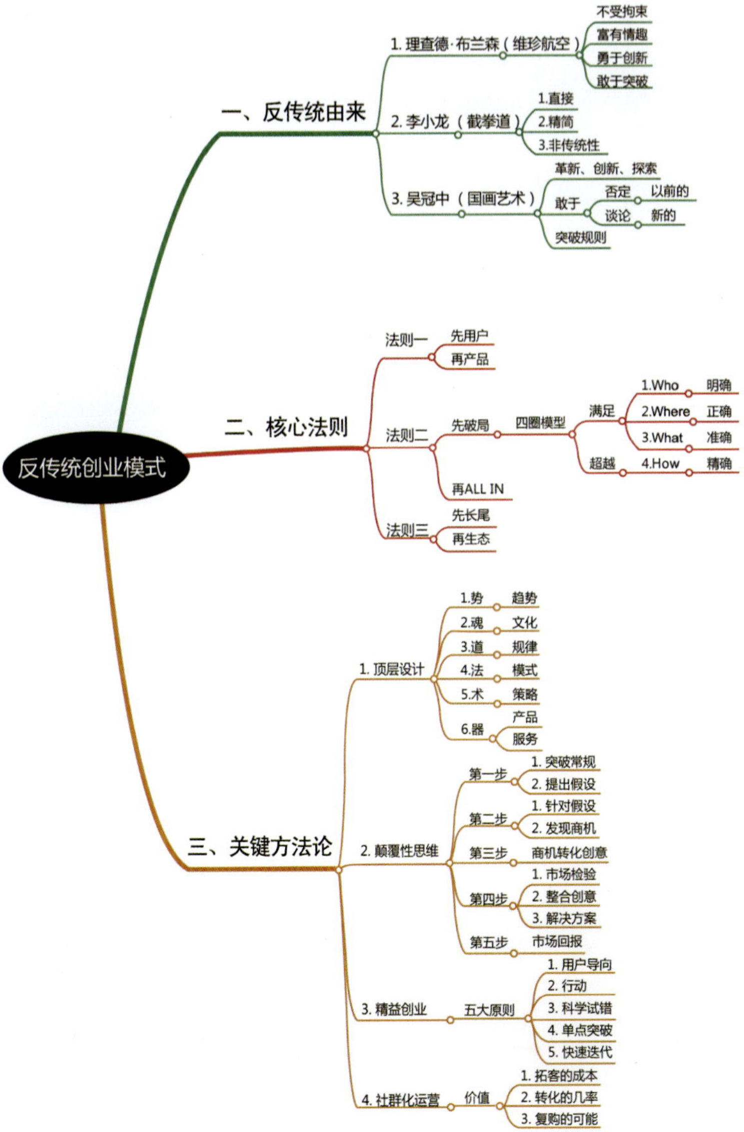

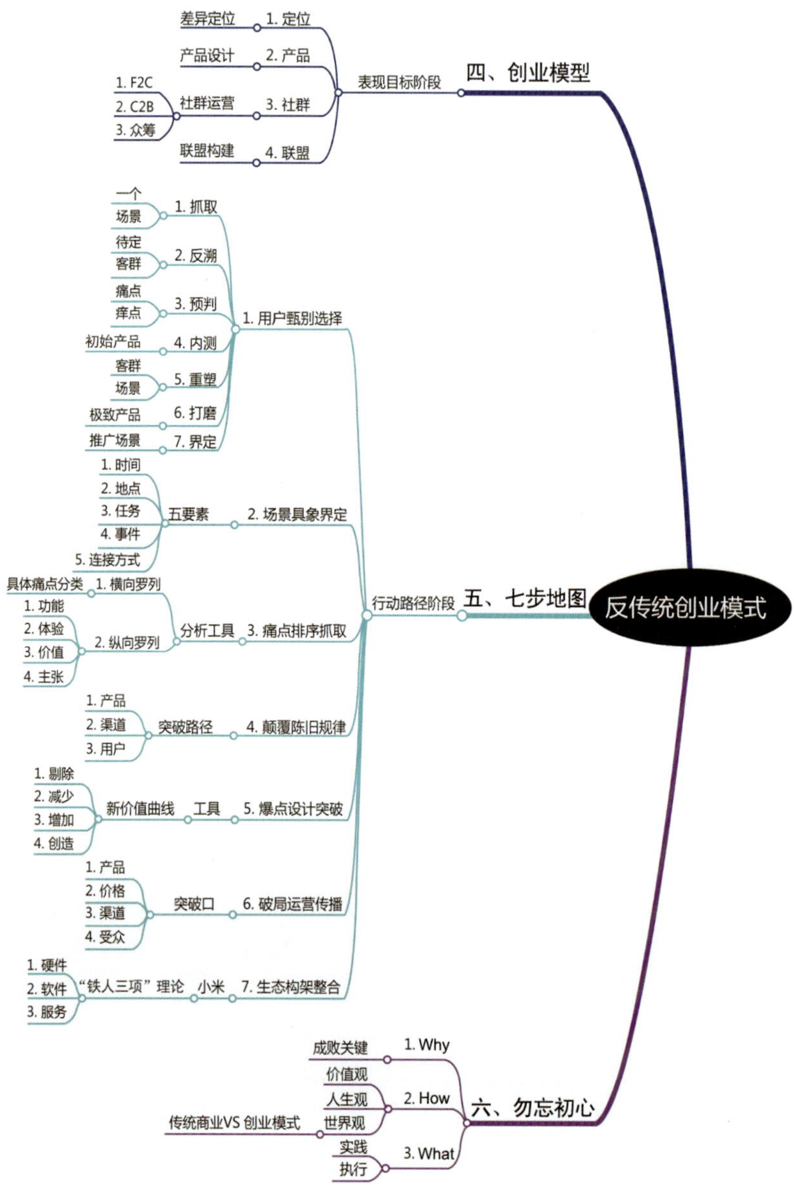

反传统创业模式
四、创业模型
表现目标阶段
1. 定位
差异定位
2. 产品
产品设计
3. 社群
社群运营
1. F2C
2. C2B
3. 众筹
4. 联盟
联盟构建
五、七步地图
行动路径阶段
1. 用户甄别选择
1. 抓取
一个
场景
2. 反溯
待定
客群
3. 预判
痛点
痒点
4. 内测
初始产品
5. 重塑
客群
场景
6. 打磨
极致产品
7. 界定
推广场景
2. 场景具象界定
五要素
1. 时间
2. 地点
3. 任务
4. 事件
5. 连接方式
3. 痛点排序抓取
分析工具
1. 横向罗列
具体痛点分类
2. 纵向罗列
1. 功能
2. 体验
3. 价值
4. 主张
4. 颠覆陈旧规律
突破路径
1. 产品
2. 渠道
3. 用户
5. 爆点设计突破
工具
新价值曲线
1. 剔除
2. 减少
3. 增加
4. 创造
6. 破局运营传播
突破口
1. 产品
2. 价格
3. 渠道
4. 受众
7. 生态构架整合
小米
“铁人三项”理论
1. 硬件
2. 软件
3. 服务
六、勿忘初心
1. Why
成败关键
2. How
价值观
人生观
世界观
3. What
实践
执行
传统商业VS 创业模式

1. 王挺先生与金融专家、CUHK教授郎咸平先生同台论道，为浙江1200名企业家授课
2. 王挺先生与商务通、背背佳、壹人壹本、好记星创始人蒋宇飞先生在一起研习营销
3. 王挺先生为聚成集团董事长刘松琳先生颁奖
4. 王挺先生与万科集团董事会主席王石先生在一起汲取万科集团成长经验
5. 王挺先生在汇源集团向董事长朱新礼先生学习企业发展战略
6. 王挺先生向联想集团旗下君联资本董事总经理王建兴女士分享人力资源战略
7. 王挺先生为旦恩创投创始人凌代鸿先生颁发黑马营导师证
8. 王挺先生与新东方教育集团董事长俞敏洪先生在一起
9. 王挺先生与学而思创始人曹允东先生一起听取学而思运营经验
10. 王挺先生为YY语音创始人李学凌先生颁发导师证
11. 王挺先生在清华大学的总裁班分享管理心理学
12. 王挺先生与中国著名财经作家、《大败局》作者吴晓波先生在一起

初心年度盛典

年度反传统创业千人峰会

项目融资会决赛第一名喜获60万初心大奖

项目融资决赛入围创始人合影

全国各地转型升级活动掠影

热点明星企业游学

苏州园区政府领导贺初心众创空间开业

王挺老师出席初心会的活动，并与会员合影

初心众创营一年5期
帮助75家中小企业打造
细分领域第一

扫码了解

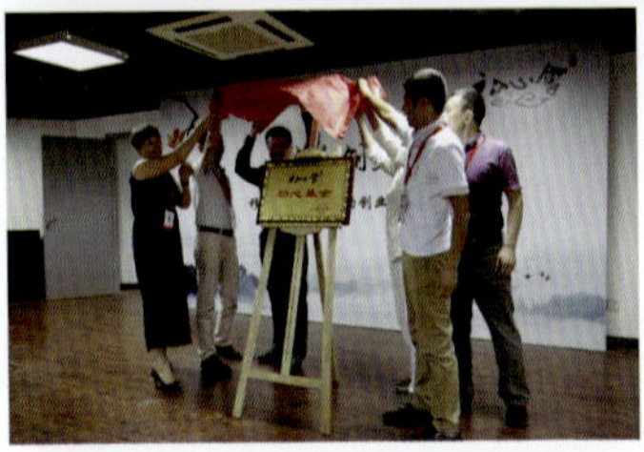

初心基金目前已投
多个领域优质项目

初心会全球分会（迪拜、上海、浙江、福建、苏州等）
部分活动掠影

王挺老师出席初心会的活动，并与会员合影（续）

引言 / FOREWORD

涅槃重生

狄更斯在《双城记》的开头说："这是最好的时代，这是最坏的时代；这是智慧的时代，这是愚蠢的时代；这是信仰的时期，这是怀疑的时期；这是光明的季节，这是黑暗的季节；这是希望之春，这是失望之冬；人们面前有着各样事物，人们面前一无所有；人们正在直登天堂，人们正在直下地狱。"

我想说所有的年代其实都一样，彼时也好此时也好，我们都只关注属于自己的年代。英雄不问出处，年代没有好坏。许多事由不得你，你唯一能做的就是选择自己的活法和未来。

此时是一个匮乏诗歌和散文的年代，一切都在碎片化的信息中起伏不定，商业大潮更是在无数蠢蠢欲动的人群中波澜迭起，大众创业、万众创新的口号推动着一波又一波的创业者涌向前台。

如果说中国式创业在过去如"工业品"，那么今天则有点像"快消品"，也许再过三年，等这一波过度的创业消费过去时，创业变成了"耐消品"，才是真正中国式创业的崛起。因为创业不只是做个小生意那么简单，创业本质上是一件严肃的事情。

确实，中国一直遗憾于仅仅抓住了第二次工业革命的尾巴，但是这次却抓住了移动互联网的开端。中国是全世界移动互联网商业化最活跃的地方，所有的一切在互联网+的大环境推动下，要么如狼似虎，要么待时而动。当然是转型还是转行，升级还是升华，还是多重并行，这不是一道简单的选择题，而是一道实践的证明题，一切要靠一个个创业者自己去验证去完成。

如果说曾经我们还在用丛林法则面对商业，那么现在我们拥抱的则是天空法则。移动互联网的冲击让原本平淡的创业世界变得一切皆有可能，虽然商业的本质不会变，虽然物化的需求仍无法替代，虽然移动互联网的边界在于人心，但，移动互联网这一次如蒸汽机一般用无法阻挡的趋势正迅速地覆盖我们的生活和工作，覆盖我们的世界。

正如张瑞敏说的一样：没有成功的企业，只有时代的企业。

如果说曾经习以为常的商业状态在被移动互联网渗透和颠覆，不如说我们对既存以久的商业状态心存期待。要么今天我们将重塑核心价值升级产品，要么我们将重塑商业模式优化体验，说得直白一些，我们此刻终于可以做一些曾经不敢想的事情，对于那些我们已经忍了许久的传统行业，面对由来已久的桎梏和痛点，我们终于可以用卑微的力量去尝试借势撬动了，甚至有的还将是颠覆性的革命，因为大家在移动互联网之前都是白手起家。光脚的从来就不怕穿鞋的，商业唯有在此类的变革中才能爆破出不一样的未来。

如果一定要为此时借助于移动互联网之势而出现的新创业行动加上一个标签的话，那么我认为最直接的就是三个字：反传统！因为我们需要改变那些一成不变的程式和标准，需要尝试颠覆那些已经腐朽没落的规则。每一次新政的颁布都推动着一个新的商业格局，而每个时代更应有每个时代的张力和烙印，这个时代更不能例外！

借用德国诗人歌德诗剧《浮士德》中魔鬼靡菲斯特·斐勒司说的一句话“亲爱的朋友，一切理论都是灰色的，唯生命之树常青”，对于我们正在路上的创业者们，我想说的是“一切理论都是灰色的，唯实践之树长青”。

反传统创业，不是靠吼吼口号，而是实打实地靠自己的双手去干。实践是检验真理的唯一标准，同时它也是检验你是否是一个合格的创业者的最根本的前提。

这本书就是一本关于移动互联网之下，如何更低成本、更低风险、更高效率、更强能力地反传统创业方法论的书，它是基于“精益式创业”“产品型社群”“颠覆性思维”三个基础方法论的系统化创业方法论，从法则到模型、从步骤到行动地图，均结合案例一一说明，同时基于社群电商的实践，也对其做了实战案例的剖析。当然对于一个创业者来说，如何基于产品和服务创造爆点，如何实现业绩的爆破，如何积聚势能构建壁垒并最终破局，都需要一种死磕的精神，书中的内容，权当是“砖头”，相信在每一个当事人创业的实践中复盘出来的智慧才是真正的“玉”。因此，在未来，这本书将不断地延续下去，第二版、第三版、第四版……直到第N版，那就要靠大家来书写创业中的心得，而我则是那个安静的、为大家成功而开心的听众了。

很幸运有缘认识您，扫码连接我吧，希望能同您随时保持沟通，携手共进、迈向更美好的明天！

目录 / CONTENTS

第一部分

反传统创业生存之道

第一章

起风了！

导读：不断放血传统商业的三把“屠刀”：一、信息传播路径变了；二、产品价值定义变了；三、用户关系交互变了。

从曾经的“买路钱”到“化缘”移动互联网之下，真正有价值的品牌传播却是逆向的，品牌营销在移动互联网之下的路径已因为传播方式的改变而完全改变。

天下大势，浩浩荡荡，顺之者昌，逆之者亡。创业亦是如此。

海尔张瑞敏曾说：“没有成功的企业，只有时代的企业。”现在我们喜欢谈“风口”，人人都想站上“风口”，这个“风口”正是创业浪潮的趋势，也是反传统创业的方向。

苹果取代诺基亚是站上了智能手机的风口，滴滴出行取代传统出租车是站上了移动互联网的风口，传统企业的覆亡与其说是创新者的颠覆，不如说是忽视趋势、故步自封的必然。

“风口”往往意味着趋势，在过去几十年的商业发展史上，每到一个窗口期，都有“一波一波”的企业脱颖而出。是的，我说的重点是“一波一波”。

对于任何一个老板来讲，最大的成本是无知。因为没看清、没看懂、没看透。而在这个全新的移动互联网时代，任何一个创业者在创业之前，一定要问自己一个问题：出发之前，是不是顺势而为？

杀死传统商业的三把刀

凡事讲究趋势，抓住趋势就如同站上风口。中国商业演化史中，每一个伟大企业的崛起，大都因为它们选择了在正确的时间，走上了正确的路。对于创业者来说，如何走一条正确的路，最有效的方式莫过于站在未来看现在，而不是站在现在看未来。做企业需要前瞻能力。

站在未来看现在，移动互联网的发展给传统商业带来了新时代的挑战，主要表现在三个方面，这也是不断放血传统商业的三把“屠刀”：一、信息传播路径变了；二、产品价值定义变了；三、用户关系交互变了。

第一把刀：信息传播路径变了

传统商业的运作模式，集中在研发、采购、生产、推广、招商、销售这样的不同价值链的环节里。一个新产品出现，任何企业都要准备一笔用于用户和产品之间连接的“买路钱”，这样才能让产品转化为商品获取回报。

早些时候，我们面对的还是一个大一统的传播世界，中央电视台作为垄断式、中心化的传播渠道，确实帮助众多企业带来巨大的投入产出比，秦池酒厂的老板曾经豪言：只要开一辆奥拓车进去，出来就是奥迪。后来进入互联网时代，出现以百度为首的基于 PC 端的互联网中心化的传播方式，通过购买流量，在搜索服务中也成就了很多初创企业。

但是到了移动互联网时代，一切都颠覆了。一部手机，我们每天至少携带十个小时，每天至少拿出来看十次，每次至少看十秒钟，而且手机始终保持在与自己十厘米的范围之内，而人的时间是有限的，那么牺性的就只能是接触其他传统媒体的机会了。整个商业信息的传播在移动互联网之下到了一个流量碎片化、人人自媒体的时代。

信息分布在每一个人的手机上，每个人都像个基站，每个人都可以复制，每个人都可以转发，每一个人都可以点评，每个人都可以传播和分享。大家是否还记得“优衣库”事件？一个视频通过微博的发出，短时间内迅速覆盖全国，微博和微信的交叉传播，实现信息一夜之间的爆破。当传统媒体都还没来得及报道之前，基于自媒体的新传播模式已经完全覆盖性地播完了。基于自媒体的灵活度以及社交载体的丰富度，很容易因为一个特别的事件迅速实现立体交叉式的传播。当然其中重要的是以强内容为前提。

拿时下信息传播的媒体做比较：自媒体的传播能力和速度是远超过传统媒体的。传统媒体和自媒体最大的不同是什么？传统媒体最令人诟病的是无法实现有效的转发、分享。不管是传统报纸杂志电视台，还是 PC 端门户网站，你看了就看了，最多通过转诉或是有限的传阅实现再一次传播，而这种传统的方式在移动互联网的时代就显得非常滞后和无能了。 唯有基于移动互联网之下的新媒体、自媒体方可做到及时有效地传播，并容易产生具有超规模的交叉式传播。曾经我在商界传媒旗下的商界招商网做了一次分享，分享之后，记者将我的分享内容以“最贵的员工该滚蛋”为标题并写了导读，发到网上，结果在过去的两年多，直至今天仍然能够在许多媒体，特别是自媒体上传播，一个看到这篇文章的人，一旦被打动，转瞬点击间，就转发出去了。这篇文章至少有超过千万级以上的阅读量了吧，能做到这样和基于移动互联网工具的个体带来的能动性是息息相关的，而其中的价值更是无法估量的。今天的自媒体就是这么迅捷有效，但凡有价值的一些观点或文章，一指之间马上能转发出去，在打动人的地方往往还被点评，基于人的信任背书加上移动互联网工具的力量，会让传播路径和效率发生史无前例的颠覆。

让你滚蛋

TXT

GET OUT OF MY LIFE

《最贵的员工该滚蛋》

扫描二维码
给你看一篇文章

2013年，在和另外两位合伙人做魔漫相机时，我和团队冥思苦想从几十个名字中选出“魔漫”这个品牌名。随后在没有花任何广告费的前提下，很快推动了用户从零到百万、千万乃至上亿的突破，与其说这是产品的魔力，不如说这是用户一起参与的“共谋”，这就是人人传播人人分享的全新自媒体时代。

移动互联网时代是一个可以以小博大的世界，再小的东西只要能打动人，就能帮你覆盖更多更远，但是单位成本则更低，让你获取足够多的商业回报。窄的定位，因为长尾，往往也能获取海量的用户，这在过去是不敢想象的。

如果说一个好的广告不在于它美不美，而在于最后它有没有拉动销售带来结果的话，那么判断移动互联网下信息传播有没有效，最直接的判断就是对于初始内容有没有人复制、点评以及转发。如果没有，那么就真的可惜没能利用好移动互联网的能量。

我们一起探讨一个问题：对于“传播”，是“传”更重要还是“播”更重要呢？

答案就在你期望的结果里。“播”是单向的，受众是被动的；而“传”则是交互的，受众是主动的。如此可见“传”远比“播”重要，因为“播”是在有限的范围内一厢情愿地输出，而“传”则是在无限的可能里发自内心地交互。

今天营销的核心是内容营销：

不是占用用户的眼球
而是占领用户的嘴巴
其实也不是占领嘴巴而是手指

今天的物质极其丰富、用户选择极其多元，大商圈被小商圈一一解构，大平台被小社群一一切割。过去我们用“买路钱”构建渠道的方式在移动互联网之下成本居高不下但收效甚微，越往后越是无路可走。也许某些高大上的媒体还能从仪式感和知名度上带来品牌的认知价值，但从实际转化和变现上绝对是无法令人满意的。

因此在移动互联网之下，要么打动用户，从曾经的“买路钱”到“化缘”，他们会帮你零成本传播，用户不但买你的东西还义务帮你做推广和销售；要么你一厢情愿地推销，结果被用户抛弃，他们远离你的领地，不再关注你的生意甚至站到你对手的战壕里。所以今天的你必须抛弃传统土豪式的“买路”思维，而要多想想新时代带来的“化缘”的交互力量。

如果过去你可以用钱买流量、抢业务，那么移动互联网之下同样的方法将收效甚微。传统品牌推广走的是知名度、美誉度、忠诚度的路线，多数品牌都是先做成名牌最后才做成品牌；而移动互联网之下，真正有价值的品牌传播却是逆向的，先基于粉丝忠诚度，然后以粉丝为核心传播源完成从美誉度到知名度的传播。可以说，品牌营销在移动互联网之下的路径已因为传播方式的改变而完全改变了。

中心化的“传”和“播”到去中心化的“传”和“播”
从“买路钱”到“化缘”
从“传统媒体”到“自媒体”

那么今天的传统媒体到底还有没有价值呢？

首先要确认的是，传统媒体肯定依然具有价值，只是今天的价值除了有限的对市场用户的传播外，更多的在于对企业形象和品牌的仪式性。比如，小米破天荒地在央视做了一次广告推广，提升一下自我形象，旨在告知大家“小米终于站起来啦”。只是如果你想靠此类砸钱方式，开天辟地，再现当年秦池酒厂的神话，那是再也不可能了。

相反，如果你具备有价值、有格调、有差异化、能打动人心的内容和产品，即使你没有钱，一样可以因为这一点积聚足够的传播势能。移动互联网给每一个有才华的人、有创意的企业一个公平的机会，无论你是谁，大家都平等地面对这个充满魔力的世界。

2016 年的里约奥运会中发生的傅园慧式“洪荒之力”的段子，以各种方式展示出新媒体的威力。相对于传统媒体，新媒体的魅力不但在娱乐、传播层面上超越传统媒体，在深度、广度上也毫不逊色。这种多层次、多角度、多视野的分享和传播，是一种挡不住的传播趋势。

记得前两年，海尔张瑞敏就对外宣布，不再花钱投放传统的平面广告了，我相信那也是在市场反馈的结果下做出的判断，而不是随性而为。那么，如果你要做广告，请记得，性价比最高，而且一定会出乎你的意料的，绝对不是所谓的高大上的媒体，而是投放在真正认同你的骨灰级粉丝身上，因为每一个粉丝的背后都是一个能被影响认同你的用户群，那里才是你要投身的天堂。

第二把刀：产品价值定义变了

过去，我们对产品的选择只有一个指标——性价比。因为以前物质不够丰富，社会消费水平低，在选择有限的前提下，消费者购买时考虑的因素是“实用”“耐用”“划算”，刚性需求的基本功能就可以满足当时的消费心理。但到了今天，经济发展和品类竞争导致物质层面极大丰富，消费者的选择标准已经和过去截然不同。

以手机为例，过去手机坏了，我们会花钱修好后继续使用；而今天，手机没有坏，我们也会定期不停地更换，从 iPhone4 到 iPhone5 到 iPhone6，再到 iPhone6S，直到 iPhone7。大家还会发现：我们不买诺基亚，不是诺基亚质量不好，而是它的体验感不好。据说当诺基亚做新机内测还在纠结于抗摔性时，特意说到苹果不做抗摔测试；而当大家还在津津乐道于诺基亚手机能敲开核桃的时候，用户们关心手机的重点早已不是结不结实的问题了。苹果在判定未来之后迅速弯道超车，在智能手机领域用极致的体验甩开竞争对手，并把诺基亚和摩托罗拉推下了万丈悬崖。

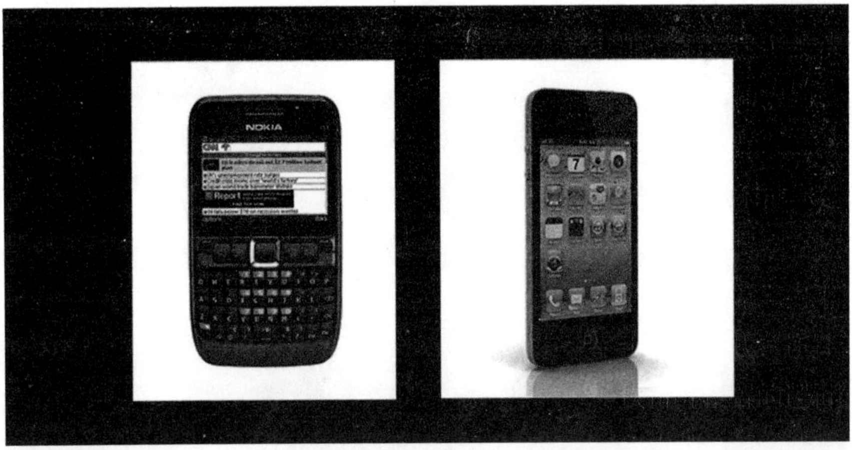

而紧随其后的三星，摸到了门道，虽然苦于实力的差距无法直面竞争，但仅仅从一个“大屏”的功能出发，也摧枯拉朽般获取足够多的市场回报，成就了一段佳话。

360 的创始人周鸿祎也开始做手机了，还发出了一段“弓箭射手机”的微博，从中不难看出他对 360 出产的手机的结实度很是自豪，但是仅仅以能抵挡住射出来的箭作为好手机标准的话，那是真有点贻笑大方了。这个趣事权当是一个笑话吧，连事件营销也算不上了。时代总会在不经意之间成就佳话，也会在不小心之间愚弄迂腐的“把戏”。

在手机的世界里更有意思的是格力的“董小姐”，据说“董小姐”

为了向用户表忠心、展示责任感，在屏保上放上了自己的头像和问候。这可真是“倾倒”了众生，我难以想象购买格力手机的用户打开手机时看到“董小姐”头像时露出的表情。

谈及这些案例，也就是谈到产品体验的范畴。有人说体验最重要的就是一个“爽”字，确实你在使用苹果手机的时候毋庸置疑的是：第一，苹果手机不像安卓手机使用越久速度越慢，在速度上是一个非常明显的体验差别；第二，苹果手机在使用中常常因为用户不小心被摔烂屏，虽然需要花钱换屏，但是手机的机能始终保持如昔。而苹果一键设计使用中的交互体验也培养出众多的忠实的粉丝。如今 iPad 变成众多孩子的玩具，其中使用的无法替代的体验感是重要的竞争力。那么所谓的“爽”就是代表决定购买的全部原因吗？

为什么大家对苹果手机趋之若鹜？为什么大家拥有了从 iPhone4 到 iPhone5 到 iPhone6，再到 iPhone6S，手机还没坏却还要拥有 iPhone7 呢？为什么如此众多的人对苹果手机的一个新款机型津津乐道、彻夜排队呢？甚至一个苹果手机发布会都会让某些人“彻夜不眠”呢？

对于某些人来说，对苹果手机的感觉和对特斯拉的感觉是一样的，买某个品牌已不再只是产品的功能而更包含着对品牌诉求的价值观和理念的认同。过去是一个“物以类聚”的时代，而如今是一个“人以群分”的时代，而且这个时代特质越来越彰显出其背后的威力。

众所周知，如今高性价比手机被小米一统天下，而曾经响当当的标杆品牌魅族却英雄迟暮，为什么魅族没有小米一样的认知度和影响力呢？原因不在于两者的品质差距有多少。暂且不谈魅族错过了高举“高性价比”本土手机的大旗，即使喊，也不一定有用。因为小米远不止关注超高“性价比”的内在诉求，相比之下，更多的人识别小米靠的是“只为发烧而生”，以及以跑分为参照的“快”。支撑小米的更是有其文化的独到之处：没有森严的等级，每一位员工都是平等的，每一位同事都是自己的伙伴，小米甚至早已成为一个基于社群的动态的生态组织。

小米崇尚创新、快速的互联网文化，讨厌冗长的会议和流程，在轻松的伙伴式工作氛围中发挥自己的创意。小米相信用户就是驱动力，坚持“为发烧而生”的产品理念。小米的产品已经跳出纯粹传统产品定义的范畴。这一点在小米的教材式的《参与感》三三法则中体现得淋漓尽致。

如今的年轻人，有人喜欢看《小时代》、有人喜欢 TFBOYS，这些趋势无可阻挡。对于 90 后，他们拥有了史无前例的物质基础，他们对品牌和产品的理解更是独树一帜，不是你说是品牌就是品牌，而是他们认同的品牌才是品牌，甚至彰显个性的他们有时对品牌无感，一件上面写了“MLGB”的 T 恤，其背后的含义对于我这个 70 后来说真不是能想出来的（弱弱地问一句：你知道其中的意思吗？你是真的懂其中的含义吗？）。也许一句“我就喜欢”就是他们在消费中对品牌反映出的最真实的状态吧。

如今的时代，不是由品牌决定用户获得什么意义，而是由用户去决定产品代表什么意义。

如今诸如小米般的“互联网思维”案例比比皆是，什么“二爷”“本宫知道了”“婚车来啦”等等这些有意思的带有强烈互联网味道的品牌名字，迫不及待地告诉我们这是一个新的战场，一切都将是新的程式、标准和规则。有不太好吃的“雕爷牛腩”“黄太吉”“伏牛堂”以及“叫个鸭子”，如果只是从产品功能上去理解这些品牌那就太过于传统保守。无论你是否认同它们的口味，无法抹杀的是确实有一些人喜欢它们，特别在这些品牌的体验度上以及连接上不同于传统餐饮。比如“伏牛堂”，门店都在一些 CBD 的角落里面，位置不好全靠大家的手机地图找，连打工的员工也是在自己玩转的社群里招聘。这和传统餐饮讲究位置的逻辑比，确实是另一种全新的思路，当然味道确实不如想象中那么好（我的个人评价）。不过当你准备吐槽的时候，居然发现它已经准备了一堆吐槽的理由摆在桌子上给你参考了，“怎么这么过分的辣啊”“这米粉怎么这么难吃啊”，反正它都能给你一个让你不至于拉下脸的解说，总之喜欢的就喜欢吧，不喜欢的就随缘，反正不得罪也不迁就你。

至于“雕爷牛腩”给你准备的蒙面女服务员的装扮以及多种可选择的茶，加上富有意思的菜品，别再苛求什么味道不味道的，100多元一人的体验服务，实打实说，那是值的。当然也许你还会惦记那个几百万的秘方，不过你也别给予过高的期望值，从体验角度，我们得看别人的长处，这就值得先琢磨琢磨，好好学上几招。

至于“叫个鸭子”，这是一个不同于传统的北京烤鸭，号称通过创新的秘制配方，不需要脆皮和蘸酱而可以直接食用。在配送烤鸭的时候，还会赠送土豪双黄鸭蛋以及小黄鸭造型的香皂，每只鸭子的吊牌上还有供“吃鸭后一乐”的俏皮段子，非常新潮。由于超出预期的体验，客户一不小心就帮着分享到自己的圈子里。

“叫个鸭子”在很大程度上利用人们的联想和想象进行炒作，几乎所有的订单来自微博、微信等社交平台 。这个对“叫鸭”进行重新定义、打造土豪蛋（双黄咸鸭蛋）、鸭绿江（五米粥）等有强烈娱乐化特色产品的品牌一样打开一条独特的竞争之路。

坦诚地说，如今确实到了从产品经济迈向体验经济的阶段。我们从过去清单式的购买到PC时代搜索式的比价，再到此时探索式的寻觅，如今的消费更注重的是享受未知中的乐趣，这是一个消费型秩序形成的时代。

无论如何，这些品牌都在实践中摸索成长，没必要过多质疑而应该积极学习尝试，它们能获取相应的商业价值也是值得我们学习和研究的案例。

我看到过一个创业者，他做了一个名叫“嗑了么”的瓜子，瓜子粒粒饱满，用黄色的大圆盒子包装，里面还有小卡片。如果你扫码，并发给他你的原创文字，或许下一次印刷在卡片上的就是你写的内容。每一盒 28.8 元，在旅游区的小店里铺货，价格实在不便宜，不过线下和线上的交叉模式卖得还很好，很短的时间内卖了超过 10 万盒，并且经常需要补货。今天的商业在产品上确实完全超越了传统的定义，总是在彰显体验的价值，总在塑造和诉求新的理念，总在寻找最适合认同这种产品及其价值的同一类人。

第三把刀：用户关系交互变了

从传播渠道看，之前我们基本都是在做“独白”的工作。在大一统的传播方式下，受众只有被动接受的份儿，甚至在某些时间段被强暴式地灌入信息，特别表现在电视剧和连续剧的广告插播上，除此之外还有无数杂志、报纸以及户外广告媒体，很多时候我们无法和商家有效互动，更不用说什么及时性的信息共享。

PC 时代到来，用户实现在线互动，信息传播进入“对白”阶段。

“亲，这个尺寸还有吗？”

“亲，这个型号还有别的颜色吗？”

“亲，这个可以退货吗？”

对白阶段还是处在一个“程式化”的交流，做不到真正的互动。

到了以微博和微信为代表的移动互联网时代，用户获取和沟通有了突破性的发展，进入了有效的“对话”阶段。在这个阶段，用户的声音能够有效直接且交互地沟通，这种“非程式化”沟通的出现，使得商业对用户关系有了前所未有的关注。传统的商业总在之前用各种方式寻找客户，最后在商品销售之时往往就是关系结束之时；而如今则完全是另一种状态，往往产品销售之时是关系建立之时，一切从关注用户连接用户入手，因为谁都明白当可以和用户实现交融时，生意将唾手可得，而用户和用户交融时，往往会获取外延的价值。

如果说传统的商业习惯是“先产品再用户”，那么如今的商业环境则是“先用户再产品”。前者往往是闭门造车，而后者则往往是有的放矢。不过确实今天能够踏着移动互联网的节奏做到的，少之又少。举例来说，我吃了一块刚买的内蒙牛肉干，觉得有点咸，想给厂方提点建议，但找不到一个便捷给予反馈的入口。

三去法则

如今，因为连接，移动互联网的环境下，我们常常说“去中心化、去中介化、去产品化”。

法则一：去中心化

“去中心化”的本质是“多中心化”，商业不再只以商家为导向，而是过渡到和用户共享共创的阶段。比如我创立的一个叫“景致家”的家居用品连锁平台，是国内基于移动互联网和家居生活必需品的O2O社群移动店商平台，以景致家居创意生活馆和景致家移动商城为载体，为家庭女性提供兼职、就业、创业及家居生活用品服务，以DT（Data Technology，数据科技）思维、受众驱动解决传统店面、电商的客流、物流、现金流的问题，2014年以数千万估值获得国内著名天使基金投资。

过去的店面运营全靠自己折腾，陈列的效果、店员的工作、当季的选品等等都是靠自己摸索，非常辛苦而且常常不尽人意，但是通过“去中心化”的运作，通过复合式众筹，每家店获取几十位股东、高达几百位的消费商和上千位的会员，把部分的店面运营监督和管理交付给他们，他们每次购物和休闲的时候总能给我们带来建议和意见，甚至创意和启发。景致家开业前预售产品高达 10 万元，创造了开业即盈利的店面传奇。当用户、客户和商家用微信圈连接在一起的时候，大家的互动交融不但能为商家提供生态化的组织价值，贡献智慧，用户、客户也因为这个圈子找到了更多的伙伴，互补了资源，共享了人脉，赢得了意外的收获。在景致家的世界里，每个人都是一个中心，但是大家又都朝着同一个方向在努力，在推动。这才是新时代商家和用户之间应该构建的关系，这也是这个时代，用户对商业的真正价值所在。景致家基于移动互联网独创的社群店商 BOSS 系统，实现了用户价值最大化，用户就是老板，人人都是中心，人人都是信息的制造者、传播者、接受者，人人都是消费者也是经营者，彻底改变了传统店面经营的成本结构，大规模降低了租金、人工成本、库存成本，提升了覆盖半径、单位平效。在 2015 年的年会上，我和景致家的一些 BOSS 代表们见面，大家的互动和热情远超过我的想象，每一个人都像一个燃烧的小宇宙。

景致家 BOSS SYSTEM BOSS系统

TXT

深入了解

扫二维码
给你看一篇文章

法则二：去中介化

“去中介化”给人最直观的感受就是“二道贩子”的生意越来越不好做了。基于移动互联网越来越容易实现信息的对称对接，靠信息不对称过日子的时代一去不复返了。家用空调多年之前就已经没有了经销商，因为已经找不到中间商的价值了，而移动互联网则把没有价值的链条革命得更为彻底。不是说移动互联网之下“中介”活不下来了，而是说移动互联网之下没有价值的“中介”一定活不下来。今天的“房多多”“瓜子网”“链家”是升级版的“中介”，它们的价值和它们赚钱的方式也完全不同于过去,产业金融未来将越来越成为趋势。当然在共享经济下,“58同城”类的平台价值会更加彰显出其中的服务价值。

法则三：去产品化

还有就是“去产品化”，过去我们都是把产品做出来再去卖，卖掉的产品变成了商品上天堂，卖不掉就成为库存直接下地狱。

在移动互联网之下，我们有了避免过度库存的危险，因为我们可以和用户更好地交互。我们可以及时地把我们的想法、看法放在和用户一起的 QQ 群、微信群或者其他可以及时互动的平台里，在用户积极“拍砖”和“建议”下不断改进升级，最后在产品没有正式制造之前，已然有了“知己知彼、百战不殆”的设计和计划。而在此过程中往往因为彼此的沟通从而建立起良好的信任，会为接下来的预售获得积极的认同，这样的方式已经成为常常因库存爆仓的传统服装业最期许的运作模式。而在工业 4.0 的趋势之下，越来越多的个性化且规模化的定制服务将成为可能，这样的“去产品化”状态基本成为必然。

在移动互联网发展的今天，用户的话语权得到了前所未有的释放，当然同时这也打开了潘多拉的盒子。好的产品和服务可能在一夜之间一飞冲天，而差的产品体验和服务同样也可能毁于一旦，基本上这是一个完全两极分化的时代。很多人说移动互联网给了草根机会，我更想说的是，其实移动互联网更多时候彰显的仍然是“越牛越牛”“越好越好”

的马太效应，这种效应在移动互联网的交互中尤为凸显，而其中最大的不同之处是产品本身的价值好坏。在和用户关系重构的今天，商业前所未有地注重产品和体验本身，因为产品已然成为连接用户的关键载体，产品不但是一个信息包，甚至就是一个活生生的广告，好的产品带来的口碑效应甚至让推广和广告成本趋向于零。而那种没有接地气的推广和运作往往都是昙花一现，什么“叶良辰”之类的操作，从铺天盖地到销声匿迹完全成了一个笑话。

过去我们为了成交花费足够的时间和精力，往往成交之后就是关系弱化的开始，而如今，成交之后才是关系真正建立的开始。移动互联网重构了人与人之间的关系，更为重要的是帮助商家重构了企业与用户的关系，实现了“对话”的可能。

过去我们只知道客户的价值，不懂得用户的价值。以前，我们花了足够的时间、金钱，得到客户，获取订单，然后就认为告一段落，然而现在获取一个订单，才算是我们和用户关系的开始，并且是重复持续生意的开始。如果说开始获取用户的成本确实不低的话，那么从第一笔订单之后持续获取用户订单带来的想象空间会成为我们为之欣喜的理由。

但是我们需要考虑如何激活这些用户才更有价值，因为很多企业讲起来有很多用户，然而实际上这些用户都没有产生反馈，所以首先得让用户动起来。此外我们期望他们不但认可我们的产品，还能够认同我们的价值观，因为只有这样才能变成我们心中最期望的粉丝。

在移动互联网之下，无粉丝，不品牌，没有粉丝的品牌没有根基也没有未来，而拥有粉丝的品牌则想象无限。

一个骨灰级粉丝抵上 100 个普通粉丝，一个普通粉丝抵上 100 个以上的用户，他们之间是质的差异。什么是骨灰级粉丝？他不但能够认同你的产品和服务，还认同你的价值观，并且还愿意捍卫你，这才是真正的骨灰级粉丝。我们对骨灰级粉丝要足够地好、持久地好，在和他良好互动的过程中，不断发掘其价值，甚至我们要学会把我们想花的推广和广告费用在他身上而不是其他地方。此时，往往创业就会变成我们自己和我们骨灰级粉丝的一场共谋，组织不再是单一的组织而是生态组织，而品牌也成为彼此的一部分。

魅族、HTC、三星

苹果、小米、锤子

上面列了两排不同的品牌，你能发现它们到底有什么本质的差别吗？

它们的不同不在于销量、利润等有表面可比性的地方，而在于那些看不见的、但有质的差异的地方。直接来说，苹果有“果粉”，小米有“米粉”，锤子有“锤粉”，但你有听到过魅族、HTC、三星有什么“粉”吗？

魅族，中国第一个真正的高性价比手机，也可以称之为“发烧友”手机，但是创始人黄章只关注技术和品质，却没有把用户激活起来，最后一不小心把原本属于他的世界统统让给了雷军的小米。

今天的小米的成就便是来自于小米的发烧友们，而那些成千上万的铁粉、骨粉们，不但为小米每一个版本带来升级的建议、研发的支持，同时也带来了年度7000—8000万部手机销售的业绩。对于做品牌，即使再懂得技术，有再多的员工和资源，如果不懂得基于用户基于粉丝的驱动，那绝对浪费了这个时代带来的眷顾。

在企业和用户关系重构的今天，对于企业和品牌来说，只有半条命留在我们自己手里，还有半条命牢牢地被用户拽在手里。如何激发用户更好地服务我们，更好地帮助我们成就我们，首先我们要问问自己：到底花了多少时间和用户待在一起？如果仍然一成不变地如传统创业一般，自己闭门造车，YY 自己的产品和市场，那迟早将毁于自己手里。

凡客诚品曾经有过自己的精彩和辉煌，在和 PPG 抢夺市场的过程中因为定位和营销的精准一举成名，然而如今的凡客却一蹶不振，我们看到的不仅仅是萧条的业绩，更重要的是每时每刻眼前的用户的流失。

下面是凡客推出的自我感觉良好的两款衣服：

或许我的眼光和判断不一定靠谱，虽然我确实觉得第一件夹克款式太土，而第二件衬衫太贵（标价 1499 元），但是一切唯有凡客的用户才是真正的决定者。

我们来看看陈年的微博评论吧：

不知道陈年是如何对待这些评论的，也不知道他是不是看腻了，或者过于“亚历山大”索性就不看了。

事实上，问题就是答案，企业和品牌的命脉随时彰显在眼前，但也许我们往往会把这个最重要的部分予以忽略。对于凡客，兜兜转转也折腾了很久，也看到陈年和雷军对凡客的改变和坚持，但是这些再多的设想也敌不过基于用户真正的渴求。在很多场合我一直说：所有理性的推演和思考都敌不过基于用户深度交流的那一刻钟，脑中一万遍思考也只是思考，一切的验证和确认都只能在用户的确认下方有活力。创业者再忙，总得留点时间给用户，去甄别一下什么才是自己的天使用户、种子用户和主流用户，去观察这些用户的使用场景和体验反应，去听听用户的心声和建议，去感受用户的痛点和痒点吧！如果这些都没有做，只是自己想自己猜自己琢磨自己折腾，或者天天和“雷布斯”泡在一起听他讲那“小米故事”，我想如果那样就真的是缘木求鱼了。

凡客的改变和突破，我真觉得不应该太难，难的是创始人的思维能否从“产品导向”转向“用户导向”。

“世上无难事，只怕有心人。”也许我是一个刻薄的评论者，但是用心绝不是希望看到一个个品牌倒下，相反我期望看到的是一个个如小米般崛起的品牌做我们处在迷茫之中的企业的方向标，指引方向和带来希望。

很多时候，一个粉丝热爱一个企业、热爱一个品牌远远超过企业的员工，这些热爱和奉献是我们花钱都买不到的，我们的企业和品牌也将因此而更具活力和竞争力。所以今天，我们每个企业都要关注用户，重新定义用户价值，让我们有机会更好更有力量地展示出商业的价值，无论是 F2C（从工厂到用户），还是 C2B（反向定制），还是共享经济都将是最具价值的方向和选择，而基于用户产生的这些价值，将帮助无数小企业有机会成就自己的大事业。

我一直坚信，在移动互联网时代，红色智慧更大有可为，用毛泽东的话说，那就是“发动群众的力量”。水可载舟亦可覆舟，明白了就明白了，不明白就继续悟吧。先觉悟的人总能获得别人得不到的价值，那也叫红利啊。

传统商业的价值在移动互联网的三把“屠刀”下不断放血，在去中心化、去中介化、去产品化的形式中不断演变，那么传统商业在移动互联网之下，开启风口的钥匙又在哪里呢？

开启风口的三把钥匙

今天如果要用几个词定义移动互联网确实很难，但是如果直观地做个说明和解释，我认为用这三个词就够了：连接、圈子、共享，而这三个词将带动未来可预期的必然机遇。

第一把钥匙：从连接到联结到链接

移动互联网使我们从一个非常小的熟人圈子迈向一个很大的陌生人圈子，我们的社交关系也经历了从祖父辈的血缘关系到父辈的地缘关系再到我们这一代的际缘关系直到我们下一代的群缘关系。这个连接趋势的形成，严重地影响了移动互联网时代渠道的重构：我们也从占据消费者的空间转变为占据消费者的时间。

过去我们抢占的是门店的物理空间，如沃尔玛、苏宁、国美、各类SHOPPING MALL，最后落到了货架上。同时，在淘宝、京东、天猫的平台上，本质也同分众传媒一样地类地产模式。每一个有可能被占领的地盘都是稀缺资源。而如今，因为消费者的时间都耗在了手机上，耗在了微信上，耗在了各种各样的app上，所以你只要能够占据他的时间，就能与之发生连接，就能完成渠道的获取和变现。

过去的购买逻辑是基于消费者心理决策的“艾德麦斯”法则，即从注意、兴趣、渴望、记忆，最后到购买、满意阶段。

而PC时代消费者的购买逻辑变了，变成了从搜索开始，因为互联网的便捷让消费者有了更多、更快、更好的选择。

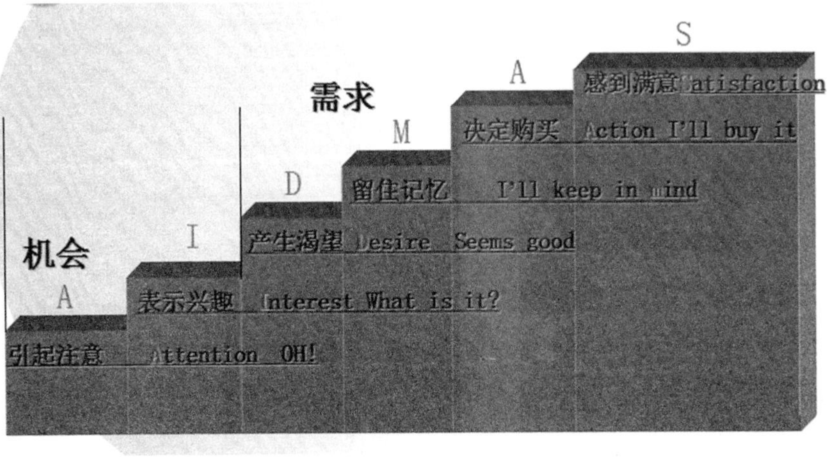

到了移动互联网时代，我们发现消费者的购买变成了基于触点的随机式的购买。正如我前面所说的，消费者在从清单式到搜索式再到探索式的行为转变。而更为“恐怖”的是，基于手机 app 的场景化细分服务，看似超越物理空间，在入口的抢占上本质却又是以时间占有导向之下的物理层面的争夺。所以你若准备开发 app，首先要思考的就是你能否占领用户的手机屏，因为一个手机屏不可能装入三个或者三个以上的 app，如果你占领不了前三名，那么你将失去竞争的资格。当然这并不是说机会就一定很少，因为未来的商业竞争将越来越细分成各种窄众的小圈子，你需要的是如何找到并切入这个窄众的细分市场。

我们来思考一下，过去旅游，人们大多选择旅行社，而如今一切全部解构了：订机票用“去哪儿”，订酒店用“携程”，买景点门票用“同程”……我们的需求都在不同的场景中并以工具化的 app 落地变现，这一切都因为“连接”实现，也因为“连接”而满足人性让生活更惬意。

和过去的被动选择相比，今天的主动选择成为用户的特权。移动互联网的覆盖解决不了所有的人心和人性问题，但是确确实实地让这个世界变得更加精彩。移动互联网说是在做时间的抢占，但本质上是人心的占有。用户不是战利品，而是实实在在的人，抢占再多的人头但俘获不了人心，那也一样没用。所以，市场里有的项目只为了抢占人头的烧钱方式是没有价值和意义的，为此起彼伏的便宜和免费而玩烧钱游戏，钱烧完了也就是游戏结束的时候。在 2015 年初心会的全国千人大会上，博洛尼创始人蔡明登台就问“什么是移动互联网思维”，结果他说“移动互联网思维就是不赚钱”，台下所有的来宾为之呼应，相视一笑。由此可见如今的移动互联网创业在烧钱上是多么心安理得，还好终于投资人回归了一下理性，让 2016 年融资初入冰冻期，比如以为肯定能融到钱的“一起唱”app 因为无法拿到下一轮融资，熬不住而在年会后的一周内宣布倒闭。

我始终坚持的是企业在项目上必须要有造血功能，为了拿融资换时间或者花钱抢用户，本身没有对错，关键创业的本质是创造用户价值，如果没有创造用户价值，只靠补贴抢占人头，那就绝对是浮云，退潮之后，裸身一片。

商业三要素“企业—产品—用户”，传统商业因其交互实现交易构成价值创造，所有的焦点落在了产品这个元素上。在传统商业环境里，企业和用户连接是间接的，也是割裂的。双方即使知道连接给彼此带来的价值和回报但是也无法有效地实现，因为中间的路径太长了。在这个过程中再加上供应链的反应滞后，往往带来的是大量损耗和浪费。一边是企业一厢情愿地研发制作以及营销推广，一边是用户苦苦寻觅和未满足需求的抱怨。

即使到现在，仍然还有众多的传统企业与用户间的连接异常地简单和脆弱。比如洽洽瓜子，洽洽的创始人陈先保是一个典型的安徽商人，不断在工艺、配方、营销、渠道等方面进行创新，实现了整个炒货行业的“革命”。凭借着洽洽瓜子打下的江山，陈先保 2012 年以 30.67 亿元身家成为安徽首富。

洽洽瓜子拥有足够的客户和渠道，同时也确实拥有很可观的用户，但如果说洽洽瓜子很了解经销商和商超渠道的话，那么洽洽对用户则基本是一无所知。即使到今天，洽洽瓜子也仅仅推出了一个武侠系列包装表现所谓的创新而已，相对于加多宝推出金罐凉茶来说，洽洽落在了传统的角落里。

前段时间，一个极简包装的瓜子到处流传（甚至连商标都看不到），我不但品尝了别人送我的，自己家里也买了几包，除了价格合理最重要的是口味很棒，袋内的每一粒瓜子非常饱满，但凡吃过的人几乎争相称赞。这种瓜子的销售完全是基于移动互联网，口碑传播，微商销售。

反观洽洽品牌，如果吃瓜子的人都在移动端被一一拦截，洽洽瓜子抢占不到移动端的用户，大家不再从超市买瓜子，超市库存高，导致经销系统周转不利，而洽洽瓜子还在迷糊中生产制造，最后市场滞销集中爆发到恰恰瓜子总部的时候，那么洽洽瓜子的创始人将会迎来什么样的窘境？虽然洽洽拥有海量用户，但是用户没有被激活，所谓的用户都是不能带来连接和互动的用户，无法转化成品牌的财富。

在温州政府主导的第一届微商大会上，我着重分享了微商的挑战和机遇。如果说传统的微商只会刷朋友圈，那么新微商绝对是借助社群在运营，微商绝不是刷朋友圈，也不是一个简单的工具，更不是低价、压货、乱推送，而应该是一套系统、一种模式，一个代表着未来的全新购买体验方式，微商应该是一种业态。如果说 PC 端更多关注的是基于搜索的购买，那么移动端更多关注的是基于触点的随机购买。微商在发展中越来越呈现出社交化、场景化的力量。微商生于工具、活于场景、盛于社群，微商要做的是：

一、在用户没有购买之前，拦截购买；

二、在用户没有渴望之前，激发渴望；

三、在用户没有需求之前，创造需求。

同时在吸单、截单、断单、谈单、续单等环节注入专业线和情感线。与其说微商开始回归理性，倒不如说微商的机会才刚刚开始。

我常常说，在加多宝和王老吉中间相差 99 个红牛。红牛营销确实做得很好，但是加多宝不但营销做得可观，其对移动互联网的把握和投入也是非常敏锐且及时的。加多宝金罐上的二维码就是在获取最具价值的用户可能。这个不起眼的连接或许会成为加多宝移动互联网层面布局的关键。

今天基于移动互联的连接打破了传统的运营结构，从连接迈向了联结，让企业、用户、产品得到及时有效的整合，保障信息对称的同时还实现了价值和技术的驱动，实现了竞争优势的升级，最后在移动互联网的交互中，基于触点实现价值的呈现和获取。

北京有一家五味餐厅，在一般地段，没有什么特别的菜系，装修普通，只是在支付和体验环节做了升级，让来吃饭的白领们可以提早通过网络预订，节约等待的时间，以此做到了每天翻台 13 次，当年投资，1 年内收回成本。在不拒绝现金的情况下，通过微信自助下单 70%，大大节省了人力，每天有 60% 的网单被评价，用户成为粉丝。一年内吃过 100 次饭的有 400 人，10 次饭的 1000 人。除了投资回报率之外，因为从连接到联结还解决了对于厨师的手艺以及服务人员的考核问题。

如何更好地类比从连接到联结给商业带来的变化和革新呢？在《大连接》一书中，社会网络领域学者尼古拉斯·克里斯塔基斯（Nicholas A.Christakis）这样描述了社会网络对于人类社会的重要性：“石墨和钻石，一个漆黑柔软，一个坚硬通透，但它们都是由碳原子组成，它们的形态并不是由碳原子的属性决定，而有赖于碳原子如何连接。”

类比社会网络中的群体，每个个体都相当于一个碳原子，人类的社交联系方式不同，群体也获得不同的特性。克里斯塔基斯表示，通过优化社交连接的方式，可以使得群体的力量大于个人力量之和。

上文提到，我的一个品牌叫“景致家”，聚焦家居必需品社群电商连锁运营，如果采用传统的模式自然是先做好店面，然后招商加盟，再规模复制。但是如今的商业业态已经不容许更多这样的模式存在。因为传统的店面房租持续上涨，但入店的消费者却越来越少，有的到百货商超去购买了，有的则直接在网上消费，因此传统的店面生意越来越难做，连万达这样的金主都不断地出现关店潮。那是不是就不能开店了呢？其实也不是，也有很多店面一直在扩张，其关键是线下店面获取用户和创造用户价值的能力，如果连最基础的差异化和平效都不能保障，那么投入店面越多挑战越大。

我在 2015 年遇到一个完全抄袭宜家模式的品牌，它在过去的几年里投入巨资并且和一家大型连锁集团结盟发展，它的优势在于供应链上拥有类似宜家的竞争力。当时这个品牌的定位是聚焦在宜家不做的三线城市，自认为基于店面形式上的模仿加上类似供应链的竞争能力，可以很快覆盖足够多的城市。所以它在找我合作的时候，坦诚地告知我该品牌会错开宜家聚焦的一、二线市场，在 2016 年开始发力三、四线城市。

结果2015年下半年宜家就宣布战略布局上计划将进入中国几百个二、三线城市。由此可见，有类似别人的竞争力根本没有用，更重要的是要找到自己的差异化在哪里。

这个品牌过去已经赔了不少钱，现在更是雪上加霜。那么该品牌的人员为什么要来跟我来学习景致家的BOSS系统和社群电商模式呢？因为景致家在构建之初就冲着用户即会员、会员即经销商去做。换句话说，一开始景致家就往从连接到联结的方向构建自己的模式，在线下通过众筹实现种子用户的集聚，通过种子用户的联名卡推广机制、分销机制、培训机制、社群机制以及移动商城的开设，又实现了情感线上组织与归属感的建设，利益线上形成一个主题，变客户、用户为BOSS的思维方式，从意识上解决了对立的问题，从行动上形成了目标一致性、风险共担性、行动统一性，进而形成用户自裂变，线下向线上的导流和传播，然后线上的发展和积累，特别是不断地运营辅导，最终实现会员的认同带来的增量再向线下的导流。这一模式创造了令人欣喜的结果：出现了一发力两个小时线上自发开出32家移动商城，37秒众筹一家实体店面的成绩，在2015年年底最好的成绩是46秒众筹了54万元，而这一切都是认知我们产品和服务的粉丝们支持的。景致家在过去的时间里用高性价比的全案服务创造了极大的价值，而越往后景致家的竞争优势越明显，整个链条更通畅更紧密。

在这个过程中，景致家通过“BOSS店商系统”实现了用户和企业、产品，人与家庭的连接、互动、联结、共创，为以家居用品为入口连接家庭过渡到为家庭提供一站式生活用品打开了通道 。而对于景致家研究而得的“复合式众筹 + 营运辅导 + 社群店商”的运营模式和“达人 + 社群 + 场景”的运营方法论更是落地的基础，而一系列的系统的免费培训、辅导和活动是实现结果的重要保障。但在摸索落地的过程中，景致家也走了一段不长不短的曲折路线，基本面对创业，死磕是硬道理。

在商业运作中，在产品没有足够优势，并且人、财、物等资源也不够充沛的前提下，最好能从受众驱动角度探索突破。景致家目前能够做到粉丝驱动下的店面复制和业绩保障，其中基于社群电商下的培训辅导是很重要的投入，但是这样的系统一旦建立便能够实现自组织、自运营、自传播，并能够先人一步地迈向另一个差异化的发展方向。在去年的一段时间里，景致家业绩翻了 6 倍，基本上每一次新活动的发布，群体的推进和互动，总是在极短的时间内达成目标。而产品和服务完全因为粉丝的介入，不断得到热情且主动的建议和支持，更不断实现迭代产品和服务甚至跨界合作。所有这些，让景致家拥有了一个动态的生态系统，拥有自驱动、自运营、自修复的能力，这在过去是不可想象的，而今天却给了我们这个百年难遇的机会。2016 年景致家在产品驱动层面实现了电商联营，活动、内容以及体验不但大幅度得到改进升级，更重要的是景致家还在物理成本、组织成本、交易成本上大幅度地降低，源自成本结构也因为移动互联网而颠覆了。总之，由于联结而出现升级和突破，这将是未来必然的常态。

扫描二维码，关注免费学习最新社群店商

关于从连接到联结带来的质的不同，我们再借助一个案例来做分析和了解。

2013 年小米出货量是 1870 万台，酷派是 3720 万台（IDC 数据）。如果简单地比较，小米成立 3 年，全球排名第 7，酷派则是成立 10 年的上市公司。两家企业当年的销量增长都超过了 100%。

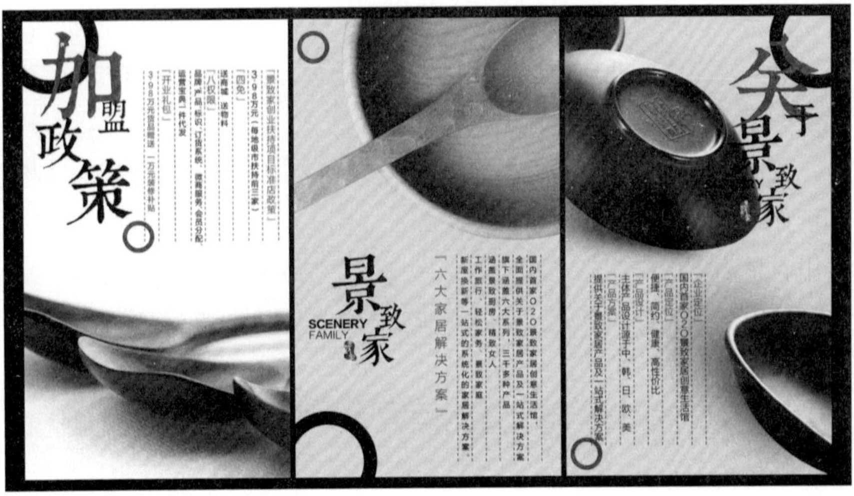

按照传统商业逻辑判断，前者应该是一个有潜力的新星，后者则是实力强劲的对手。

结果到了 2014 年，小米飞速突破 450 亿美元估值，而酷派的市值则在 10 亿美元左右。值得一提的还有另外一家，那就是已经运作了 30 年的联想集团，估值也只不过 160 亿美元。

过去我们往往倚靠土地、厂房、专利、设备乃至于经销商体系等等作为企业的价值评估。但是，移动互联网之下的颠覆，让曾经非常引以为豪的东西今天不复有更多的价值，而曾经不太关注的东西——用户的连接、粉丝的集聚却无比的珍贵，因为用户价值决定了产品的走向和销量，更决定了企业的发展趋势和未来的空间。

2010 年诺基亚拥有 32.6% 的市场份额，而苹果只有不到 4% 的份额。但是很快我们就能感受到苹果的崛起和诺基亚的衰败，之后就是诺基亚陷入被收购的境地和苹果独占鳌头的格局。

为什么小米和苹果能够取得商业上的巨大回报？如果说苹果有自己很强的调性，但是小米能够在过去的几年跑出火箭般的速度，其原因就不能仅仅只是从品牌和技术的角度去理解了。从本质上说，主要还是源于对用户真实有效而非虚拟松散的连接。

这一点就是移动互联网中企业和用户关系重构之后带来的价值革新，重新定义了企业、产品和用户的市场角色，也代表着具有市场竞争优势的全新价值创造模式。

所谓一叶知秋，在移动互联网的交互下，如果你有了足够的连接，即使你不进步，用户和粉丝都会反向推动你进步。当一个产品一眼就能看出它是不接地气的设计和功能，你的用户和粉丝会基于和你的连接程度，做出对应的反馈和建议，这也是最容易判断出企业、用户与产品的互动程度和关系紧密程度的指标。

在商业关系的体系中，连接的机制，比连接的要素本身更加重要。如同苹果和诺基亚，小米、酷派以及华为的故事，同样的产业、类似的产品，近似的用户需求，却可能会导致最后完全不同的品牌竞争力，除了基础条件和优势，连接层面的差异可能是最重要最具价值的动因了。

但是这还不够，因为移动互联网是随机性很强的，需要创造一个容易激发的触点，并在点击之间进入到一个属于你的世界和平台，并且在从连接到联结的过程中最后都要落在一个可沉淀的载体上。苹果倚靠它自己的系统，小米自然也有自己的 MIUI 系统，绝大多数企业要么就是基于 H5 开发的轻应用，要么就是开发自己的 app，总而言之，需要一个具有战略意义的根据地，这个就是链接的价值——需要一个沉淀用户关系的载体。在移动互联网下，链接会让人与人之间、人与物之间、物与物之间得到更好的互动，点击之间都是一个无限制的世界。基于移动互联网的传播的“链接”机能，让商业信息更对称、效率更敏捷、结果更落地。最关键的是品牌会因此实现企业、用户、产品的三位一体的效果，这也是推动运营更有保障的基础。

第二把钥匙：从圈子到圈层到社群

从古至今，圈子一直都有。我们的祖父辈讲究的是宗亲、血缘，他们很在意亲缘、血缘的关系，注重的是亲戚关系。到我们的父辈则讲究地缘关系，所谓远亲不如近邻即是如此，但在宗亲关系上则不如祖父辈那般强烈了。到了我们这一辈更关注的是社交，以前讲代沟，如今五十岁的人和十多岁的孩子可以在一个互联网的平台里游戏交友，我们从线下的人际关系扩展到线上，这就是所谓的际缘关系。而移动互联网带来的影响让我们发现每一个人越来越“沉沦”于一个个圈层,我称之为“群缘关系”。

从市场角度来说，圈子从古至今一直存在。传统营销的第一节课就是要把消费者“群体化”，从而更好地满足他们的需求。以前是营销者在“群体化”消费者，消费群体在这个过程中是被动的。但是移动互联网之下，逐渐出现了自发的群体化，群体开始主动地形成一定的组织，圈层越来越成为趋势。

如果说 PC 时代没有门槛，那么移动互联网是有门槛的，而且这个门槛还不仅仅是钱的概念，讲究的是共同的取向、爱好、理念乃至于信仰。而如何定规则，如何互动，如何保持一致性的行动，则是保证稳健存在的基础。但在运营上，社群的主动性和主动权从发起人开始也不知不觉地从中心主导转移到多中心参与的动态主导状态。通俗点来说，基于商业实现社群运营，发起人聚焦平台的规则和机制，聚焦价值环的构建和驱动，聚焦整合和协助，聚焦存在更富有连接意义的事情上，其他尽可能让别人干，因为这比自己干更具价值。而圈层内的关系和感情交织产生的基于商业的价值反哺更成就了我们趋之若鹜的社群经济。

要了解为什么今天的社群经济异常火热，首先得从经营者遭遇的痛苦开始了解。当工业时代大一统中心化的运营模式渐渐失去张力后，产品的变现出现前所未有的多元化路径，如何引流，如何转化，如何持续交易，这些难题无不推动着创业者们的思考：用户都到哪里去了？未来的商业载体在哪里？未来的生意入口在哪里？未来属于我们的地盘在哪里？

如果我们研究商业的演变史，就会发现商业始终都是玩着人与物、供与求的互动游戏。从开始到现在前前后后一共经历了四个阶段。

第一个阶段从 1978 年以年光久（傻子瓜子的创始人）为代表的农民企业家开始创业算起，在很长的一段时间内，一切物质都是比较匮乏的，市场供小于求，大家买东西是需要用票的。这个阶段可以说是人去找物的时代，物质匮乏，用户渴求，这是一个用户围着产品转的时代。

第二个阶段从上世纪 90 年代开始，国内的吃穿问题陆续解决，市场开始聚焦“用”的问题，一大批新生家电企业以低于日本产品 30% 的定价迅速拓展开市场。但是随着生产企业规模发展，同质化越来越严重，供大于求，结果出现了过度同质化的产品出现，使得过多的产品寻找用户，这是一个物去找人的时代。在此阶段也看到了推销和推广的盛行，各种专卖店、卖场围绕着城市中心出现，大大便捷了购买者。特别是以国美和苏宁为代表的渠道变成市场的主流渠道，这是一个物主动围绕人的时代。

第三个阶段是 PC 互联网的崛起，阿里巴巴、淘宝、京东、天猫等电商平台让购买者拥有了更多选择，支付、供应链和物流服务的推动，让人们极其便捷地通过搜索购买自己心仪的产品。这个时代，大家都学会足不出户地网上购物，让逛商店、逛商场的人们习惯坐在电脑前满足于物质的随心挑选，让我们看到双十一这种连夜抢单的盛况。在某种程度上，物质的极大丰富，又推动了用户择物的阶段，只是这不同于过去的逆来顺受，而是用户有了自己的更为优越的选择感。但是伴随着这种粗犷狂热的消费热消退，用户必然更关注更富有针对性的产品和服务。

这就到了第四个阶段，从移动互联网发展至今，由于传统电商对于商家的成本并不低，淘宝高达 48.6% 的净利润，再加上店小二的盘剥，商家的日子远不如我们想象的舒服。我所遇到的企业主们，在天猫上做几千万业绩的大多都是不赚钱甚至以亏损告终的。其实传统电商的本质犹如传统店面。只是传统的店面租金转化成流量的购买，所以除非自己的产品有超然的优势，在价格上也有强势的品牌话语权，才能让自己更好地活下去。事实上今天的用户对购买的选择更加细分，商业的进化培育了他们更高层次的追求，物质的丰富程度让各类小众细分的服务脱颖而出。基于消费场景下的用户因为重复消费的选择而集聚和连接，自然而然形成了最具动能的消费商社群，这种带有强烈自我认知和归属感的购买让选择更加细分集中，且重复有力。

一个明星的魅力可以覆盖很多的用户和市场，但是客观来说，一个社群的影响者在社群带来的影响能力可能会是明星效应的N倍，虽然这个影响者覆盖的范围不一定大但是转化率一定是极其高的。在这个物去找人的重新定义阶段，如果你需要推动某类产品或服务，毋庸置疑，匹配的社群是最具价值的转化地。商业在此时，再次轮回到物去寻人的阶段。

罗辑思维，中国影响力最大的互联网知识社群，由一款互联网视频产品和每天60秒的死磕，逐渐延伸为最先锋的中国互联网知识社群第一品牌。活动、出书、社群征婚、霸王餐、头采茶、C2B订制等风风火火，一系列创新玩法让行业内外目瞪口呆。主要服务于80、90后“爱智求真”的年轻群体。以“有种、有趣、有料”的口号，倡导独立、理性的思考，推崇自由主义与互联网思维，凝聚爱智求真、积极上进、自由阳光、人格健全的年轻人。

2015年10月，罗辑思维官方宣布，完成B轮融资，估值13.2亿元，由中国文化产业基金领投，启明创投等跟投，投资名单中更有：柳传志、柳青、柳林、俞敏洪、李善友、包凡等圈中大佬。据罗振宇自己说，2015年将有1.5—2亿元的营收，除了以书为主的产品之外还有其他各类产品，而单单看罗振宇的跨年晚会的盛况，就不能不佩服这个新世界带来的个人红利。

在想方设法搞到KK的《必然》出版权之后，罗振宇全力以赴通过分享和推广去拉动业绩的不断爆破。短短的时间内销量超过40万册，这在传统的出版业中实在是不容小觑。

因为某一种共同喜好、共同情怀、共同理念、共同兴趣、共同信仰而汇集在一起，具有一致性的行动并存在稳定的关系的群体，我们称之为社群。社群不是喊出来的，而是做出来的，社群是一种结果，社群非常注重价值输出，在未来的世界里面，社群是最具价值的商业载体，会在其中孵化我们的产品、孵化我们的品牌、孵化我们的营销，乃至于实现我们期待的业绩。现在，社群电商更是如火如荼，基本上从初始的无序到今天的演进已经成为一个非常值得探究的商业话题。从1.0到4.0不同阶段社群电商的具体进化史，我们在后面章节再做具体剖析和分享。

第三把钥匙：从分享到跨界到众创

相较于微软、谷歌这些“老人”，互联网公司中新一代的弄潮儿非Uber（优步）、Airbnb（空中食宿）莫属，而它们所代表的，正是崛起的“分享经济”。

分享经济（Sharing Economy），也被称为点对点经济（Peer to peer economy）、协作经济、协同消费，是一个建立在人与物质资料分享基础上的社会经济生态系统。未来越来越趋向于使用权的获取而非拥有权的保有。

分享经济从开始被提出到今天以Airbnb、Uber为代表的标杆企业越来越推动着市场的发展。

我的一个朋友老夏，他和冯子豪、潘勇三人创立的法宝网，在8年时间里把20000余名律师的碎片时间，通过互联网和电话，分配给了近千万名付费用户，从而成为中国最大的互联网法律公司。

了解律师职业的人都知道，律师是合伙人制，辛辛苦苦通过考试拿到律师从业资质，但是真正迈向业务，确实不易，很多律师根本一直活在“缺活”的状态里。每天有很多的律师浪费大量的时间，法宝网尝试了所有的产品模式，最终回到以法律咨询为主的产品解决方案上。法宝网的客单价低至10元到30元左右，它瞄准的是普通人和小微企业（类似游商、个体户）的法律需求。法宝网一边寻找足够的律师并进行排班，一边又努力拓展海量的用户数，即使在中国目前法律消费意识还属于缺失的前提下，法宝网在2013年也获得了接近2亿元的收入。

另一个案例就是猪八戒网。没有一个销售员，没有花一分钱广告费，没有渠道拓展，却聚集了1000万的设计师和工程师，500万中小微企业，融资26亿元，猪八戒网凭什么？

猪八戒网创始人朱明跃认为，猪八戒网“更重要的价值应该在于通过8年发展，积累了海量的中小微企业用户、数以千万计的有专业技能的服务商和庞大的原创作品库，这些才是猪八戒网最重要的资源”。

互联网预言帝凯文·凯利讲过一句话：“不管是做哪个行业的，真正构成最大威胁的对手一定不是现在行业内的对手，而是那些行业之外你看不到的竞争对手。”

马云也曾经说过一句很任性的话：“如果银行不改变，那我们就改变银行。”于是，余额宝就诞生了。余额宝推出半年，规模就接近3000个亿。而雕爷做了阿芙精油后，不仅做了牛腩，还做了烤串、下午茶、煎饼，还进军了美甲业（河狸家）；小米做了手机，做了电视，做了农业，还要做汽车、智能家居。互联网为什么能够如此迅速地颠覆传统行业？因为互联网的本质就是利用高效率来整合低效率，对传统产业核心要素再分配，通过生产关系重构，来提升整体系统效率。因此在分析传统行业诟病和痛点的前提下，众多借助互联网有的放矢的创业越来越产生一股顺势而为的走向。

互联网企业通过优化价值链，减少生产到用户所需要经历的环节来提高效率，降低成本。因此，对于互联网企业来说，只要抓住传统行业价值链条中的低效或高利润环节，利用互联网工具和互联网思维，重新构建商业价值链就有机会迅速获得成功。

过去跨界很难，因为连接和用户都很有限。但在移动互联网之下，当有了海量的用户，在有效的连接下，就能实现自然而然的转化。所以，在移动互联网时代整个交易的定义改变了，不是天天找东西强塞给你，而是直接转化成自需求、自生长。当有足够多的用户时，你会发现里面很多用户自己产生新的交易需求，在你没有推进之前，用户们自己就会提出他们的需求，你只需要顺势而为提供这些新的服务和产品。这种自需求和自生长的跨界服务的产生，在未来的商业业态中将成为常态。

在社群经济中基于场景的跨界更为自然，我的好朋友“三儿”和他太太创立于 2008 年 7 月的“绽放”以清晰的品牌定位，旅行路上的设计思考，自由随性的旅行范儿，开创了国内第一个专业的旅行风格女装品牌。2014 年我和他碰撞过横向和纵向跨界的问题，也提出横向和纵向的产品和服务建议，2015 年他尝试的绽放旅行线路定制产品，做得非常好，且不谈基于业务的利润，单从每次组织的旅行中实现的因粉丝互动而带来的主动传播就已经是一笔巨大的财富了。接下来绽放还可以进一步尝试找到诸如在旅行中横向跨界的产品，如旅行箱、洗漱用品等系列产品，具体是什么谁知道呢，用户会是睿智的决定者。对于一个社群来说，有的产品是用来盈利的，还有一些完全可以从纯服务的角度去理解，帮助自己的粉丝实现更系统更立体的服务，让粉丝持续地留存，这才是一个拥有无数粉丝，基于粉丝的力量通过连接提供更多的适合的跨界产品和服务的价值与意义。

对分享经济来说，如果有海量用户作为前提，则匹配的跨界产品或服务就很容易转化利润，甚至改变已有的商业模式，比如猪八戒网在服务的过程中就找到了“商标注册”的跨界生意，进而升级改变了盈利收入，更提升了资本里的估值。

2014 年 2 月，猪八戒网通过对自身大数据的挖掘，特别是对设计行业数据的挖掘，发现了非常重要的商机，那就是商标注册。随后成立知识产权部，负责将设计需求价值转化，在用户获得设计标识后，提供商标注册代理的增值服务。当主站成为一个免费的流量入口，更大的商业模式转换到了知识产权服务方“猪标局”，且后者依靠猪八戒网沉淀下来的用户数据，实现快速的扩散速度。

2015 年 1 月，一站式的知识产权服务平台——猪标局网正式上线运营。国内商标网官方受理商标注册费用为 800 元，猪标局网的定价分为 1300 元基本注册、1800 元加急担保注册两种定价梯度，后者是为了把平台和用户的利益统一起来。目前业内商标注册申请通过率范围大致在 40%—46%，猪标局网称，自身的退款机制倒逼服务人员提升专业性和服务品质，把这个数字尽量提高，可达到 90% 以上。

用猪标局网自己的话：商标注册通过率97.52%，首创担保服务，不成功全额退款！仅需1300元含官费！商标网上注册，提供一对一的顾问制式服务，方便快捷，担保注册，不成功不收费！

通过猪八戒网积累的500万家中小企业数据中挖掘出的需求，并将其导入猪标局网的商标注册服务，这使得猪标局网业务量增速很快。中国有7000万家个体工商户，每年的商标注册量约200万，市场需求还在不断扩张，未来随着猪八戒网在全国更多城市增设基于线下的服务体系，猪标局网也将随之扩展到更多与线下结合紧密的中小企业知识产权、法律服务需求领域。成立一年多以来，猪标局网整个服务团队规模达到300人以上，猪标局网营业额超过1亿元。

从这个案例我们可以非常清晰地看到猪八戒网在获取用户的成本上基本为零，对于这项新生业务我们发现它在颠覆成本结构的同时，服务的价值和体验也更符合用户的期待。这不但对于购买服务的用户，对于提供服务的众多个人创业者也是极大的福音。

在从分享到跨界过程中还有一个自然而然的趋势出现，那就是众创。其实猪八戒网已经把众创的情形和趋势呈现给我们了，里面众多的兼职服务者提供的服务和价值不亚于专业机构，猪八戒网活活地把一个非标准化的产品做成了一个沉淀1300万用户的交易平台，这就是分享经济下的巨大价值。

其实基于一个社群，如果存在着需求激发的共同场景，特别是连接之下的资源的互补，则大家必定出现自然而然发生的“众创”渴望。在我创建的初心会社群里，就在大家学习过程中，自然而然出现了基于以喝茶为同样场景的三个创始人的合作项目：在景德镇擅长做定制化的茶器的吴平，在苏州有非遗的制作技艺精于银器的宋朝，还有在许多城市五星级酒店里提供专业私茶服务的小琳。通过彼此的互动和信任的建立，在一个私人分享的小圈子里，深度交流中，发现资源的互补对接，而用户也值得共享运营，那么这三位自然而然地基于一个项目一起策划，一起运作，那将是非常有竞争力的一股力量。如何将产品和用户一起打通、共同打造一个基于茶文化和服务的平台，也许还需要更多的人参与方能产生聚合能量，但是基于社群，往往会很快很有效地集聚那些志同道合的参与者，而在这个过程中平台也将自然而然地给予每个参与者各自应有的回报。

对于分享经济下的众创，有一个 app 叫约约。约约创立的原因来自于其创始人姚鸿偶然的想法，因为他创办的图片社区网站 POCO 拥有 9700 万的注册用户、突破 3 亿的图片数量以及接近 4 千万元的年利润，电子杂志《POCOZINE》的月下载量也已高达 790 万册。而据姚鸿透露，全球五百强企业中的近 200 个品牌，都曾与 POCO 网有广告合作。数码相机品牌和具备拍照功能的手机品牌，更是几乎被 POCO 一网打尽。POCO 为以"原创、分享、图片"为核心的"同好聚合"做了成功定位。

而在此基础上，姚鸿觉得如果利用这样的资源实现拍摄和模特的众创对接也许是一件靠谱的事。摄影爱好者是一个庞大的群体，活跃在一、二线城市，有职业的也有业余的，基本都配备高品质的摄影器材，但很多摄影爱好者却找不到理想的拍摄对象，原因就是信息不对称。同时，又有很多职业的和兼职的模特找不到利用闲暇时间可以赚钱的机会。

"约约要做的，就是努力在二者之间搭建起简单直接、安全靠谱的交易平台。"

如今约约从最初的摄影服务已拓展出更多的新品类。而基于摄影场景邀请入驻的模特已经超 12 万。

而另一个崛起的案例就是分答，通过碎片化、娱乐化、共享化的服务形式，让更多的达人和用户在平台上共享知识。你不但可以出钱买大咖的答案，而且还能因为别人的“偷听”而反向增加收入。这些新变化都在一一呈现出分享经济的生命力。

作为分享经济的领头羊，Uber 在美国已经尝试同程快递的跨界服务，而这样的跨界完全是水到渠成的尝试。如今基于这种情况下的服务让越来越多的旁观者都参与其中，这就是众创时代。众创让风险更小，但是让价值创造更显突出，最直接的就是曾经浪费的资源和时间都得到了极大的转化和释放。

在前不久的旅途中，我打车用了 Uber，司机之前是做土方的老板，因为经济不好，没有土方生意的他索性做起了 Uber 生意，一个月开开车也有七八千元的收入，他没有“坐以待毙”地消耗时间和精力，而是顺势而为地创造自己的价值。未来在移动互联网越来越深度融入生活的时候，资源和信息将更加有效地匹配，同时跨界和众创也自然而然地在此过程中越来越普遍。谁不愿意更加便捷更加实惠地享受服务和获取回报呢？

对于创业而言，因为时代的变迁，如今机遇随手可得，合伙人制的模式也将成为众创中的趋势。企业内部基于新项目以及企业投资鼓励员工创业的情形也将比比皆是，比如做到了游泳池恒温节能设备全球第一的隐形冠军芬尼克兹公司的创始人宗毅就开了先河。在2008年金融危机时，他突然意识到，只靠几款产品单打独斗的场面再也不能维系了，于是被逼尝试了后来陆续完善的"裂变式创业"制度体系。依靠这套体系，他把员工变成股东，先后创立了七家裂变创业公司，还被罗辑思维创始人罗振宇称为"传统产业转型最成功的企业家"。从企业内部的资源来说，这也是共享经济的衍生，而基于新项目新机会不断出现的场景，企业内部的众创将越来越普遍。

前不久在上海看到一个健身房项目，这是一个典型利用共享经济的方式激发众创的创业模式。具体是这样操作的，发起人每家店投入30万左右建设一个健身房，然后招募各类健身教练成为合伙人，而来的这些健身教练不用花一分钱投入，无论场地、房租、设备还是管理统统免费，就是让你免费创业，而且健身教练自己招来的学员收入全部归健身教练自己，发起人也不抽佣金也不分成。唯一对这些为合伙创业而来的健身教练的要求就是：健身房自己招募的买卡而来的会员需要健身教练能够提供免费服务，健身房靠销售综合卡获取自己的收益。这个发起人靠这个模式很快就在上海开了多家门店，现金流特别好同时也人满为患，我不知道未来他会不会用众筹模式和社群电商运营门店，但是单单从这个初创的想法来看，这就是典型的共享经济下的产物，激活了传统行业里的闲散资源和时间，重塑了价值的同时也实现了大家的共赢。

还有我认识的一个做传统婚纱摄影的兄弟准备做婚拍的共享平台，让各类自由职业摄影师在平台上创业，对接需要个性化定制的用户们。这样的模式目前全国也已经有了很多公司在运作尝试，有些公司已经小有斩获。

类似这样的情形在未来将越来越多，这是顺应时代的事。在商业的演进中我们需要快速的反应，更需要预判未来的智慧。总之，大家一起拭目以待，也希望大家拥抱变化、积极尝试。

扫描二维码
给你听一首歌

第二章

反传统创业的公理与机遇

导读：从生态位法则到天空法则，从常规竞争到降维打击，如何以小博大，以弱胜强，李善友为小公司战胜巨头提供了一些方法论，这被称为颠覆式创新或破坏性创新论。如果我们谈到弯道超越，谈到小公司做到四两拨千斤超越大企业，聚焦其背后选择性的路径，则无外乎两个角度。

创业是一个破题的过程，对于每一个创业者而言，一次创业过程，就如同一道证明题的演算与推导。创业是一个非线性的过程，其中存在规律也存在着“公理”。

什么是创业公理？就是指依据创业中不证自明的基本事实，经过创业者长期反复实践的考验，不需要再加以证明的基本命题。

在创业过程中，无论移动互联网如何发展，有一些是始终无法替代的，这些正是我们需要牢记的“创业公理”。

反传统创业的三个公理

公理一：产品是商业变现的基础

移动互联网之下，产品的地位史无前例地重要，因为产品是降维打击下唯一一个无法割舍的要素。无论是过去基于企业、用户、产品之下的传统商业运作结构，以产品作为连接的关键；还是今天从连接到联结，企业、用户、产品融为一体，产品成为最有影响力的节点，甚至成为品牌广告的载体，产品在更细分的商业趋势中显得更为重要。在实际的商业运营中，产品更趋向于从尖刀产品到爆品的打造，单点突破的策略在移动互联网下的商业中显得更加犀利。不基于产品层面依托而进行的创业，都是伪创业。最最需要注意的就是金融传销，我已经看到多个借助移动互联网的风口，游走于三、四线城市，甚至城镇，利用人的贪婪欺骗和欺诈用户的企业。作为一个稍微有点理性的人都应该认知这个公理，如果不能创造用户价值，没有具体的产品价值，那么就很有可能是一场骗局，特别是仅靠发展线下而实现营收但却没有价值闭环的项目，请务必敬而远之！

公理二：渠道是信息交互的基础

传统的商业逻辑：消费者洞察—品类区隔、品牌定位—产品制造—广告代言、制作、传播—招商会—渠道—终端。

移动互联网的商业逻辑：用户、交易、口碑、追销。本质上就是做用户经营，本质上是圈人。圈人不是圈人头，圈的是人心，玩的是人格魅力，是一种重在感性与场景的以魅力吸睛、以体验动人的女性思维。核心模式是 C2B，更多地体现在对时间上的占领。

这一切无论哪种选择，都离不开渠道，对于某些案例我们说零渠道费，本质上也不是没花任何成本，只是说明没有花传统渠道的买路钱而已，花了更多的精力和投入在“化缘”上了。其实，即使通过微信、微博等自媒体，同样也需要花费很多成本，特别是隐性成本（如基于线上内容的创新和传播、与用户的互动和反馈、活动的策划和运作）。在这些方面最大的不同在于和用户直接的关系构建，由此产生积极的对话，而不是传统模式里的单向且被动的关系层面。

过去是经营者主权时代，现在是消费者主权时代：移动互联网时代的渠道将越来越趋向于人以及基于粉丝构成的社群！从驱动的角度来说，曾经传统的渠道驱动模式在移动互联网之下将演变为受众驱动、粉丝驱动。

公理三：定位是认知落点的基础

定位理论由美国著名营销专家艾·里斯（Al Ries）与杰克·特劳特（Jack Trout）于 20 世纪 70 年代提出。里斯和特劳特认为：定位要从一个产品开始，产品可能是一种商品、一项服务、一个机构甚至是一个人，也许就是你自己。但是，定位不是你对产品要做的事，定位是你对预期用户要做的事。换句话说，你要在预期用户的头脑里给产品定位，确保产品在预期用户头脑里占据一个真正有价值的地位。无论移动互联网如何迭代，也无论是传统创业还是反传统创业，这是都必须懂得的认知规律。

在移动互联网发展的今天，定位论的核心观点依然非常具有指导性价值。有点不同的是，过去的传统商业聚焦的是产品品类，而如今大家越来越发现还有一个是社群品类。一个是以产品为导向，一个是以用户为导向。

以产品为导向的产品品类只能纵向切割运作，所以如果有新的产品，最好的方式是建立新品牌、子品牌，否则容易引起消费者的认知混乱从而稀释了品牌价值；而以用户为导向的社群品牌，则以兴趣、理念、信仰等为标签，所以用户自己喜欢什么，社群顺势推动即可，这样就可以提供多元化、复合化、立体化的产品和服务。无论如何，人脑的心智识别规律始终是不会改变的，在这一点上对心理认知规律的遵循会让我们少走很多弯路，也容易帮助我们在构建产品品类和社群品类过程中实现更好的落地效果。

除了上述的三个公理外，还有三个常识也需要谨记：

一、商业本质不变；二、物化载体不变；三、人性诉求不变。这些即使在移动互联网之下，也始终如一。

但是，这并不是说移动互联网对创业环境没有巨大的影响，移动互联网带来的影响是在潜移默化之中不断演变的，特别是非线性的发展和爆发，往往是未知和不确定的。我们可以从三个角度去理解其中的演化。

创业环境的演化

演化一：从生态位法则到天空法则

对于传统生意，我们可以用传统生态学中一个基本的概念“生态位法则”来做理解。生态位法则也称“格乌司原理”“价值链法则”。大自然中，各种生物都有自己的“生态位”：亲缘关系接近的，具有同样生活习性的物种，不会在同一地方竞争同一生存空间。

大自然中，凡存在者就有自己的“生态位”，若同时在一个区域必有空间分割，即使弱者与强者共处于同一生存空间，但弱者仍然能够容易地生存，所以鹰击长空，鱼翔浅底，没有两种物种的生态位是完全相同的。应用在企业经营上就是，同质产品或相似的服务，在同一市场区间竞争难以同时生存。

2011 年，我有一次在义乌做品牌突破总裁班培训，有一位当地年轻的企业创始人告诉我，她做的产品不但发展迅速而且利润率甚至比国外的品牌还高，我就问是什么原因。她说产品设计上她学习借鉴国外的品牌，但是在渠道上则完全错开竞争，凡国外品牌入驻的渠道她坚决不进，凡国外品牌看不上的渠道她死磕入驻，结果得到的回报非常丰厚，不但每年做到 3 个多亿，而且毛利高达 40% 以上。

同样从蒙牛的发展史上也能够发觉其中奥妙。蒙牛建立初期，无论资金实力还是市场影响力都非常弱势。从品牌上，蒙牛甘当老二，依附于伊利，借势于伊利，巧妙地通过“甘当内蒙第二品牌”的品牌宣传和“中国乳都”等概念的推出，叫响了蒙牛自己的品牌。

蒙牛在双方利益中发现了有价值的共同点，又让伊利这个行业老大投鼠忌器，避免了可能的报复性市场手段。因为彼时伊利任何报复性的市场手段都可能造成一荣俱荣，一损俱损。对于蒙牛的举动，伊利也只能表现得极为乐观：既然你蒙牛愿意做跟随者让自己做领导者，帮着做大内蒙奶这块大蛋糕，我又何乐而不为？

生态位法则，对我们今天研究企业发展战略及竞争谋略有着很大作用。按此原理，一个物种只有一个生态位，但并不排斥其他物种的侵占，如一山不容二虎，并不是说A山的老虎不能到B山，老虎饿了哪里都能去，不过去了就会发生一场生死搏斗，这种现象在商界叫市场竞争。

企业产品在刚开始进入某个特定市场时，往往没有竞争对手，形成原始生态位、竞争前生态位或虚生态位。但是，只要市场是开放的、均衡的，很快就会有其他竞争者大举进入该市场，形成生态位的部分重叠。如果市场容量极大，大家尚能暂时相安无事，但随着市场份额相对缩小，竞争就会日趋激烈。企业无论大小强弱，都要像狮子与羚羊一样训练快速奔跑，否则你就会被吃掉或者饿死。

一个企业成败的原因有很多，生态位应该是主要原因之一，因为它要求的是人与自然、人与社会的和谐发展。

好企业并不是一年能赚几个亿或几十个亿的企业，而是能够长盛不衰的企业。自然界检验一个物种成功的标准，是看这个物种是否能延缓下去，而检验一个企业成功的标准是看这个企业能否持续生存下来、能否长久生存下来。做企业不是百米冲刺，而是马拉松赛跑，更是接力赛。衡量企业成功的标准不是强大，而是生存，能稳健地保障生存就是最好的企业，偏离自己的生态位去勉强做跨界的强者企业，非垮不可。世界上的好企业都是百年不衰的企业，而这些百年不衰的企业往往都是选准了自己的生态位，这些企业既是强者又是适者，强者与适者的结合，是对自己生态位的高度发挥。 每个时代都蕴含着不同的机遇，同时也淘汰着不合时宜的业态。今天再回顾一些品牌发展史，我们能从它们曲曲折折的起伏之路中找到一些有价值的商业智慧。

诺基亚于1865年创建时，主要从事造纸业务。1898年，该公司又转向生产橡胶制品。诺基亚最初商标为鱼形图案。

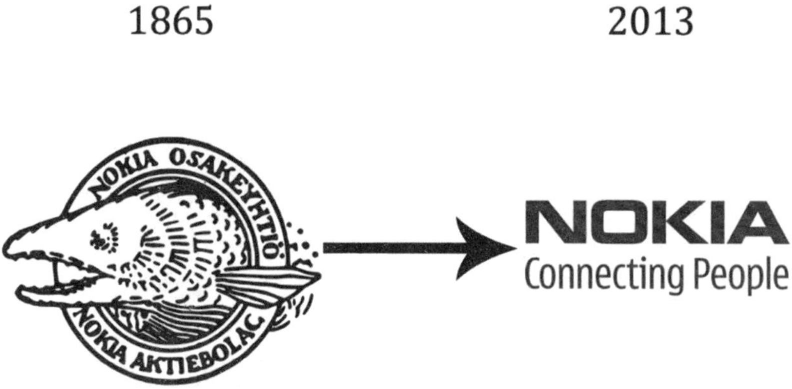

诺基亚电子业务部门芬兰电缆厂（Finnish Cable Works）创建于1912年。诺基亚于1979年同芬兰电视机制造商Salora合作，共同开发了一款早期无线电话再后来成为手机行业的霸主，和摩托罗拉曾经主宰着这个世界，但在智能手机的战役中失去了前瞻思考和行动，最后命殒江湖。无论如何，诺基亚百年以上的发展已属不易。

任天堂的游戏业务可追溯到 1887 年，该公司最初主要生产扑克牌，这种扑克牌主要用于日本名为“Hanafuda”的纸牌游戏。任天堂这种经营方式一直持续到 20 世纪 60 年代。此后任天堂进行了一系列业务多样化尝试，其中包括组建出租车公司、经营宾馆和出售真空吸尘器等等。20 世纪 70 年代，任天堂最终进入视频游戏领域。如今的任天堂开启了新一轮的市场拓展和突破。未来只属于留存的企业，活下去，既是生存战略也是发展战略，而对于这些曾经的霸主，更是竞争战略。

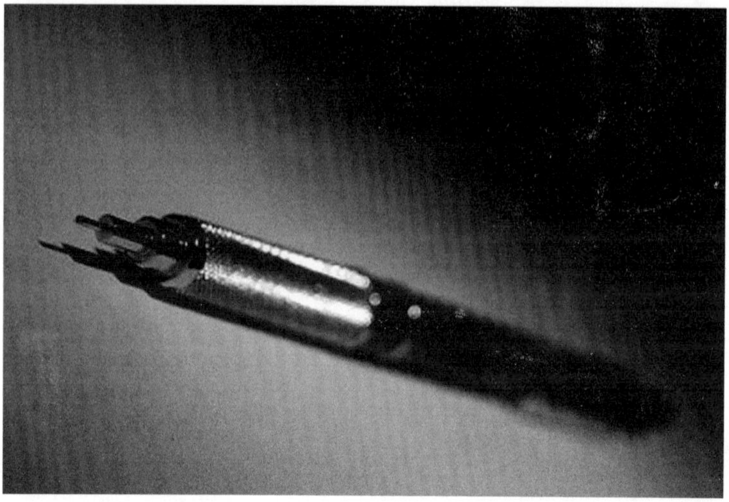

夏普创始人为日本发明家早川德次（Tokuji Hayakawa）。1915 年，夏普发布了第一款产品，为一种非常锋利的机械笔，这也正是夏普公司英文名称“Sharp”（锋利）的来历。1964 年，夏普开发了世界上第一款晶体管计算器，该公司也因此正式进入科技产业。而如今如何再次点燃时代之火，再创辉煌可能是夏普不可逃避的经营命题。

在企业的发展中，行业也是波浪式推进的，今天看到的伟大企业都是在一个恰当的“风口”成长起来的，而且每次风口的到来抓住机遇的企业都是一波一波出现，无论外贸、地产，还是旅游、医疗以及今天的互联网，都是在这样的顺势而为中成长起来的。

有人推崇风口论，有人质疑和排斥风口论，其实风口就是趋势中的切入口。历史告诉我们百年难遇的技术变革是企业腾飞和企业家辈出的风口，而基于产业迭代以及政策变迁之下的空间同样也是一波波企业和企业家脱颖而出的机会。只是你有没有足够的准备和真正的能力拥抱风口，今天看到的BAT（百度、阿里巴巴、腾讯）也是从风口而来，无比迅猛的成长背后也有看不到的辛苦和沧桑，谁说风口之下你就可以飞？没准备好翅膀也没做好训练的猪挤过来，一定会摔成肉酱，风口一定有，但是绝对不是留给猪的，而是留给那些等待腾飞并拥有腾飞基因的物种。如果你一定要坚持猪也可以的话，那么好吧，确实有一个可以参考，他的名字叫“猪八戒”，但他的前身是“天蓬元帅”。

说一千道一万，风口是阶段性的，风口也不是绝对的，做企业还需要借助自己的优势和特长，找到属于自己的“风口”，这个风口才是最稳健的。

做企业讲究“以正合，以奇胜”，奇的方式可以做到“出镜”，以获得眼球经济，并拔得头筹，但是唯有“以正合”方能做到“出境”，提升格局，实现持续性突破和成长的可能。能否抓住风口确实也是一个考验企业家实践能力的关键标准。

移动互联网的到来，给了只抓住第二次工业革命尾巴的中国一个大的机遇，中国怕是世界上基于移动互联网创业最活跃的国家了。对于这个如“蒸汽机”的新生事物，与其质疑不如拥抱，有时间评论不如花时间实践。

今天的移动互联网必将成为我们身边的“水”和“电”，今天我们还有什么“互联网+”和“+互联网”之类的分别，事实上很快我们就不会这样区别了，未来只有一种公司，就是融合互联网于企业运营的公司。

移动互联网时代，我们发现传统商业上的生态因为移动互联网的颠覆发生了很大变化。

如果说传统的制造业注重的是农耕文化，他们只看重自己的一亩三分地，做定点生产做贴牌，关注产品品质和交付就可以了。那么传统的贸易商，他们则是游牧文化，今天做这个生意明天做那个生意，大部分传统商人都是生意人，传统的贸易商就是今朝有酒今朝醉，如同游牧民族一样。这方水草丰盛就赶着牛羊在这里定居，消耗得差不多了，就再寻下一块好地方放牧，所以他们习惯于赚机会的钱。80 年代赚 80 年代的钱，90 年代就赚 90 年代的钱，他们就是基于一个项目而不是基于一个事业或一个企业而延续的。总之在项目上靠直觉和胆识，需要绝好的洞察力步步精准，但每一次都换一个行当赚钱这确实是一件危险的事，因为容易失去根基和积累。如果不能持久地扎根，要么扎根在专业上，要么扎根在用户的心里面，那么一旦某几个判断失误，就无法获取商业回报甚至把之前赚的再吐出去。

传统的品牌商注重的是海洋文化，就像早期的西班牙、英国一样，在海洋上的称霸，使得整个国家昌盛。他们拥有的竞争力在于品牌的力量可以覆盖市场并带来溢价，而不单单依赖于工厂和制造，他们携市场以令工厂，美特斯·邦威在没有钱做工厂的时候，基于对服装工厂产能过剩的洞见，直接运作品牌成为中国第一个 OEM（定点生产）服装品牌，成就商界一段佳话。

但到了移动互联网时代，我们看到的商业竞争变成了天空文化，它没有围墙，它不求章法，它尊崇的是天高任鸟飞。在竞争中常常粗暴地蔑视规则，跨界发展，有时候带来的市场冲击和重建，完全符合《三体》里面的那句话——“我毁灭你，但与你无关”。

从生态位法则到天空法则，商业环境的演化也慢慢改变着我们的生活，而走在前沿的互联网颠覆的案例也层出不穷。有的已小有斩获，有的刚小试牛刀，但是越来越多的结果表明，这只是刚刚热身的开始，真正的爆发还需要回调之后。一旦这些企业找好了节奏和规律，那么接下来必将是势如破竹，特别是那些传统转型升级的企业。对那些成为先烈的先行者，我们报以敬意，商业的变革总伴随着牺牲，他们虽败犹荣。但是这不是最终的结果，经历过商业洗礼的他们，一旦重新站起，卷土重来，那一定会比从前成熟和老道，商业的演进总会消耗着时间、资本、青春和激情，但其中也始终伴随着收获和成长的财富。

我们来看看几个发展不错的“互联网＋”企业案例。

一、小米家装：用互联网改造装修业。

在雷军“七字诀”（专注、极致、口碑、快）的点拨下，小米家装实现 699 元 / 平方米，20 天完工，手机监工，不用去工地，有需要的话，设计师上门服务，的确够“任性”。

二、房多多：打造新房代理模式。

在新房销售链条中，房多多从上游开发商获得房源，下游整合海量中介售房，构筑起轻资产扩张模式。它的出现不仅打破了长期以来垂直房产网站依赖广告的商业模式，更将加速整个房地产行业与互联网的深度对接。

三、滴滴出行：改变传统出租车行业。

作为移动互联网打车软件的先行者，滴滴出行借助移动互联网大数据技术的挖掘、定位、匹配和优化，建立了一套独有、创新的移动智能社会化交通信息平台。整合行业资源，有效地实现了司机和乘客间的信息对称，降低出租车空驶率，便利乘客出行，改善乘客的出行质量与方式。同时，也加速了传统出租车行业的改造与升级。

四、花样年彩生活：颠覆传统物业。

彩生活运用互联网基因重组传统物业，将实体社区变成一个基于大数据的互联网平台，并在业内率先启动推行基于信息化基础上的物业服务 V2.2 模式。彩生活搭载金融服务、养生养老、文化旅游等社区服务平台，为彩生活社区用户带来全生命周期的社区服务，创造更为丰富的用户价值。彩生活实现了标准化服务和平台服务商的基本条件，利用互联网平台及彩之云 app 系统，物业管家上门服务，构建社区一公里微商圈等措施，为用户提供优质的线上线下服务体验。

五、乐视：颠覆传统电视。

在中国电视领域，乐视首开收费和免费同步的视频网站先河，推出乐视 TV·超级电视及乐视盒子，布局 PC 端、移动端和 TV 大屏，实现对终端的控制。同时，乐视众筹营销模式成功取代传统渠道销售模式，给业界提供新的营销参考。乐视 TV 颠覆式创新更多的是用户体验和商业模式。乐视 TV 给了用户创造更大价值的观看体验和游戏新玩法，才能创造颠覆式创新的机会，变成推动电视产业前进的动力。随着越来越多的用户使用互联网电视，传统电视厂商被颠覆的命运即将到来，互联网电视新时代来临。

所有这些已经陆续发生在我们身边，相信会有越来越多的案例将如雨后春笋般不断出现。

演化二：从常规竞争到降维打击

“降维”是科幻小说《三体》中提出来的，简单解释就是：文明是分维度的，高维文明实力雄厚、科技发达，消灭低维文明很容易，而低维文明实力弱同时也很难理解高维文明。低维文明如何干掉高维文明呢？办法就是降维，即用武器把高维文明、低维文明都放在一个共同的更低维度的平台上对垒，结果高维文明优势全无，而低维文明反而有优势，从而把高维文明干掉。

在商界，市场份额、渠道、品牌、运营等往往是行业巨头的优势，它们就如高维文明一样，小企业或新进入者只有降维打击，才能有获胜的可能。

李善友（酷 6 网的创始人）早期的理论基础就是移动互联网时代的颠覆式创新，他极为推崇《创新者的窘境》一书，认为大公司天然存在创新窘境。

为什么柯达发明了数码成像技术却依然破产？

为什么一代巨头诺基亚、摩托罗拉轰然倒塌？

为什么微信轻而易举就干掉了运营商的短信业务？

为什么芯片巨头英特尔业绩一再下滑？

……

太多的类似案例向人们宣告：巨头并不是不可战胜，巨头在面临创新者冲击时往往毫无还手之力。这些巨头受制于部门体制、惯性思维、资源配置等原因，根本无法实现换血式创新，也正是因为这种创新窘境，为中小创业者提供了机会。

李善友认为，在巨头已经成熟的市场发起冲击是徒劳的，如同腾讯电商干不过淘宝，360 搜索干不过百度，网易微博干不过新浪微博，来往干不过微信……客观地说，打败微信的绝对不会是另一个微信。

对于市场竞争，传统的营销讲究竞争“差异化”，人无我有、人有我优、人优我精、人精我全、人全我廉、人廉我先……这些道理都没有问题，问题在于，如果我们和那些巨无霸在同一条竞争的赛道，而我们又没有足够的资金、品牌、研发、资源等等，我们深陷在同样的价值链和业务链条中，如何才有机会真正超越？

曾经摩托罗拉和诺基亚两方打得你死我活，最后冒出的苹果真正做到了笑傲江湖。如何以小博大，以弱胜强，李善友为小公司战胜巨头提供了一些方法论，这被称为颠覆式创新或破坏性创新论：

一、在新的领域、新兴市场、新的类目发起冲击，是胜算较高的方法，例如苹果手机凭借重新发明手机即智能手机轻易击败了功能手机巨头诺基亚，这如同换了一个维度，毁灭你，与你何干？

二、以低价对抗高价，以免费对抗收费，以简单对抗复杂也是一种制胜策略，例如淘宝用免费击败了易趣，这种颠覆甚为有效。

三、用互联网改造传统行业的业态也被认为是潜力最大的市场，例如打车软件、余额宝、电商模式等等，这种降维打击的效果十分恐怖。

今天我们看到颠覆出租车行业的不是出租车行业而是一个优步软件。

如果我们谈到弯道超越，谈到小公司做到四两拨千斤超越大企业，聚焦其背后选择性的路径，则无外乎两个角度。我的看法如下：

一、价值重塑，这是基于核心价值创造的突破。而价值的创造无论是从传统的产品品类角度还是新时代的社群品类角度都存有新的逾越路径。

二、模式重构，这是关于商业架构的突破。大企业越具备的优势，其背后越有与生俱来的被新生模式攻击的弱点。

谈到模式，一张加了二维码的明星海报，一个加了服务号的超级停车场，往往在移动互联网之下因为连接，前者可能挖掘出数据背后的价值，而后者则往往创造出入口级的平台。无论是一个医院、一个百货商场、一个汽车站还是一个传统企业，都有可能因为连接彰显出另一种价值。在移动互联网渗入的今天，很多跨界或转型成功的，无不是基于移动互联网红利带来的收益。

在后面我们会基于此谈关于反传统的很多法则、特别是模式和行动地图，但这一切都必须有最基本的前提，否则我们很容易误入歧途。正如我们身边常常有人说去互联网化，事实上他从来就没有了解过互联网。互联网如水、如电，将深度融入我们的生活中，那将是一种常态。谈及移动互联网，需要深度理解用户和产品，否则那就是伪移动互联网。同时谈移动互联网更要了解人性和人心，关注成本和体验，只有那样才有可能踏上成功之路。

扫描二维码
给你听一首歌

第二部分

反传统创业运营智慧

第三章

反传统创业“心法”

导读：为什么截拳道是移动互联网下最佳的参考行动标杆，什么是其关键性要点？面对巨大“浪费”这个自然界法则，为什么常识帮不了你？如何找到成功的秘密而不囿于常识，反传统创业运营智慧助你觅得其中最重要的秘密。

反传统创业，反的不是“传统”，而是“传统创业”中不合时宜的部分。如果说得精准一点的话，反的是“程式、标准以及规则”。

第一次接触到“反传统”这个词，是从维珍集团的创始人——布兰森那里得到的启发。维珍集团是英国最大的私营企业，维珍集团董事长兼总裁理查德·布兰森，17 岁以 4 英镑起家，开创出破百亿规模，版图横跨 34 国，旗下近 400 家公司的维珍集团，业务涵盖从唱片、航空、移动运营到银行、铁路等行业。布兰森是当今世界上最富传奇色彩和个性魅力的亿万富翁之一，英国女王授予他爵士头衔。布兰森理解的反传统集中在“不受拘束、富有情趣、勇于创新、敢于突破”这些理念上。

第二次是从李小龙那里受到启发，李小龙创立的截拳道更是反传统的结果。李小龙从不在意门派之间的区别，而只注重武术本身的价值，截拳道完全是一个在他倡导的理念下的结果。截拳道（Jeet Kune Do），其中的截，截断对手攻击，视为防守；拳，主动出拳，视为攻击；道，这里的道主要源于古代先哲老子思想中的道，以其为理论源泉指导武术动作。截拳道的最大优势是以最短的出拳距离和最快的时间进行防守反击、直接反击、防御和攻击的拳道实战与搏击。李小龙提出了三个关键词：精简、直接、非传统性。

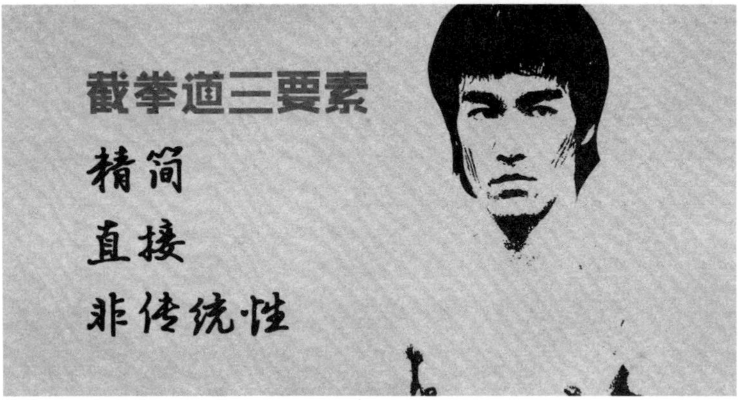

而第三次打动我的来自于一个画家，那就是国画大师吴冠中。吴冠中反传统的姿态近乎偏执，他甚至不喜欢自己的名字，因为他认为那名字太传统；他也不想什么延年益寿，长命百岁，他认为只有食古不化的老糊涂才那么想。所以，即使自己也画国画，即使已经七十多岁了，他还是喊出了笔墨等于零的口号，引起了中国美术界绵延六七年的争论。他说笔墨等于零，无非是说中国画不必躺在笔墨技巧的陈腐里做复兴美梦，应该突破传统。

吴冠中说：“历史太悠久了，传统之所以有如此强大的生命力，正是由于反传统,反反传统,反反反传统的不断发展,永远新生。”又说：“近亲婚姻导致衰颓，每次异种的引入才促使新品种新生命的诞生，都经历过孤陋寡闻的时代，引进外国艺术是新鲜事，但外国传统犹如中国传统，都是在反、反、反、反、反中积累形成的，要识别精华与糟粕并不容易。”

吴冠中认为“真正的新是革新、创造、探索，不被旧的传统拖累，不被原来的权威压倒。新青年就是不顾一切的，只要是真理，就敢于谈新的东西，敢于否定以前的东西。”

吴冠中八十二岁的时候说：“新旧之间没有怨讼，唯有真与伪是大敌。”

反传统就是不活在过去固有的程式和标准里，更要勇于突破不合时

宜的规则。这个世界的商业路径没有什么是一成不变的，曾经的可以借鉴，但是物极必反、盛极必衰，过了一个年代过了一个阶段，往往需要矫正、升级甚至颠覆。

过去创业常常是火箭发射式的创业模式，准备多月，最后等待火箭升天的那一刻：要么火箭升天、要么火箭爆炸、要么火箭失踪，最怕的是火箭没反应。这种过去靠天才创始人加运气的创业模式越来越不靠谱了。

传统商业里，很多生意和业务可以预见，当然也容易在不充分竞争的市场中找到一席之地。所以，即使也存在成本过度消耗，沉没成本过于浪费，但是大多数还是跌跌撞撞地活了下来。

然而这些方式，在今天用户随时可以连接的时代显然不合时宜，因为用户有了话语权，企业的命运有一半掌握在用户手里，同时市场上的品类越来越细分，那么传统企业的生存能力也必将越来越艰难。

今天的竞争，讲究的是垂直细分，唯品会基于品牌折扣网站的定位使自己获得市场的追捧，而饿了么则以送盒饭的方式迅速攻城拔寨获得强势的移动入口。

扫描二维码

给你听一首歌

创业"截拳道"

我觉得从创业角度来讲，截拳道给我带来的启示，远高于其他案例，因为它更加直接地告诉我们两件事情：第一，告诉我们如何截断对手的攻击；第二，告诉我们如何在防御的同时主动攻击。截代表防守，拳视为攻击，在此过程中，二者融为一体，迅速聚焦目标，直接反击。

移动互联网下的创业，需要我们在进攻时便要注意防守，构建竞争壁垒，同样在防守中还要伺机寻找出路有效出手攻击。

截拳道是一种变幻无穷的技击术，它必须紧紧抓住对手使用招式的漏洞和缺陷，随机应变形成一种"攻击 + 反击"术去抗击对方，以攻克攻，以防克攻，以反击克攻击。敌攻则我攻，敌动则我动，目的是为了节省和缩短攻击距离。移动互联网下的创业就是如此，没有那么多的时间绕弯弯。

有如下两句话：第一句话，我想躺在床上陪你数星星。第二句话，我穿越了大半个中国来睡你。你觉得哪一句更有力量呢？

对于实战，“以无法为有法，以无限为有限”是截拳道的最高宗旨和哲学核心基础，即反对任何固定的形式，强调“无形之形、无式之式”，抛弃套路这种传统武术特有的形式。

大家知道，在很多武术中都有“拳套”，所谓“拳套”就是指固定的套路，例如组合拳等都属于“拳套”。而实战是强调“务实”“无形式”，凭本能的感触应战。李小龙在教学时，经常喜欢用水打比方来说明上述哲理：“好像水一样，应该无形式。将水倾进杯里，便成杯的一部分；将水倾进樽里，便成樽的一部分。踢它击它，它便会反溅回来。你要抓一把水，水必会屈服，毫不犹疑。你加上压力，水便溜走。最软的东西是不惧击的。”

“搏击的实效并不是形式正确，合乎于古今传统的那么回事，能够打胜才是实效……”

“搏击只是一种在实战中力求击倒对方的艺术。看对方来势如何，便如何回敬。你不知我的意图，但我的动作就是你的动作的结果，而我的技术又是你的技术的结果。搏击没有一成不变的途径和方法，它纯靠观感、变化见机行事。”

移动互联网本质上就是不确定性和不可知性，今天所有基于移动互联网下的模式能够存活下来都是源于用户的认同，没有什么模式是靠设计而存活下来的。

截拳道“以无法为有法，以无限为有限”的最高宗旨和哲学核心充分体现了自由精神的强大威力。截，是招式；拳，是武功；道，是宇宙的根本规律。把道融入武功之中，把人生与道相融，这是截拳道的最终奥义。

其实在移动互联网时代，在信息越来越对称并由用户为导向的创业环境下，一切都越来越回归本源，回归人性，一切皆因用户的反应和反馈而变化。因此我们从创业角度能够理解精简、直接以及非传统性，就更容易适应移动互联网下的创业之路了。

反传统心法：精简、直接、非传统

首先谈精简，每个企业都因为其具有的核心价值而存在，无论眼前看上去多大多强都不重要，重要的是它引以为豪的核心能力和聚焦的价值原点是什么。

互联网的本质就是连接。腾讯连接了人与人，成就了QQ和微信，而现在更是试图借微信之手连接一切；百度连接了人与信息，其LBS部门试图实现移动互联网和企业的连接；阿里巴巴则连接了人与商品，同时在拓展人与商品线下的连接途径。

一个创业者，在创造价值上首先应该聚焦用户痛点直奔主题，并且牢牢抓住最核心的价值毫不动摇。对于移动互联网下的竞争，小就是多，少就是强，如果一件事都做不好，那么做很多事情则会因为精力分散而更糟糕。后面谈到的精益创业方法论中的MVP的概念也正是如此。

举个例子，基于创业者的社群如今越来越多，有定位股权众筹的，有定位混圈子搞人脉的，还有定位学习和辅导的……而且每个社群越来越倾向于通过拉到的一些人做在线分享。那么在这种情形下，如何实现竞争的差异，找到自己的位置从而获取市场价值呢？这就需要反溯价值，精简到价值原点，围绕它实现竞争差异。比如我创立的初心会就是一个提供移动互联网下的创业辅导服务的社群，其最核心价值原点就是“反传统”这样的清晰标签，所有基于各行各业的资源和资讯信息，都聚焦于我们研究的“反传统”方法论这个切入点，而和初心会合作的各个领域的大咖和专家也在为“反传统”贡献出自己智慧的同时获取初心会带来的价值反哺，通过大家的力量共同搭建了中国目前唯一一个“反传统”创业众创服务平台。精简会让一切更加清晰、更加聚焦，精简就是华为所说的“利出一孔”。

为什么我们需要在定位和模式上，比较关注“直接”这个词，因为创业最难的就是把无所限制的自由度转化成一个具体的问题和目标，而简单清晰的任务和结果导向更是创业初期产生动能的关键。

在经历过多次创业以及接触过多个创业项目后，我基本理解了一件事，那就是所有的商业模式凡推演超过三步的，必不成立，凡讲不清楚说不清楚的必做不清楚。创业面临的环境是动态变化的，外面的客观因素已经显得动态多变，如果再加上自己多变和不清晰的逻辑与目标，那么获取明确的结果则是难上加难。

猎豹移动 CEO 傅盛是这样看待创业成败关键的：创业，要像做一道数学题一样。

傅盛分享过一个他遇到的案例：京东上有一款体重秤，叫云麦好轻，是以前猎豹一个同事做的，现在几乎销量第一。当时做到一个月 6000 台时，他找傅盛讨教。他说："傅总接下来怎么做，智能硬件好火，大家都在健身，我也在做社区，要把这个链条做起来。"

傅盛就直接说："别扯了！你先把创业变成非常简单的问题。体重秤一年出多少货？你能不能拿下一半市场？今天 6000 台，什么时候能够做到 10 万台？没有做到前三，全力以赴做，用价格、用设计、用所有东西，12 个月之内看能不能做到？如果能够做到，6 个月能不能做到？6 个月能做到，需要哪些资源，能不能像一道数学题那样列在那里？想清楚目标，然后立刻做。"

同时傅盛问："做到 6000 台，为什么做不上去？"他说："当时有一个配件出问题，生产没跟上。"傅盛说："为什么不是多条生产线？为什么不是每个配件上都有这种问题？"反向推演问题，创业的目标感就会变得极为清晰。

傅盛还以雷军做小米为参考。五年前，雷军就冲着 1 亿部手机这个封闭式目标一步一步走。当时三星和苹果大概快到 1 亿部手机。那么，中国有没有可能出一家一年卖 1 亿部手机的厂商呢？如果做到了，对手机厂商将产生怎样的影响？如果做到了，对电商将产生怎样的影响？

反复就一个封闭式问题，来回推演。一旦具备这样的能力，创业就开始变得简单。虽然它不再像当初那么壮怀激烈，那么有情怀，但它开始变得有解。

有解是最难的一件事情。

小步快跑，不仅是互联网法则，更是整个人类社会进步的法则。过去缺乏小步快跑的基础，因为生产成本太高。今天，不断快速尝试，能够找到自己的目标，并实验出结果。试错的本质是在增加经验值。

创业就是一个不停打怪，获取经验，不断升级的过程。等有子弹，再打 BOSS，然后上市。如果每天都在研究琢磨，从不试错，就会被怪打死。

“直接”会让很多模糊的问题显得有解，也让很多无谓的浪费得到减少。“直接”也意味着理解的低成本和迭代的效率。

在理解“精简”和“直接”的前提下，我们再去理解“非传统性”的概念。传统不是一无是处，总有其有价值的地方，但是对于想弯道超越的创业来说，传统就意味着你和其他竞争对手很难拉开差距，因为面对已经有一定实力的对手，你通过常规路径一定拼不过，用悬殊于对手的资源和能力去做和对手一样的事情，结果自然不言而喻。简单地说，如要想先拔头筹，要么做到对已有的定位不同，要么做到行进的路径不同。

常识陷阱

传统之中，我们最常受到影响的就是所谓的常识，而更多情况下我们将常识和常规性知识混淆。常识是指那些经过长时间沉淀而总结出来的对人类社会普遍性的认知，而常规性知识则是指一个人在社会生存中接受的基本认知。两者最大的区别就是随着时间的推移，常规性的知识在不断地被替换而常识则历久弥新。

对于商业来说，最厉害的品牌商就是做三件事：一、给市场设定一个标准；二、把标准转化成一个习惯；三、把习惯固化成一个常识。

问一个问题：圣诞老人的衣服是什么颜色？我想你一定会说是红色。然而事实并非如此。

17 世纪早期，人们在庆祝冬至时，会以绿色植物装饰自己的家，因为他们相信绿色植物拥有魔法，能够抵御严寒，不会枯死。所以，第一代的圣诞老人是穿绿色外衣的，喻意着圣诞老人也有 evergreen 这种魔力。

一直到 1931 年，可口可乐公司为了改变人们“认为可口可乐是夏天饮料”的印象，想出了让圣诞老人冬天也喝可口可乐的广告。另外，为了突出可口可乐“开心欢乐”的形象，可口可乐公司还雇用了广告插画师海顿 · 珊布（Haddon Sundblom）创作相关形象。海顿 · 珊布利用红白两色（可口可乐的机构形象色彩）绘制出了第一个红白两色的圣诞老人，胖乎乎的造型让人觉得温暖友好。

之后，从 1931 年到 1964 年，可口可乐广告一直不断地强化红白衣服打扮的圣诞老人形象，除了将广告刊登在杂志上，还将广告印刷品挂到各大商店展示，加上海报、月历等印刷品的攻势，新的圣诞老人开始不知不觉占领了大家的思想和情感……渐渐地所有商家和媒体也都开始采用穿着红白两色衣服的圣诞老人形象。我们也这样认识了穿红白衣服的圣诞老人。

在商业的世界里，我们也曾以为很多现状本应如此，事实上很多我们习以为常的产品和服务都是商家在运营中设定的标准，进而演化成常规性知识，最后成为我们的认知习惯。

常识的价值确实重要，但常识很难为我们带来优势。如果你要创业、创新，那么常识是你必须绕过的第一个巨大而无形的陷阱，一个看上去很不像陷阱的陷阱。

彼得·蒂尔说：如果你基于常识去创业，那么你创业成功的可能性微乎其微。那么到底基于什么呢？答案是：基于常识之上的“秘密”。

用吴伯凡的话说，秘密是介于常识与幻想（“遥不可及者”）之间的东西。

吴伯凡挖笋的启示：找到“秘密”

吴伯凡讲到有一次来到一个长满翠竹的山坡上挖笋，看到拔地而起的竹笋时，很是兴奋，抡起镢头就要开挖。同行者却说这样的笋是没法吃的，值得挖的笋必须在竹林子里仔细寻找才找得到。

一会儿吴伯凡又找到了一棵从地里冒出头的竹笋，又兴奋地抡起了镢头，同行者再次阻止说，这样的笋也是老到不能吃的。然后，同行者指着旁边的一株“草”说，这才是我们要挖的笋。

吴伯凡仔细看看这株“草”，才注意到其草叶偏宽，颜色也不是绿色，而是赭色的。同行者告诉他，这是尚未露出地面的春笋的笋叶，只有这样的笋才鲜嫩可口。在同行者的指导下，吴伯凡终于挖出了一棵既嫩又壮的春笋。

在稍有经验的挖笋人眼里，如此显眼的笋完全不值得挖，值得挖的笋都是不显眼的，甚至是肉眼看不到的。

同行者告诉吴伯凡，春笋是相对好挖的，难挖的是冬笋。春笋的笋叶是露出地面的，而冬笋则藏在地下，只有经验相当丰富的人，才能从竹子的长势和竹子分布的态势，判断出冬笋的藏身处。

没有经验的人常常挖一整天也挖不到一棵冬笋。冬笋比春笋贵得多，一是因为它更嫩更可口，二是因为它量少难觅，实在难挖。

巨大的“浪费”是自然法则

吴伯凡说：巨大的“浪费”是大自然的法则。当我们看到一株植物和一只动物时，我们知道这平平常常的植物和动物，其实是千万甚至上亿分之一的成功概率中的超级幸运者。与它们的生长同时发生的，是成千上万甚至上亿的种子、精子悄然消失。

事实上创业成功率也不容乐观。在彼得·蒂尔看来，绝大多数创业者之所以失败，一个很重要的原因，是驱使他们去创业的，不是常识，就是幻想。

在挖笋的故事中，我们能够明白秘密的首要特点，它总是处在平常的视线（常识）触不到的某一点上。秘密就像长有草一样叶子的春笋，更像是深埋在地下，只能通过隐秘、侧面的碎片化信息来判断其位置的冬笋。

如果你没有这种“默然心会的知识”（Tacit Knowledge），任你怎样烧香拜佛跳大神，也不可能找到冬笋。

正如中国的茶和大闸蟹一样，玩的基本上都是熟人经济，所以到现在为止，中国所有的品牌茶销售总和都没有一家外来品牌立顿高，并且都只埋没在品类的品牌之内。大家习惯性叫大红袍、正山小种、普洱等等，很难做到一个品类里的大品牌，即使七彩云南、八马等小有名气的品牌也同样更多的是基于熟人才更易销售，否则一样被排出可选范围。

也正是如此，我的一个朋友在武夷山想做“喝茶人的茶”，坚持做F2C，保障为喝茶人提供超高性价比的茶，茶好价格也不错，但依然因为茶品类的这种规律，商业上至今还没能实现有效的突破。不过从立顿和碧生源减肥茶这样的案例中，值得我们深思的是我们如何找到一条打造品牌的路。对于茶品牌目前我能想到的也只有通过功能性角度的突破或许有所斩获，但我相信迟早中国会出现独树一帜的真正的中国茶品牌，只是这个秘密有待于我们去探索和寻找。

当然，对于洞见“秘密”的商家则能够在商业浪潮中及时获取回报。比如对于女鞋品类，百丽集团洞见了其本质是“不忠诚”这个秘密，因为女性随时会因为一个设计而冲动购买女鞋。于是百丽顺势而为大张旗鼓地做起了品牌池子，大量地并购其他女鞋品牌，最后百货商场里的女鞋品牌，高达60%—80%都是百丽旗下的，东边不亮西边亮，无论你怎么买反正都在百丽的掌握之中。

吴伯凡说：秘密是可贵的。因为“难能”，所以可贵。“互联网+”之类的常识不能为我们提供秘密，反而可能遮蔽秘密。“互联网+”除了带来常识，也可能导致幻想和幻觉，所以也可能遮蔽秘密。

还有很多运营的秘密唯有靠当事人在死磕的过程中方能理解。我在运作项目中发现了一个有趣的传播规律，就是只靠强关系下的人群支持，传播总是无法在中心地带实现有效且主动的传播，而通过从外围反向传播到核心区域，则往往带来极其客观的传播效能，这就是我常说的“出口转内销”的传播方式。

运营中，秘密有很多种，但是至关重要的秘密一定是基于商业常识中发现的不为人所知的部分，秘密隐藏在常识之中。

那么怎样才能更好更有效地发现秘密呢？面对商业首先我们得敢于逆向思考和探索。比如酒店就得有大堂吗？方便面就得是油炸的吗？卖产品就得赚利润吗？私家车就不能名正言顺地做出租吗？4S店就一定要靠卖车赚钱吗？我们遇到的常识，往往并不一定是对的，需要我们敢于打破思维定式、勇于突破方法方能找到有力的起点和爆发点。这也是反传统创业最为关注的部分，如何重塑程式、重设标准、重定规则，是实现全新的突破和飞跃的必修课。

处在这个新时代，移动互联网给传统真正扎扎实实地带来有力的渗透、颠覆和重构。反传统已经不是一个口号，更是一个无法回避的现状。大家在高呼颠覆的背后，都是对传统商业中的痛点和桎梏有着由来已久的改变和期待。

反传统创业的核心秘密

无论哪个时代，只要商业经历过一个阶段，就会出现反传统创业的企业，从古至今从未断层。反传统创业不是在移动互联网之下才出现的新事物，但是移动互联网让反传统创业异常明显。到底什么才是最核心的秘密？

所有的商业发展都在一定的环境之下，而成就的环境是身处其中商家的利益土壤，所有的利益都依赖于一个东西维持平衡，同时也保障着强者的回报。这个东西就是：规则。

凡规则必含利益，所有的规则都是由强者制定的，同时也在保障着他们的利益。从某种意义上说：规则 = 利益。

要想在一个商业环境中获取利益，你只有两个选择：要么服从规则，要么制定规则。即使你的实力有限，你可以学习毛泽东的策略“你打你的，我打我的”，反正不能按常理出牌，唯有这样才有机会找到自己的突破口。

规则，一般指由群众共同制定、公认或由代表人统一制定并通过的，由群体里的所有成员一起遵守的条例和章程。规则具有普遍性，规则也指大自然的变化规律。它存在有三种形式：明规则、潜规则、元规则。

明规则是有明文规定的规则，存在需要不断完善的局限性；

潜规则是无明文规定的规则，约定俗成无局限性，可弥补明规则不足之处；

元规则是一种以暴力竞争解决问题的规则，善恶参半，非道德之理的文明之道。

在反传统创业的模型实践和探索中，要设计竞争模型，必须先预判可颠覆的规则，大凡颠覆规则的背后都意味着巨大的利益回报，规则颠覆越狠价值回报就越大。

反传统创业到底应该怎么反？它的核心是什么？它的核心就是颠覆规则。因为规则背后就是利益，所有的规则都是曾经的商业强者们制定的，他们制定的目的就是让别人能够在规则下臣服于他们，他们赚大部分的回报，让别人得到小部分的回报，这就是现实。今天我们要获取超出常规的回报，那就必须颠覆规则，而其中颠覆元规则是最狠也是最难的，元规则是规则中的规则，是一种以暴力竞争解决问题的规则，元规则的能量超乎想象，颠覆的结果也非常之猛烈。

中国作家刘慈欣写的科幻小说《三体》，一直备受无数移动互联网创业者推崇，甚至被“圣经化”。其中的黑暗森林法则、宇宙统一道德准则、技术大爆炸、降维攻击等内容已经引起了人们对宇宙文明法则的思考，其本质上是一部宇宙社会哲学书。

如何理解黑暗森林，如何把握颠覆的机会，如何理解其中的秘密并能够落地结果，我们首先要从商业模式开始。

任何一个商业模式都是一个由用户价值、企业资源和能力、盈利方式构成的三维立体模式，可以针对这三个要素概括为：

“用户价值主张”，指在一个既定价格上，企业向其用户或消费者提供服务或产品时所需要完成的任务；

“资源和生产过程”，即支持用户价值主张和盈利模式的具体经营模式；

“盈利公式”，即企业用以为股东实现经济价值的过程。

信息技术的发展使得移动互联网成为商业模式中的第四个要素，因为基于移动互联网的改造和整合常常会把旧有的商业体升级为一个全新的商业体，要知道很多曾经不起眼的生意被移动互联网改造升级后就完全变了，变成了巨无霸，比如传统出租车行业遭遇滴滴出行。打一个形象的比方，具备驾驭互联网思维能力的企业实际上就是宇宙世界中的高级文明，在宇宙这个浩瀚无边的黑暗森林中，用“降维攻击”的形式摧毁对手。移动互联网下的企业往往一开始看上去微不足道，但是一旦成长起来会让你吓一跳，用罗振宇在分享KK《必然》这本书时的话来说叫“形成”。“开始出现的时候伪装成别的东西，没有办法发现，只有慢慢长大的时候，突然发现原来是另一个东西，这个时候再回头识别，已经来不及了”。试想当你发现那个东西不是你以为的东西而完全成为一个新的东西，会是多么惊诧。

互联网企业很有意思的是，凡一开始就赚钱的都做不大赚不久，而一开始就怎么也看不懂更不知道如何赚钱死也琢磨不透的企业，结果往往最后变成了大赢家。无论淘宝还是微信，无论亚马逊还是京东，谁能在一开始就猜出来它们未来的终极商业模式。

传统商业里，你看到对手，对手发现你，彼此的竞争是有边界且是很清晰的边界的，不是你想超越就能够超越的，因为可竞争的要素无法短期获得突破。但是移动互联网却往往不是这样，超越一个对手，常常呼啸而过，所谓方生方死，迭代的速度和要求，有过之无不及。因此如今在这个商业世界中，必须学会适度保护。悄悄进村，比过去更为重要了。《三体》中的“黑暗森林法则”是这样残酷描述的：

> 宇宙就是一座黑暗森林，每个文明都是带枪的猎人，必须保持沉默和隐蔽，因为林中到处都有与他一样潜行的猎人，任何暴露自己存在的生命都将很快被消灭。一旦被发现，总有一方被消灭！

按照《三体》的宇宙社会学理论可以得出如下结论：

一、生存是文明的第一需要；

二、文明不断增长和扩张，但宇宙中的物质总量保持不变；

三、猜疑链：宇宙中的不同文明会猜疑对方并采取各种手段毁灭对方；

四、技术爆炸：任何一个不起眼的小文明在宇宙尺度中很快可以通过技术大爆炸超越自己。

其实每一个公司何尝不是商业丛林中带枪的猎人呢？按照商业社会模式抽象出的黑暗森林理论就是：

一、生存是公司的第一需要；

二、公司不断增长和扩张，商业环境中的市场总量有限；

三、垄断主义。商业模式的本质造成只有绝对垄断，才可以绝对地利用资源提高效率，创造利润从而保障研发的投入。每一个公司为了实现公司战略，必须逼死其他公司，占有绝对的市场垄断；

四、颠覆逆袭。借助互联网的力量，小公司随时可能发生商业模式爆炸，一下子远远走在大公司前面，灭掉大公司。

理论部分的第四条“颠覆逆袭”在传统商业模式中是根本不可能发生的，无论是完全竞争的欧美市场还是不完全竞争的中国市场。在传统商业模式下，大公司对小公司不需要隐藏一切，可以利用资源优势随时消灭小公司，犹如早前只要是做互联网的就会被问，如果腾讯复制你抄袭你，你有什么办法抵抗一样（事实上，今天再也没有人这样问了，因为我们发现就连腾讯也只能做好即时通讯这一件事）。在同一个世界同一个维度竞争，小公司超越颠覆的可能性基本没有。

大公司毁灭小公司从来不会考虑感受：我要占领这个市场，你死不死，跟我有什么关系？

但进入互联网尤其是移动互联网时代的今天就大不一样了，就算一个再小的公司，也可以借助移动互联网的力量，连接一切商业资源，颠覆商业模式，可能在短短几年间就完成传统大公司几十年的资源积累。Facebook、Airbnb、Uber、小米，这些都是近几年借助互联网思维异军突起颠覆行业格局的公司。今天的小公司除了模式的颠覆外，还能借助移动互联网和资本这一对翅膀。

对于反传统创业中的规则的颠覆，我们先来看看具体的案例。首先从颠覆明规则的企业案例看起：

一、颠覆明规则

案例一：西班牙斗牛犬餐厅（El Bulli）颠覆了传统餐厅餐后买单的规则。

大凡是餐厅，必定是客人来了先给菜单，然后点菜，餐毕买单。而这家餐厅不但要预定先付款，而且每次都是在餐后能够得到一份详细的菜单，就是这个餐厅被多次评为“世界上最好的餐厅”。

详情：西班牙名厨亚德里亚于1987年开始执掌斗牛犬餐厅，他算是分子美食学的先驱。餐厅只有50个座位，而每年只提供8000位食客的用餐机会。

分析：由于餐厅的级别较高，每做5000次试验才能开发并确定25—50道菜，所以能提供的用餐机会有限。这就创造了一种物以稀为贵的感觉，能去这里吃饭的一定都是“狠角色”。

效果：餐厅经营期间，预约要求超过200万笔，但每年只能接待8000位客人，能去餐厅用餐就像中彩票一样。

案例二：艾米1895，国内首创的复合式结构、多元化经营的特色影院，颠覆了传统影院大众买票一起观影的规则。

在我们印象中，看电影无非就是买好电影票捧着爆米花桶对号入座。虽然座椅还算柔软，但总感觉有一些局促，如果遇上一些素质不高的观众坐在附近，不时发出一些奇怪的声音，观影体验更是大打折扣。

热恋中的情侣又或者带着孩子、陪着父母的一家人，再者闺密、朋友……人们期待有一个专属的观影空间，可以真正放松随意享受观影休闲，交流加深情感。艾米 1895 规避了传统影院的种种局限，作为一种新型点播影院的领军品牌应运而生。所谓的私人点播式影院，既解决了传统影院过档电影没法看，新上欧美大片看不到的弊端，还可以让消费者随心点播自己喜爱的电影，进入私密主题包间。

在艾米 1895 想看什么电影自己点，一两个人就可以“包场”，24 小时随时开场。这个“私人订制”电影院由传统影厅、主题影厅和“iBOX 点播包厢”构成主要观影区域，并配备别具特色的电影街区、电影会所、咖啡吧等。它兼顾了儿童、青少年、中老年等不同年龄人群的消费需求，是集娱乐、休闲、互动、社交于一体的新型都市休闲文化场所。

对这个电影院，创始人陈俊这样介绍：第一，我们造一个随到随看的电影院；第二，想看什么看什么；第三，想和谁看和谁看。我们用了三年研发，才搞一年多，就开了 40 家，估值 10 亿人民币。逻辑很简单，这样一个厅十来个人看，可以情侣、家庭看，也可以躺着看，喝着酒看，吃着简餐看。大人聊天，小孩戴一个耳麦，大人聊大人的，小孩看他们的。总之不是那么拘谨地坐在那儿。

有一个人自己来看，他说特别爽，想哭就哭，想笑就笑，去之前酝酿他的感觉，看的时候大哭了一场，看完出来感觉特别舒心。5000 部电影自己点，在里面喝酒聊天。

对于位置的选择，艾米 1895 刻意跟 mall 做了衔接，哪个地方租不出去就租哪里，只要便宜一点就行了。

二、颠覆潜规则

案例一：美国大型会员制批发零售连锁店 Costco，不依靠产品毛利赚利润，而是靠足够的会员费获取回报。

这是一家类似山姆会员商店（SAMS CLUB）的连锁店，但是它以贴近成本的低价格著称。也是小米雷军从开始大为惊叹，后来借鉴用在小米经营的一个经典案例。平均的毛利率只有7%，而一般超市的毛利率会在15%—25%。

Costco是一个经典的商业成功案例，它是美国第一个6年内销售额从0美元增长到30亿美元的公司。Costco的商业模式是一个典型创新型的模式，而最核心的是它颠覆了常规零售业的规则，因为通常的物流过程是从批发商到零售商再到终端顾客，而Costco是直接把商品以批发价卖给终端顾客。所以，Costco销售的商品都是以批发形式的大包装商品为主，其范围包括了食品、家电、电脑、日用百货、五金、轮胎甚至汽车。Costco的门店都布置得像仓库，基本没有柜台，都是货架，门店的平均占地面积都超过了13万平方英尺（约13000平方米）。另外，Costco采用了会员制购物方式，基本会员只需要每年交50美元的会费就可以以低于零售市场的批发价买到所需的物品。

在过去的十年时间，沃尔玛销售额平均增长率为5.9%，塔吉特的是5%，而Costco则达到9.1%。目前，Costco在全球有671家仓库，美国作为大本营，占到了70%，共有474家。

在Costco颠覆沃尔玛的同时，有一家Jet.com的电子商务公司，在产品还没上线时就通过更加颠覆的方式，获得了8000万美元的融资。短短两年时间，Jet.com如今已经估值近30亿美元，它的商业模式描述起来更简单，创始人Lore希望重新发明零售商店。在Jet.com上，按照Lore的设想，每件商品会比其他网店便宜10%—15%，而同时消费者需要缴纳49.99美元的年费。相对Costco来说,Jet.com显得更加"Costco",它要把商品所有的利润回馈给用户,它的利润来源只有每年的会员收入。也就是说，在商品交易上，Jet.com没打算赚一毛钱。

Jet.com要与消费者建立一种不一样的关系。当Jet.com展示商品的时候，不是要赚消费者的钱，而是要为消费者达成一个好的交易。说明白点就是，每个Jet.com用户花费每年49.99美元，雇用Jet.com为他们挑选最划算的商品，这完全变成了一种买手制的合作方式，并完成一整套流程，从商品展示、下单、支付到递送。

对于Jet.com这个商业模式，参与投资的Western Technology Investment合伙人Patrick Lee认为，这将是个大生意，会比之前Lore创办的Quidsi规模大许多倍。而Lore希望用这个比Quidsi有着数倍潜力的商业模式，去挑战亚马逊现有的电商模式。

案例二:奥克斯空调用破坏定价体系来获取市场知名度。

在市场突破的经典案例中，奥克斯也算是一个经典案例。对于一个传统市场，正常的方式需要投入高额的成本不说，关键也不一定能够抢夺一席之地。最后奥克斯采用了一个极端的做法:对空调行业的定价体系大胆破坏。

奥克斯联合家电行业以及政府一起对外发布"成本白皮书"，在

2002年4月，宣布10款主力机型全线降价，并对空调的成本做了具象的说明和剖析，一下子让消费市场出现石破天惊的局面。面对这样的冲击，其他品牌已经分配完了渠道里的利润，不但束手无策，更重要的是还引起消费者对自己品牌的质疑。这种通过颠覆定价规则的做法也算是值得借鉴的一个经典之作，十多年后仍然常常被人提及并津津乐道。

三、颠覆元规则

案例一：Airbnb，颠覆传统商业的终结者，共享经济的践行者。

对很多人或企业来说，可能对于Airbnb和共享经济还闻所未闻。但在熟悉互联网的人群中，Airbnb早已成为一个炙手可热的现象。作为一家正在颠覆多项传统产业的网站，Airbnb的理念是要创造一个可以在任何地方属于你的世界。

Airbnb的创始人Brian Chesky和Joe Gebbia曾是美国罗德岛设计学院的同学，搬到旧金山后，两位昔日的同窗好友合租了一个公寓。本来准备在事业上大展拳脚的两人无奈都失业了,没有收入的生活举步维艰，于是他们萌生了将公寓闲置房间租出去的念头。

2008年,一个工业设计会议即将在旧金山召开,很多酒店客满为患。两人看到机会，他们购买了充气床垫，在网上创建一个叫作“空床+早餐/AirBed + Breakfast”的网站，顺利以每人80美元一天的价格，将客厅租给了3个参会人员。这个网站便是Airbnb的前身。后来，初尝成功滋味的两位年轻人找到做网络技术的Nathan Blecharczyk，三人共同创建了Airbnb公司。

2008年8月，Airbnb正式推出“空床+早餐”的模式，希望能结合社交网络,为游走天下的旅行者创造处处都有家的体验。在Airbnb上,任何人都可以将自己闲置的房间信息及照片上传，Airbnb会帮其找到用户。但很长一段时间内，生意都不甚理想，甚至一度只有两个用户。

为了渡过难关，他们买来一批盒装的麦片，借助当时总统选举事件，创造了两款总统候选人“奥巴马”与“麦凯恩”的早餐盒子。这个创意一共卖出了500多盒，获得3.2万美元收入的同时还收获了大量关注。其中就包括了美国最著名的创业孵化器 Y Combinator 的联合创始人 Paul Graham。2009 年初，Paul Graham 给他们投了 2 万美元的种子资金，之后又融资了 60 万美元。

2011 年以后，Airbnb 用户数量开始高速增长，现在 Airbnb 用户已达 1500 万。它还拥有 80 万客房供应者，覆盖 192 个国家，35000 个城市，网站估值也高达 132 亿美元（约 819 亿人民币），这让众多发展乏力甚至濒临倒闭的传统酒店始料未及。

如今打车有 Uber，住房找 Airbnb。作为“分享经济”的代表性公司，它们凭借社区和分享的理念，成为了共享经济趋势下的佼佼者。

案例二：360 杀毒软件，免费模式获取用户重构商业模式。

传统的销售杀毒软件和收费升级模式，被互联网免费杀毒模式颠覆，它不愿自己革命，只能被人革命。

瑞星曾靠成功的营销方式连续 9 年蝉联杀毒软件市场第一，占有率曾超过 60%。作为收费杀毒软件市场最大的受益者，瑞星的盈利模式主要是出售软件、升级收费。当 360 免费杀毒软件袭来时，它既没动力推动免费，也没想到会如此致命。

2007 年底，周鸿祎做出了一个决定：360 要推出免费杀毒软件。

一开始，周鸿祎向董事会提出这个决定时，会场顿时炸开了锅。大家的第一反应是周鸿祎傻了吗？

杀毒软件跟其他软件有一个明显区别，杀毒软件需要不断更新，需要后期服务支撑，杀毒软件厂商对此投入非常大，包括服务器和带宽的费用、研发团队以及服务团队的薪资成本。因此，业界已经约定俗成：个人杀毒软件的商业模式就是应该向用户收费。免费的杀毒软件靠什么来维持？这是一个无法解答的问题。

另外，当时奇虎 360 的核心收入来源恰恰是第三方杀毒软件的销售分成，它通过 360 安全卫士平台，向用户提供免费的能查杀各式弹窗和流氓软件的安全辅助软件，借此积累人气，然后通过这个平台向用户推荐杀毒软件，并以此分成来获得收入。杀毒软件免费了，奇虎 360 靠什么来生存呢？这又是一个死胡同。

周鸿祎说：“别人老觉得我有点二。我知道这是为什么，中国传统的价值观，其实就是从众，如果小众了，别人就会觉得你很二。可一件事情，已十拿九稳。一味模仿，还有什么趣味？我玩的就是心跳。”他这样评论当时自己的决定，这种免费的做法独特而充满未知的风险，周鸿祎个人喜欢“心跳”的感觉，奇虎360的投资者却不愿跟着他一起“心跳”，他该如何说服董事会呢？

他首先强调了奇虎360形势的紧迫性：“奇虎360现在完全靠360安全卫士装机量的不断提高来存活，这是非常危险的。一旦他人通过免费的杀毒软件来切入这个市场，奇虎360现有1亿多用户的市场即将不保，奇虎360会立刻分崩离析。”

接下来是对行业趋势及公司未来的简短分析：“免费杀毒是行业发展的趋势，奇虎360不做别人也会做，比如微软或谷歌。等到它们先做了，那就没有奇虎360的立足之地，而自己抢先做了，率先在用户心中形成奇虎360的品牌，以后免费杀毒可以等同于奇虎360，得到了用户的认可，未来肯定不差钱。”周鸿祎凭借三寸不烂之舌，使董事会动摇了。

要知道，在360安全卫士刚推出之际，瑞星等公司也推出了安全产品，它们的安全产品大都是先免费试用3—6个月，使用期限到了便会提示付费或者病毒库无法更新。与之对应的是，360安全卫士“永久免费”并且保持着时时更新的策略赢得了更多用户。用户数量的激增使得360的平台建立了起来，品牌知名度和影响力也达到了前所未有的高度。奇虎360曾经尝过免费的甜头，但免费杀毒真的可行吗？

“想要赚大钱就要颠覆已有规则，”周鸿祎强调，“不一定说创新就要成立研究院，雇很多科学家，申请无数专利。我认为改变一个游戏规则也是创新，我们让杀毒软件从收费到免费，跟技术没多大关系，但它就是创新。只要这种创新是受用户欢迎的，那就一定有它的价值。”现在的周鸿祎对360未来的盈利模式，仍旧没有“明确的想法”。但他坚持认为，获得用户是企业发展的关键，有用户就不愁没有钱赚。

在周鸿祎的强力推动下，奇虎360上下最终接受了他的决定，大家心里都明白，奇虎360的成败，周鸿祎比谁都关心，在这场赌博中，他是最大的利益相关者，这直接关系着他个人的名誉、财富、梦想、未来。既然他如此笃定，那么，大家都愿意选择相信他。

创业者必备的心理素质是什么？创业专家在研究中发现，答案是敢于冒险。创业本身就是一项冒险活动，往往有胆量、敢下注的人才有可能成功。纵观古今中外的企业界，很多创业者在创业的道路上，都有过“惊险一跳”的经历，跳过了，自然功成名就；跳不过，大不了从头再来。敢于冒险，说起来简单，它需要有强大的心理承受能力。很幸运的是，在胜负未知的压力下，在所有人都反对或不理解的质疑中，周鸿祎坚持了下来。

2008年7月17日，奇虎360正式发布杀毒软件并宣布永远对用户免费，一石激起千层浪，这一举动让整个杀毒软件行业沸腾了。

根据公开信息，2007年，瑞星卖杀毒软件赚了8亿元，是历史最高点；2008年，受360免费杀毒软件的影响，收入减半；2009年再次减半，甚至出现亏损；2010年年末，360杀毒软件市场份额高达70%，而瑞星仅剩20%不到。2011年3月，瑞星迫于压力宣布软件免费，但奇虎360在免费杀毒软件市场已经“一家独大”，瑞星至今无法恢复元气。

案例三：疯狂老师，颠覆传统教育培训元规则。

在移动互联网时代，反思传统教育培训的弊端是自然而然的事情，疯狂老师的创始人张浩正是一位典型的反传统创业者。通过去中介化，他利用互联网逐步实现对传统教育培训元规则的颠覆。

在张浩看来，传统的教育培训机构本质上是中介，组织教师和学生进行教育培训，并掌握着利润分配的权柄。不仅如此，培训机构因为不透明而长期遭人诟病。

传统培训机构是一个“黑盒子”。在分享利润的时候，传统培训机构和老师是七三分。尽管这样，传统培训机构也是收入菲薄。张浩说，如果去看报表就知道，学大教育处于亏损状态，因为成本太高，学大教育在价值分配中获得的 70% 不足以抵消其支出。

以前，老师和机构间为雇佣关系，而现在老师和平台是合作关系。疯狂老师把 20% 的老师通过 B2B 的方式签约绑定。80% 的老师是 C2C 的方式自由链接，为合作关系，就像天猫和马云的关系。并且，家长直接付费给老师，使得以前由机构收取的中介费和第三方手续费被转移到老师那里去。

如果要通俗地理解疯狂老师，它就是一款自由链接老师和学生的 app。疯狂老师 app 上，20% 的老师与平台是雇佣关系。80% 的老师是 C2C 的方式自由与学生链接，与平台为合作关系。

如果没有筛选地把老师放到平台上，就没有解决家长的痛点。从一开始，疯狂老师的价值主张就是只跟一个城市前 30% 的老师玩。疯狂老师提高教师准入门槛，就是为了降低家长选择成本，让他无须思考就能找到自己需要的好老师。

老师选择平台生存，家长通过平台找老师，这符合人性和互联网精神。

疯狂老师于 2014 年在上海浦东新区完成天使轮融资。2015 年完成 Pre-A 轮和 B 轮融资，其中 B 轮由腾讯注资 2000 万美元，很快开拓上海、合肥和长沙等数十个城市。再以后就进入了估值 3 亿美元的阶段了。

如今罗辑思维、小米、Facebook 都一样在颠覆元规则，从反传统创业路径中迈向一个又一个商业盛景。

在这其中，小米算是国内颠覆元规则的代表。小米颠覆了传统制造业的元规则，因为它不但不倚靠手机赚钱还颠覆了供应链，除此以外还做到零广告费、零库存费、零渠道费，那小米靠什么赚钱？

首先你要知道小米把运营成本降得很低，小米在营销、渠道、仓储、维修、研发五项上的成本极其低。对于这五项，在 2014 年，联想运营成本是 10.17%、华为是 32.22%、苹果是 15.16%、三星是 26.2%、京东是 9.9%，而小米只有 4.5%，相比而言小米的运营成本低得惊人。

除此之外，小米基于信任背书之下，通过抢 F 码预售。它既是预售电商也是社会化的电商，东西还没出来之前就卖了。于是，大家能看到小米通过预售的方式，每年存积在自己账上的就有6—10亿美元的预付款沉淀。小米一不小心已经成为国内第三大电商平台。

除此之外，小米不但卖手机，它还卖小米盒子、小米电视、小米路由器、小米移动电源、小米随身wifi、小米99元听歌神器，甚至小米家装…… 其中小米耳机2013年三个月收入过亿，盈利过千万；2014年收入过10亿，盈利过亿；2015年这家企业估值1.7亿美元。而小米的移动电源1万毫安的只卖69元，2014年卖了1460万部，10亿元营业额。

在反传统创业的所有案例中，从根基上对元规则的颠覆是最猛烈的，而得到的回报也是超乎想象的。

元规则背后的三大颠覆。

根据移动互联网发展至今的实践结果，我整理总结了以下三个从根基上对元规则颠覆的方向：

一、品类颠覆，即从产品品类到社群品类的颠覆。

过去的产品品牌都是基于产品品类，并且做一个新产品需要使用新品牌运作，否则容易带来品牌稀释。比如宝洁公司，以其洗发水产品来讲，针对去头屑、柔顺、营养、护发、黑发等痛点，与其相适应，宝洁就推出相应的海飞丝、飘柔、潘婷、沙宣、润妍等品牌。

从前的品类战略都是纵向切割，而移动互联网之下聚焦的是用户标签，玩的都是横向细分。比如诉求“只为发烧而生”的小米手机，它把这一类用户集结转化为社群，提供满足这种发烧友心理诉求的跨品类产品服务，这便是社群品牌的运作模式。因此小米除了小米手机、红米手机之外，还提供诸如99元的极致耳机、69元的10400毫安的充电宝等等产品，不但没有稀释小米的品牌，同时因为这些衍生产品还增加了和用户之间的黏性。当然小米对外以小米科技作为宣传主体，其衍生产品的载体则是小米手机。

二、模式颠覆，即从差价收入到多维变现的颠覆。

我们常规的赚钱模式有三种，第一种差价模式，成本5元，卖8元，赚3元，这就是最传统的商业模式。第二种多维打一维，核心产品不赚钱靠衍生产品赚钱，主要靠长尾海量用户转化变现。比如罗辑思维的罗振宇有几百万粉丝，他每天死磕一分钟语音分享，每周做一期自媒体节目，这些都是免费的。但是在他的平台上有足够的产品销售，特别是书，还有培训、食品等产品，据罗振宇自己说卖书和其他产品也突破了1.5亿元的销售额，2015年10月以13.2亿元估值完成B轮融资。第三种我们称为通过估值变现，比如京东虽然一直亏损，但是刘强东一样可以通过融资或者上市，用适度股权转让的方式获取回报。

三、组织颠覆，即从科层协作到生态分布的颠覆。

基于用户至上的互联网模型是价值环模型，完全不同于传统的模式。价值链是首尾两端开放的，从初期的研发开始到最后的服务，整个过程都存在大量的损耗和浪费，即使在产品流通环节，无论是工业品还是消费品，传统的流通体系效率都非常低下，成本非常高。一件产品从厂家出货经过各个流通环节到达消费者手中，价格可能翻了几倍，如药品从厂家到消费者价格翻了十几倍。传统的商贸流通业环节多，从一级批发，二级批发然后到经销商到终端用户，每个环节都要不断加价，使得消费者花费太多。而价值环则意味着聚焦以用户为中心，不但保障信息的对称和反馈的及时，而且首尾闭合相连，企业将循环往复利用资源，大大降低运营中的浪费。

而在此过程中，组织基于企业以及用户和粉丝的融合，实现了动态的生态化，用户和粉丝参与品牌和市场运作已经成为常态。更为可赞的，今天所有的资源甚至可以聚焦一个人转化成一个可以自洽的商业体，实现了自流量、自渠道、自产品、自品牌、自传播，这个在过去是难以想象的。其中原因是互联网连接状态具有聚集C端用户的功能，“挟天子以令诸侯”，拥有C端倒逼B端是移动互联网越来越显著的趋势。

如今基于移动互联网实现自媒体创业的比比皆是，无论是王凯的“凯叔讲故事”，还是高晓松的“晓松奇谈”，而罗振宇创立的罗辑思维更是其中的佼佼者。对于价值环和组织自洽的角度，不但会出现越来越多的媒体人创业，更多的将是企业内部的裂变式创业以及企业和用户的合作创业，这一切都越来越带来传统科层式组织的颠覆变革。

在这些颠覆的背后你可以找到成长和突破之处。而在颠覆之中最有价值的选择比较集中在以下两条路上：

一、基于颠覆元规则之下共享经济平台的构建；

二、基于突破潜规则之下个人人格载体的构建。

前者更趋向于认知盈余下用户强势抓取，后者则更关注个人魅力下的社群重度运营。

对大多数创业者来说，构建共享经济平台可能有一定难度，但是如果能在力所能及的范围内实现自产品、自流量、自渠道、自传播和自品牌，实现动态的生态组织运营，同样也有可能成就一份不可估量的回报，这个趋势就是我现在全身心投入的社群电商之路。

颠覆规则难还是不难，这取决于你能否突破思维，用哥伦布竖鸡蛋的故事作为这个章节的总结，让我们一起来理解其中的奥妙。

1492 年，哥伦布发现了新大陆。从海上回来，他成了西班牙人民心目中的英雄。在一次宴会上，哥伦布听见有人在讥笑他："上帝创造世界的时候，不是就创造了海西边的那块陆地了吗？发现？哼，又算得了什么！"哥伦布听了，沉默了好一会儿，忽然从盘子里拿个鸡蛋，站了起来，提出一个古怪的问题："女士们，先生们，谁能把这个鸡蛋竖起来？"

鸡蛋从这个人手上传到那个人手上，大家都把鸡蛋扶直了，可是一放手，鸡蛋立刻倒下。最后，鸡蛋回到哥伦布手上，满屋子鸦雀无声，大家都要看他怎样把鸡蛋竖起来。哥伦布不慌不忙，把鸡蛋的一头在桌上轻轻一敲，敲破了一点儿壳，鸡蛋就稳稳地直立在桌子上了。

"这有什么稀罕？"宾客们又讥笑起哥伦布来。

"本来就没有什么可稀罕的，"哥伦布说，"可是你们为什么做不到呢？"

宾客们一个个强词夺理："鸡蛋都破了，那算什么呢？"

哥伦布却继续保持处变不惊的态度：“我在刚开始定条件时，曾有说过不允许把鸡蛋敲破吗？”

哥伦布离席而去时还留下了一句令人回味的话：“我能想到你们想不到的，这就是我胜过你们的地方。”宾客们一时哑口无言。

有时竭尽全力去辩论，倒不如学习哥伦布借一个鸡蛋四两拨千斤式的化解。

把鸡蛋立起来叫目标，怎样立起来叫规则，磕破了立起来叫打破规则，鸡蛋立起来了那叫结果。反传统创业不是一个口号，而是这么多年来，对于传统的商业，我们真的发现很多痛点、很多桎梏，还有很多不适时宜的规则。

借助移动互联网之势，我们赶上了当下这个风口，除了传统行业中的痛点、桎梏之外，连我们过去最难颠覆的元规则，在今天因移动互联网技术而实现连接，都有可能帮助我们实现突破。其实我们选的不是路，我们选的是未来，对于创业来说，选择从来都远比努力更重要。

在这里我特别要提醒的是，不是所有的颠覆都是一鼓作气便能够颠覆的，很多颠覆是需要迂回探索的。纯粹粗暴式的颠覆需要恰到好处的定位和时机以及资本的注入。

今天绝大多数的新生企业能够做到颠覆，基本上都是基于移动互联网带来的商业模式的变革，不但需要抓准基于用户需求的痛点，同时其产品基本也以非实体为主，所以对于传统企业的转型和升级不能盲目模仿，还是要注意本行业的差异化。

至于烧钱下的免费和补贴模式，我建议还是少做，没有创造用户价值的烧钱绝对是白烧。做企业首先是要学会活下去，生存是第一位，其次才是梦想，在活着的前提下，能够发现、发觉商业机会，找到突破口。业务分配上也需要搭配保障安全，能够以合理的比例分配，把核心业务、增长业务和种子业务做到一个可控的状态。这样才能保障无后顾之忧，稳健前行。

第四章

核心法则

导读：反传统创业模式，是指在移动互联网、大数据、云计算等科技基础的背景下，针对传统行业里的诟病、痛点以及现行的规则，对市场、用户、企业价值链乃至于整个商业生态进行重新审视的新生代创业模式。

其中核心法则是反传统方法论的构建基础。

在反传统创业模式中，有 FPC 模型以及反传统七步行动地图，要理解和应用这些方法论，首先要深度理解其背后的核心法则，因为这些法则指导着反传统创业的每个阶段。

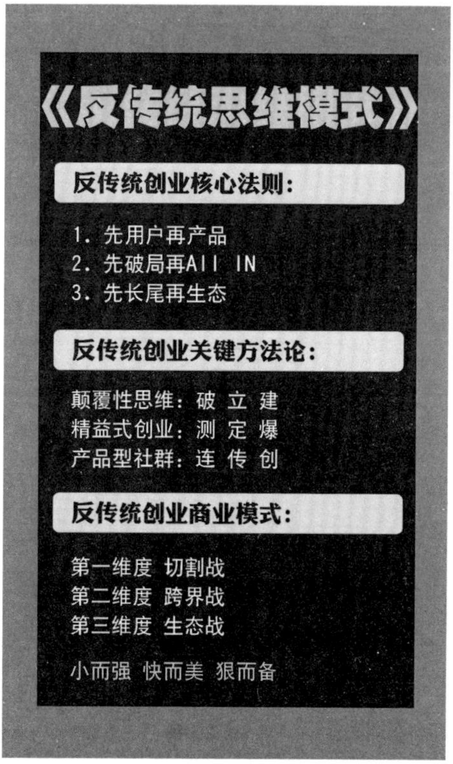

法则一：先用户再产品

工业时代主要是以产品为导向，先生产再销售，产品出来后卖掉了就上天堂成为商品，卖不掉就下地狱变成库存。而移动互联网时代则先界定用户的诉求，再组织生产。

由于移动互联网实现了商家和用户之间关系的重构，因此建立在信任背书基础上，较容易实现产品的预售和团购。这里要强调的用户概念不同于传统意义上的用户。

一、用户：直接使用你的产品，享受你的服务，有可能是买单的人也有可能不是购买者，但一定是使用者。

二、用户：用户是付费给你的人，但他不一定是使用你产品的人。

用户可以不是用户，用户也可能不是用户。举个例子，我们都天天用腾讯的 QQ 和微信、百度搜索和 360 杀毒软件，我们都是它们的用户，但我们没给过它们一分钱，我们不是它们的用户。但正是有了我们这些用户，它们才能拥有无数愿意花钱的用户。

当然诸如伊利、娃哈哈、王老吉等企业，它们了解来自渠道的用户们，比如省级代理商、经销商、大型商超等，但是它们一个也不了解真正使用其产品的用户—— 那些在超市和零售店购买它们产品的我们。

对于传统商业，通过市场推广获取渠道，找到用户进而得到用户。但是基于互联网，大多先获取足够的用户，方能产生用户获取价值。

那么用户到底有怎样的价值呢?

一、用户可以转化为用户;

二、用户可以带动口碑传播;

三、用户可以更快地带来新用户。

除此以外，基于连接，作为用户能够为企业和品牌带来有效、有力的反馈和建议。

在移动互联网之下，我们聚焦用户至上，很多时候和技术无关。有一次我在初心会全国群里分享时，有会员提问：移动互联网有没有边界？我马上直接告知他：移动互联网有边界，这个边界是人心，移动互联网的技术再发达但不能打动人心，一样没有用。

比如说：想想我们每个人都有很多微信群，我自己的两部手机大约有几百个不同的微信群，但是真正关注的有几个呢？我最关注的群其实只有三个。移动互联网技术再发达也无法改变其本质，人性就是它的边界。传统商业到处抢占用户，后来终于懂了，又开始到处抢用户，但它们都不是战利品，而是活生生的人，如果不能拥有人心，那么今天看似在使用你的产品和服务，明天点击之间就转变成别人的用户了。

传统工业思维受到挑战的是，以大规模标准化生产、大规模销售为导向的工业文明，一切以产品为中心，心中却缺少活生生的顾客认知。在市场供小于求转向供大于求的过程中，这种方式确实极大丰富了人们的生活和消费需求。在中国尤其是20世纪90年代，大批量同质化家电等产品生产，满足了中国人忍受多年的匮乏的物质需求。

再客观地说，工业思维下的企业无法知道也更无法满足消费者的个性化需求。传统媒体的推广和宣传基本都是基于厂家的自我独白。而在移动互联网时代，因为技术的革新实现了人与人关系的重构，品牌商、零售商都试图拦截消费者，渗透零售终端。确实移动互联网思维给传统的工业思维带来了革命性的颠覆，消费者反客为主，拥有了消费主权。

从最早期的制造为王到后来的渠道为王，到今天基于消费信息越来越对称的用户为王时代。曾经独霸一方的品牌日渐式微，曾经的马奇诺防线逐渐被打破，话语权从零售商转移到了消费者手中，让用户共同参与、共同分享的新生代商业构架正在形成。

对于大部分传统企业来说，它们有消费者，但是没有能够激活的用户，怎么把这些消费者沉淀下来变成用户？怎么维护活跃这些用户？怎么打造口碑传统扩大用户？这些是值得大家去好好研究的主题。

谈到用户就会谈到用户画像，如何定性、定量地描述出用户，是我们行动的第一步，而对用户画像中的属性、行为、期望的界定决定了我们接下来场景的描述和痛点的排序。很多次在遇到朋友谈项目的时候，最容易听到的就是模糊的用户描述，于是在无数不同用户类别的无数场景中，混乱了产品的定位和价值，这样的项目即使成功了也将付出巨大的摸索代价。

对于用户，还有种子用户、天使用户、标杆用户、主流用户、滞后用户等等不同的类别，每一类别的用户都有其独特的角色和价值。

如今我们能够从用户到粉丝到社群的运营中，感受到其存在的意义和价值。小米手机4年的时间便估值超过450亿美元，而联想为什么30年的光阴积累却只有160亿美元估值？在移动互联网之下，判断一个企业的价值或者说一个企业实际的市场价值都因为用户的价值发生了质的改变。

单单就一个独立的IP，如果粉丝超过一百，你就好像是本内刊；超过一千，你就是个布告栏；超过一万，你就好像是本杂志；超过十万，你就是一份都市报；超过百万，你就是一份全国性报纸；超过千万，你就是电视台；超过一亿，你就是 CCTV 了。

工业经济时代，是以福特、麦当劳和可口可乐为代表的标准商业时代。任何企业只要产品足够好，分销渠道和零售终端布局得当，原则上就可以卖给世界上每一个人。

但移动互联网时代，权力发生了转移，游戏规则也已发生改变，过往“得渠道者，得天下”的定律将被彻底颠覆。今天，移动互联网时代的法则是“得粉丝者，得天下”。

从市场价值上看，粉丝就是生产力，粉丝不仅仅是我们品牌忠诚的顾客，也是我们品牌的传播者和捍卫者。粉丝是一群认同你的价值观，对你的品牌、你的产品，甚至你的一切充满期待和热情的用户。粉丝是你品牌的传教士，是品牌的疯狂爱好者，是你声誉的捍卫者，是你的亲密战友，是你现在或者潜在的购买者，是你最忠实的拥趸，是免费的宣传员和传播源，同时也是最专业、最热心、最挑剔的用户。

很多企业有用户但没有激活，有激活但没有互动，其实用户的经营需要投入大量的精力，而粉丝运营则更需要投入智慧。什么才是粉丝？只有那些认同我们产品和服务且认同价值观的人，才是我们真正的粉丝。

下面我们就来谈谈小米的粉丝经济。

小米手机成立不到三年，跻身百亿元俱乐部，相比 700 多万的手机销售成绩，更为传奇的是小米拥有 500 多万的粉丝——米粉。

早在成立两周年时，小米在北京现场公开发售，仅用了 6 分 5 秒，10 万台小米就全部售罄。而在其他地方，米粉们纷纷早早到门口排队，小米手机预订那天疯狂粉丝挤爆论坛，可见米粉的狂热。

小米掌门人雷军也坦言，粉丝经济是小米手机成功的要诀之一。小米是通过第一批社会化营销抓住忠实用户。雷军在微博上发起一个活动——“秀一下你的手机编年史。算一算你用过什么手机，多少钱买的，什么时候买的，把图片发到微博”。最后活动非常成功，也大大提高了小米的知名度。小米手机首次预售时，34 小时内收到了 30 万订单。

小米手机的核心定位是“为发烧而生”，这可以吸引数量庞大的手机发烧友，也可以说是为米粉而生。小米很注重用户的意见反馈，在小米手机论坛上，用户每周都会更新很多反馈帖子，而小米手机的工程师也经常在论坛上发起投票收集用户反馈意见，然后再讨论确定产品最终形态。小米手机在各种媒介上都零距离贴近用户，雷军团队每天都在做客服工作，他自己也常常亲自解答用户的问题。相比苹果一年更新一次的频率，小米手机则是一个星期发布一个版本。

任何品牌都需要粉丝，粉丝相对用户来说更为忠诚。粉丝分为普粉、铁粉、骨粉和脑残粉，普粉是最优质的用户和消费者，铁粉是购买和消费多次的粉丝，骨粉是不但参与消费支持还愿意贡献智慧和资源的粉丝，而脑残粉则是愿意捍卫品牌的存在、成长和发展的最高等级的粉丝。

此外，粉丝对有缺陷的产品也常常能做到容忍和接受。之前 iPhone5 出来的时候，常常因为通信信号不畅被很多人诟病，而苹果的果粉们则告诉你扬起手机拨打的技巧，让人哭笑不得，但是确实要理解那些果粉们的爱护之心。

其实进入移动互联网时代，人人都是基站，人人都是自媒体人，人人可以复制传播和点评分享。忠实的粉丝对你的品牌、故事和活动拥有积极和忠诚的热情，他们不但会主动照顾你的生意，而且会通过 Facebook、Twitter、微博、微信、人人网等各种社交媒体向他们的朋友、同事、家人，甚至是陌生人传递口碑。

事实上，在移动互联网时代，如果不懂得利用口碑，移动互联网这个工具也不能真正帮到你。雷军讲过七个字：专注、极致、口碑、快。其中的口碑就是获取移动互联网传播红利的关键。这会帮助你的业务获得非线性增长甚至是爆炸性增长，许多身边发生的案例就是如此。比如《小时代 1》《小时代 2》创造出累计超过 7 亿元票房的神话，就是因为有超过 1 亿的郭敬明和杨幂的粉丝捧场。而《夏洛特烦恼》更是因为口碑，票价一直坚挺，创造了开心麻花的新记录。相比之下，《港囧》虽然通过营销等各种手段，但观众还是实打实地反馈其实体验一般。群众的眼睛一直都是雪亮的，移动互联网时代，群众的嘴巴也是不含糊的，手指更不是吃素的——转发不转发可不是给钱就能解决的事。

品牌是粉丝们的精神家园，它不再单单属于企业，更属于这个品牌的粉丝们。曾经可口可乐因为百事可乐的挑战准备更换口味，结果引发了众多粉丝的示威游行。移动互联网时代，粉丝的力量更为强大。未来用户的关系将从单向的、静态的、简单的、被动的、没有情感连接的会员体系走向双向的、动态的、多元的、注入情感和温度的社群运营发展。普通的社群可以实现自内容、自组织、自传播。卓越的社群可以实现自驱动、自运营、自修复。

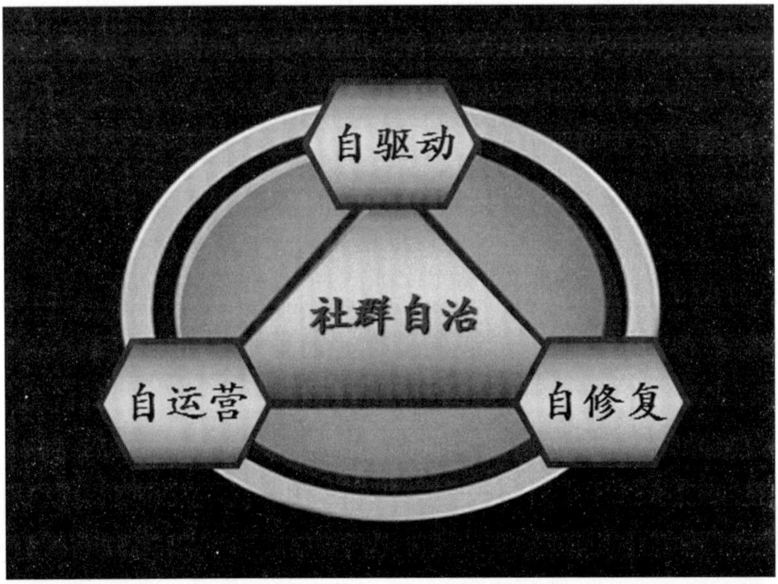

粉丝们会因为一个共同的“价值主张”，一起参与设计，自发组织线下活动和见面会，展露才华、释放情感，与前来的同道中人交流切磋，分享共同的时光和灵感。

用户很重要，而得粉丝者，就等于得天下。如何建立起粉丝运营的意识和思维，有三个关键问题：

一、如何定义价值主张和标签，吸引粉丝？

二、如何打造成粉丝们互动的乐土？

三、如何激发粉丝的热情和参与感？

“先用户”就是用户至上，从用户的需求出发，寻找他们的渴望，满足他们的痛点和痒点，并把他们培育成粉丝，建立起社群，更好地帮助企业和品牌有力有效地经营和运作。产品作为载体目的还是为了满足用户，所以今天的企业经营与其闭门造车地研究产品，不如认认真真先从了解用户开始。

一个从美国回来的留学博士找我诊断项目，他做了一个能够甄别和推荐护肤品的app，一年多烧掉了大几百万元，他的技术和资源很有竞争力，但是聊天的过程中发现他对于用户的定位很模糊，对用户的需求也是基于自己直观的猜测，至于app的界面也确实不太给力。我的建议是：先区分出自己想聚焦的用户，基于他们的使用场景来确认想解决的痛点和痒点。对于创始人来说，见到用户比什么都重要。我曾经说过一句话：脑中推演千万遍，不敌用户见一面。很多的生意都是我们自己脑中勾画出来的，到底行不行不是我们自己想的，而是靠了解用户才能决定的。很多老板宁愿关起门想上三个月却不愿见到用户聊半小时，在没有和用户深度沟通和交流的前提下，我们如何才能做出一个真正满足需求的产品呢？

对用户来说，本质上是既知道自己的需求，又不知道自己的需求。知道自己的需求是指知道自己的抽象需求，但不知道自己的具象需求。因此，如果你是家新生企业或者你要做一个新产品，不妨先确认一下你面对的用户是谁，如果你已经有了产品不妨根据产品，去研究你的用户使用场景如何，然后再升级产品，永远记住：不可能存在一种超级产品能够满足你遇到的所有用户。总之一切从用户出发才是正道。在没有获取用户认同并得到用户接受服务之前，我们所有的构想都只是臆想，都不是事实，可能全是错的，从用户出发会让我们少走很多弯路，特别是在产品的定位和研发上。

那么如何才能做好用户呢？做好用户的关键除了产品本身之外，还要做好两点：内容与服务。对于能够激发用户好评、复制、转发……引发购买欲望和口碑传播的就是好内容。而服务，更多的就要靠你能否为用户带来惊喜和尖叫感。

在运营中如果还没有准确地预判用户的需求，那么一定阶段的“反营销”工作就非常必要了，因为过度营销往往会掩盖或扭曲了本来的真实需求。现实中很多创始人为了迅速集聚用户而急于求成，通过烧钱的方式实现，其实这种方式绝对不可取，今天大批的O2O平台死去足以表明，价值不是靠烧钱烧出来的，用户也不是战利品，不能得到用户的心，就等于没有拥有。

在我创建初心会的第20天，很短的时间就覆盖了118个城市以及4个国家，但很快我就意识到快和多没有用，很多看似非常强大的社群结果成了乌糟糟的一个团伙，最关键的是续单率极低，有的甚至只有5%。而2016年大批大批的假社群、伪社群、没有服务和用户意识的社群会死得更多。因此在随后的大半年内，初心会回归聚焦服务，“反营销”静观其变，“静”不是不行动，而是悄悄地带着团队做大量的走访和沟通，了解用户的想法，并且不断地做初心会会员线下见面，在服务的同时，兼做有价值的需求收集和甄别。努力忍了大半年才着手推动产品、服务，进而推动系统的升级，很多事都是欲速则不达，移动互联网之下，没有测试好也必须捺着性子。该慢时快不得，该快时慢不得。很多时候，慢就是快！在此过程中，为了更好地突破，也纠结于是否需要做初心会app，在犹豫了几个月后，面对已经开发出雏形的初心会app最终决定还是暂放，一切都以用户的极致服务作为重点，一切以用户关注的结果为导向，一切以解决用户的痛点和痒点作为基本前提。否则根基不牢，一切白劳！万丈高楼真不是平地起，那可是要深深地打地基的！而打动用户，获得人心，更是永无止境的工作。

法则二：先破局再 ALL IN

一个商业体能够做到破局，从来都是基于一个聚焦的点开始。这个点初期有可能是一个边缘性突破，但是后期凡是能破局的，基本都是能够做到战略定位的制高点，这个点也是能够助力企业赢得未来的关键点。

破局就必谈聚焦，有一点必须重视，那就是集中优势兵力作战。俗话说："伤其九指不如断其一指。"当然这和企业在发展中，做好业务结构布局是不违背的（对于核心业务、增长业务、种子业务的搭配是基于企业迈向成熟期之前的最佳部署），对于新生企业，毋庸置疑是要在最有价值的地方投入足够的兵力。什么叫足够？套用一句俗语"韩信用兵多多益善"！

聚焦市场需求是成功的前提，创造营销压强是成功的保障。《孙子兵法》中的"十则围之，五则攻之，倍则分之，敌则能战之，少则能逃之"指的就是创造一个竞争必胜之势。

结合企业所处市场环境及企业自身资源状况确定市场范围，并在选定的区域市场内整合自身资源。这样能营造出局部优势，形成聚焦作用，发挥出最大能量，集中于一点，攻击市场，从而达到优势竞争取胜的最终目的。

大约在 6 年前，我做过一个帮助企业聚焦破局的思考模型，我称之为四圈模型：

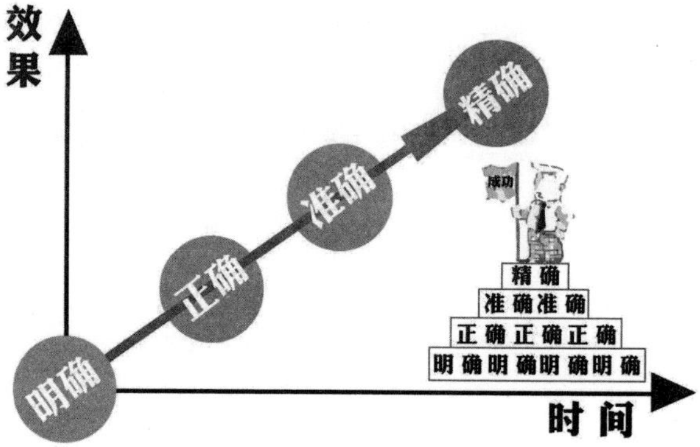

这一模型可以将企业破局划分为四个阶段：

第一阶段：明确未来方向，取势之下方能势如破竹。

一个创始人对市场、行业、政策，乃至于技术变革必须具备足够的敏感度。这也是我们所谓的预判能力，洞察能力。李嘉诚在“文革”期间通过一个大陆极低级别的大队书记的看法，去判断是否会影响到香港的经济，同样在香港回归的时候预判香港经济应该可以平稳过渡而大笔投入增加了个人和集团的财富。

第二阶段：保障正确路径。

同样一个方向，路径的选择会导致大相径庭的结果。比如杭州某一企业做燕窝的品牌，因为在创业期聚焦孕妇市场结果带来了丰厚回报；另一个义乌的创业者，也做燕窝，结果推出了一个叫旅行燕窝的品类，这个品类在场景和消费认知上就非常不靠谱了，当然结果也不言而喻。

当然杭州的这个创业者聚焦孕妇市场也会遭遇瓶颈，因为十月怀胎孕妇们生完孩子后，就不再吃燕窝，用户也就不再有黏性继续购买了，这样的路径再努力也没有太大的想象空间。后来他们发现，生完孩子的用户虽然不再依赖燕窝，但是对于进口食品非常关注，并且这是一个高频次生意，这样在运作中他们自然而然地升级了路径，顺势做了一个基于进口食品的融合性品类，很快这个品牌在市场上的估值高了很多倍。

还有一个案例，初心会的一个会员以洗车作为入口尝试获取用户，进而抢占私家车保养业务，但是这样的路径往往吃力不讨好，补贴成本也很高。但是对于这样的市场，其中有一家发展比较快且比较稳健，他们直接聚焦企业用户做团体汽车保养服务，不但能够迅速获取营收，还很快获取了融资。其实，对于路径的选择会让创业结果变化很大，不是说做 C 端用户转化价值不好，而是从路径上一开始就决定了这种方式必然需要不断烧钱，如果融资能力不足或者储备资金和资源不够的话，直接选择 C 端补贴的方式推动业务风险是很大的，对经营者的压力也非常大。企业运作讲究的是战略资源匹配，没有最好，只有适合。

第三个阶段：运用准确方法。

方法选择是否恰当，也会带来不同的效率和效果。比如抓粉丝，获取粉丝的方法有很多，对于基于社区类的微商，最有效的绝招就是“萌娃大赛”，这个招数屡试不爽，在我身边基本上每月都有类似的吸粉活动。不过话说回来，如果真正聚焦结果运作社群的话，这种吸粉往往不是最具价值的，因为抓取的粉丝能够互动并匹配才是最重要的。我的一个朋友投资北京一家电商，在获取用户上没有做太多预算，也没有什么高大上的技巧，居然只在北京某地铁线上发传单，最后达到了 17% 的用户转化率。所以方法正确确实能够事半功倍。

第四个阶段：界定精准爆点。

前面三个阶段都是为第四个阶段准备的，企业破局爆破，破的是一个点，那个点的甄别、选择和确认远比什么都重要。我在早期刚刚做营销培训师时，市场上已经涌现出很多培训师了，特别是营销和销售更是百花齐放、百家争鸣。经过长时间的考察和分析以后，我定位在营销心理学的层面做研究，最后推出《久赢真经：销售心理学》的系列光盘和书籍，结果一经推出就得到市场的热烈反馈，直至今日在王利芬创业的优米网上还在重复地被点播，而这些培训教材推出来距今已经有八年之久了。后来进一步推出新作品时，因为洞察到基于销售培训的纷繁杂乱，于是我聚焦中小型企业做了一个《销售人员必修课》的出版物，最后一下子成为书店和机场的畅销品，因为匆匆走过机场的中小企业老板们，往往一眼看到“必修”这两个字，马上就下手购买了，这个产品持续在机场和几个直销网站上排名第一，同样今天也是优米网上热播的营销类培训资料之一。

那么执行层面这个爆点怎么找呢？对此我做了下面的这个工具。

四圈模型

找到破局的爆点，无非最后都要归结于用户需求的满足，为此我设计了一个工具：四圈模型。这里包括四个步骤：

工具：四圈模型

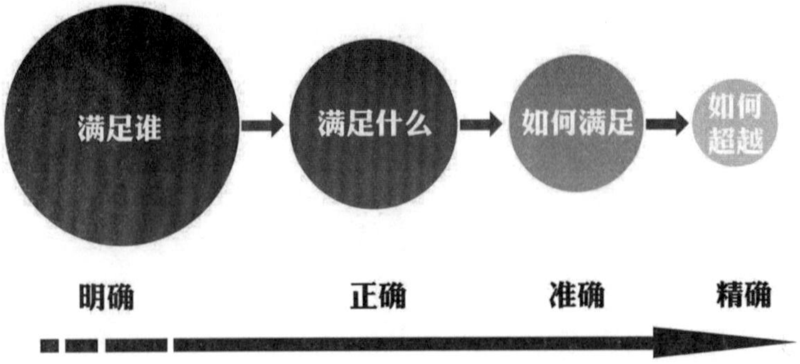

第一步骤：明确用户，准备满足哪一类人，他们有什么特征和形象。

第二步骤：找对用户的心理渴望，到底满足他们什么样的抽象需求，这一点必须正确才能探索下一个步骤。

第三步骤：准确构建满足的具象方案。

第四步骤：精确做到满足的极致体验。

破局三方向

最后落地的精确解决方案会在什么角度突破呢？

从探索层面上看，可以集中在三个维度去研究，这也是破局思考常用的三个探索角度，也是业绩突破的常用几个方法。商业世界里始终不变的三个商业要素：人、货、场。破局的三个探索角度就是基于此：

过去我们对这三个要素的通常理解是：

一、人—用户；二、货—产品；三、场—渠道。

在移动互联网之下我们对这些要素的认知升级为：

一、人—用户；二、货—爆品；三、场—场景。

从用户到用户是因为移动互联网带来的连接力量，从产品到爆品是因为市场需要更有效的极致解决方案，并且旨在通过爆品获取海量用户，当然爆品只是结果，只有在所谓尖刀产品有足够销量的前提下才能称之为爆品。至于渠道，过去倚靠的传统的物理渠道如代理商、商超等后来演变成 PC 之下的电商平台如淘宝、京东，而今天则更聚焦在场景这个落点上，场景激发连带性认知的同时也是社群形成的入口。

从这样的意义上说：奇虎 360 就是从“人—用户”的维度破局，而苹果则完全倚靠“货—爆品”维度即 iPod 和随后的 iPhone 而破局，而 Roseonly 则属于从“场—场景”维度实现了破局。

那么有没有更高维度的破局呢？答案毋庸置疑：有。

那是什么？答案是：规则。

规则是第四维度也是最高维度的破局，移动互联网的发展更加助力基于规则的破局。破指突破，局指局势。破局就是打破现有平衡，在已有稳定的商业体中突破规则、重构新规则，是最犀利也是最直接的。

事实上 Airbnb、Uber、罗辑思维、河狸家、滴滴、易到用车等等无不是借助移动互联网的力量重构消费性秩序，还有诸如尚品宅配等搭上工业 4.0 的快车，实现数字化、智能化、个性化的同时也能规模化，品牌更是彰显威力。

对于破局，每个创始人的目标都是类似的，但是鉴于优势各异，每个人走出的路径却是各有千秋。

案例一：猎豹在互联网行业的破局。

猎豹创始人傅盛认为破局就需要把一件事情想清楚，站在一个更高的维度看问题。他的总结是：升维思考，降维打击。站在比别人更高的维度想清楚方向，执行的时候比别人更凶猛。

用傅盛的话说：每一个中国人的心里都有一座万里长城。万里长城听起来雄伟壮观，很有民族自豪感，但从来没有挡住入侵者的毁灭性打击。因为它太长了，挡不住尖锥来回刺穿。

这就是对破局点的理解。

这个破局点有多重要呢？从创业者的角度来说，这个点就是生死存亡之点。如果找不到这样的点，你就不可能切进去。

傅盛认为，破局点一定要配合大方向，配合整个大预测。因为这是一个单品带体系的时代。

奇虎 360 的安全卫士使 PC 安全细分为两个市场：卫士市场和杀毒市场。傅盛知道奇虎 360 杀毒靠卫士推广起家，因此傅盛选择了在安全市场已经被边缘化的杀毒产品切入，经过 3 年发展，猎豹移动 PC 端用户规模从 2010 年只有奇虎 360 的 1/10 一举追到 1/3，收入也以每年超过 120% 的幅度高速增长。但是如何把这件事做得更有高度更有想象空间呢？傅盛几度调整猎豹的定位，从全球最优秀的互联网公司到国际化的公司，再到中国公司里移动端国际化最好的公司，最后落在了国际上移动端的奇虎 360 上。这样一下子空间就具有想象力了。

但是在中国基于 BAT 这三家公司对市场的争夺和占有，留给创业者的机会非常有限，虽然互联网的发展降低了用户获取信息的成本，但到底如何切入市场这是一个难题。最初猎豹也遇到过类似的问题和困惑，正好在此过程中傅盛发现他一个哈尔滨同学做的一个小软件，虽然只是他一个人搞的东西，却能够进美国排行榜前三，傅盛意识到这是个大机会。于是傅盛集中资源全力投入，做了一款极简单的清理软件。猎豹抓住了一个看上去极其微小的核心机会，甚至那个微小的点小到你会忽略它，但从全球覆盖 6 亿用户的巨大想象空间看，那也是非常值得的。

猎豹是如何把 Clean Master 作为全力以赴的突破点的呢？从第一版到现在，按钮没有增加，一直四个按钮。就在这个极简单的点上聚焦，聚焦到别人都没办法在资源上拼得过。

在破局上，傅盛总结了移动互联网时代的竞争策略是：边缘切入、单点突破。因为如今移动互联网处在向传统行业发起巨大冲击的过程中，这就产生了很多边缘地带，它们有可能成为未来的中心地带。在此过程中聚焦一个点来回横切，形成一个足够高的局部高地，从这个高地上顺势俯冲，一举而成。边缘切入就是从竞争对手最不起眼的边缘市场做起，在远离巨头的地方建立根据地，最终实现破局成功。

案例二：艺龙在酒店业的破局。

艺龙旅行网创立于 1999 年，虽因商业模式受到资本市场的追捧，于 2004 年在纳斯达克上市，但在创立后的近 10 年间（1999—2008），始终没能摆脱亏损的经营窘境。

但是在上游的航空业、跨界的各类企业如汇通天下等，打通下游用户与上游供应商的联系后众多旅游公司横向纵向延伸服务，在线旅游行业出现有史以来最严酷的竞争环境。艺龙正是在这样的环境中成功地破局而出。

当时艺龙基于市场混战，决定战略紧缩，集中公司所有优质资源打造出某个具有核心竞争力的产品，从突破建立局部优势再确立品牌优势。另辟蹊径的想法让艺龙与携程的战略扩张相反，艺龙宣传的是“订酒店，用艺龙”，艺龙不与携程抢机票预定业务，只关注在线酒店预订。这就是艺龙的焦点思维。

2009 年，就在产品非常单一，只做线上和手机上的酒店预订的艺龙首次扭亏为盈，连续三年收入和盈利不断提升。2011 年财报显示，全年通过艺龙预订的酒店客房间夜数量约为 920 万间夜，同比增长 44%；酒店预订业务总营收同比增长 29%。艺龙 2011 年净营收为人民币 5.86 亿元，同比增长 22%；净收益为人民币 3930 万元，同比增长 90%。至 2011 年第四季度，艺龙连续 7 个季度酒店业务同比增长率超越携程，而第四季度全部业务销售额的增速也第一次超越了携程。

将军赶路，不追兔子

“不做什么”比“做什么”更重要。聚焦一个需求，窄而深，把它做到 100 公里深。在移动互联网的世界里，我发现的规律是三个字“窄、宽、壮”。专注和简单让你的品牌认知在一定程度上非常聚焦，便于市场认知识别，也便于创造极致的服务获得口碑，然后拥有足够的用户和市场并可以延伸，做宽解决方案，最后整合各类资源，打造和升级自己的竞争能力，保障市场的强势覆盖，这就是“壮”。“壮”不是大，壮是更加注重系统性的配合与和谐，保持一致的关联性才是真正的竞争实力所在。

从这两个案例都可以看出，要找到一个企业的破局点必须要站在行业宏观的角度去理解可以爆破的机会，居高临下，一览无余。这就是企业家的格局问题，破局必须具备格局，站得高方能看得远，所以一个企业家的眼光、视野决定了这家企业的未来和机遇。因此破局上，要在想清楚两个问题的答案后，方能投入全部的资源和行动。这两个问题就是：

一、如何做减法，找到焦点战略？

二、如何将焦点战略做到极致？

找到破局点的时候，就要 ALL IN 资源（ALL IN 是赌博术语，就是全押、梭哈、全部押中），也就是常说的 Show Hand。在确认一个可靠的破局爆点时请毫不犹豫地冲上去吧，让对手措手不及或没有能力和你拼。

法则三：先长尾再生态

对于一个企业，常常面临的就是生存和发展的问题，要平衡两者并开创一个美好的未来，那就要确认阶段性目标。无论多大的企业，首要问题都是先“生存”的问题，解决生存的问题，要么通过业务的变现获取现金流，要么通过银行或资本运作保障运营的安全，现金流是生存的关键。用华为任正非的话说就是三个字“活下去”。活下去固然重要，但是活得好才能让团队有盼头。在移动互联网之下如何才能活得好，活出一个可激发人性、充满热望的未来呢？下面我们先认真了解一下这个时代和过去时代不同的背景。

有一本书叫《长尾理论》，是网络时代兴起的一种新理论，由美国人克里斯·安德森提出。该理论认为，由于成本和效率的因素，过去人们只能关注重要的人或重要的事，如果用正态分布曲线来描绘这些人或事，人们只能关注曲线的“头部”，而忽略曲线的“尾部”，即需要更多的精力和成本才能关注到的大多数人或事。

在网络时代，由于关注的成本大大降低，人们有可能以很低的成本关注正态分布曲线的“尾部”,关注“尾部”产生的总体效益甚至会超过“头部”。即众多小市场汇聚成可与主流大市场相匹敌的市场能量。事实上，亚马逊上卖一些非常小众的书最后的收益并不比畅销书获取的利润差，这也证明了此规律。安德森认为,网络时代是关注“长尾”、发挥“长尾”效益的时代。换句话说，如何在信息化的网络时代低成本、大规模、高质量地满足个性化需求。这里要强调的是，在商业上电子商务不仅仅是网络零售，B2C（Business To Customer）的商业模式是传统工业经济时代大规模、流水线、标准化、低成本的运作模式，“长尾理论”告诉我们未来真正的商业模式更可能的是 C2B（Customer To Business），如何让目标消费者自己主动找到需要的个性化服务和产品才是数字时代面临的商业挑战。

那么在长尾之下拥有海量用户到底还会凸显什么样的价值呢？李善友教授对此有基于“事物的思维”和“基于关系的思维”的区别和论断。他提出“整体大于部分之和”的“关系论”，所谓“关系论”否定了传统的基于事物的思维模式，即整体等于部分之和。假如你开一所学校，你的收入等于学生的数量 × 学费，假如想增加收入，投入更多的老师，更多的资源，就会有更多的学生。但是这样的算法是极其简单的理解，没有真正洞见其中潜藏的商业价值。真正的价值是用户关系中产生的新价值。简单地说就是“整体大于部分之和”。

我们还是从目前比较火热的猪八戒网来发现其中端倪吧。

用猪八戒网创始人朱明跃自己的话来说，猪八戒网做了九年一直不温不火，差一点就熬死了，九年之后才醒悟，从濒临死亡做平台产品再到经营沉淀用户，方迎来转机。产品只是入口，人才是商业模式，这是移动互联网时代带来的改变。

2006 年起，猪八戒网一直从事设计方面的项目，众多个人创业的设计师帮你设计 Logo，起名字等，就这样慢慢地积累，最后拥有大量的用户和设计者，继而做成一个最大的威客平台。

而在这个平台一边是300万个中小微企业，一边是千万有技能的个人和机构。网站拥有了足够的海量用户，问题在于，如何在用户数据的海洋上钻井取油呢？

朱明跃研究其中的数据突然发现，每天新增加一万家中小微企业，其中有三千家会去设计Logo，设计了Logo之后会做商标注册。

最后他发现代理做商标注册是一块大蛋糕，这边要做商标注册，这边有人帮你设计出来，设计出来以后顺手帮着去注册，猪八戒网直接做代理不就完了吗？这层窗户纸捅破之后，猪八戒网半年时间就成为中国最大的商标代理公司。

第一代和第二代商业模式，买家和卖家的数量没有质的飞跃。商业模式第一代靠佣金，第二代靠经营用户。第一代公司市值20亿人民币，但在获取足够用户后第二代的模式已经出现了质的飞跃，因为在长尾用户中，出现了自生长和自需求的服务。猪八戒网2015年6月融资融了26亿人民币，估值一跃达到100亿人民币，公司价值自然而然地比以前涨了4倍多。

对于俞敏洪的新东方和济南的蓝翔学校，如果新东方能够重视连接的价值，他构建一个又一个社群，这个社群又会有怎样的价值呢？如果在社群内部众多学员互动联系，又会产生怎样的自生长业务和新的商业模式呢？

在长尾理论中，基于关系和连接的思维，这个非常大的改变呈现出整体大于部分之和的特征。整体大于部分之和，这个附加值增加的部分从哪里来呢？答案是：增加的部分来自于事物之间的相互作用。比如：

一、即时用车软件科技公司Uber没有一辆出租车，却变成最大的出租车公司，并且在美国顺势做了同城快递；

二、全球最热门的媒体Facebook没有一个内容制作人，却变成最大的内容出版商，广告等收入如火如荼；

三、全球最大的住宿服务商Airbnb没有任何房产，却做成了最大的酒店模式，并且顺带还做了本地餐饮。

在用户价值越来越彰显的今天，获取海量用户实现长尾是根本，因为只要有足够的长尾出现便自然而然出现更多的自生长业务变现的机会，同时在此过程中，会自然而然构建出有力的服务生态圈。

因此在移动互联网时代，我们要思考如何获取海量用户，怎样获取海量用户，如何利用获取到的海量用户转化出更大的价值空间。

当然，如果从生存的角度，在运营一个社群的中早期，可以为核心的并且有支付能力的用户提供一些具有高回报的增值服务和产品。这样能获取维系生存发展的一定收益，同时也能为后期生态圈的呈现做好试探性的准备。

当然，如果因为业态的原因可能做不到期待的长尾效果，那么基于足够重度的用户提供有价值的服务，直接构建生态圈也未尝不可，前提是能够做到高客单价。当然唯一不变的就是还得要有一个尖刀产品（核心产品）先迅速切开市场再陆续推进，避免几个产品和服务一并推进，应该有重点和有节奏地推进，才更容易获取市场。

但是从移动互联网带来的变革看，更有价值的商业机会将从长尾用户的服务中凸显，基于关系产生的利益将超出基于产品本身的利益。这是趋势，也将是我们习以为常的现实。

单点突破、多点围攻

“单点突破、多点围攻”是商界公认的基本规律，也是心智认知的基本规律。即使做平台也一样要注重如何聚焦突破，比如1号店，在早期为了寻找突破口一直没有起色，直到聚焦“牛奶”和“面膜”这两个品类，定向爆破后才让更多的用户认知1号店的优势。

不重视规律的商业运作，即使有再好的资源和优势也不容易取得满意的回报。比如广州张行创立的G.mall，G.mall是张行用设计重塑品牌价值，借助移动互联网打造的一个微商平台。2014年下半年开始推出了如基因家谱、山田土、有钳人、天下无三等30多个创意品牌。在没有足够内测的前提下就急于开拓市场，导致一段时间急剧地运营回调，也失去了很多来之不易的掌柜和天使用户们。

G.mall 移动商城是一个提倡用生活酷创意重新创造生活的个人微商城，每个 G.mall 微商城都设有一名掌柜，由掌柜代理 G.mall 上的酷产品，并对个人微商城进行运营管理。

从设计逻辑上，G.mall 旨在不断创造或挖掘出最棒的产品与创意，提前向消费者预售，让他们参与并支持创新者把新想法、新发明、新设计变为真正的商品，一起分享创造的乐趣与创新的价值。消费者在 G.mall 的众筹平台上，参与众筹，支持发起人把创意变成产品，就能成为该产品的首批用户，并获得额外奖励或赠送。最特别的是，消费者参与 G.mall 的"消费者创业计划"，不仅可以得到该产品，还可以获得产品线上代理权，并且拥有 5%—30% 的销售佣金。G.mall 让消费者参与产品经营，与发起人一起发展品牌。

在平台规划上，G.mall 旨在创造一个首尾相连的创业链条，相当于在一个典型的互联网创业模式的每个环节里，都设计了一个创业平台，用来满足各种不同的人的创业需求：G. 众筹（智力创业平台）、G. 品牌速造（紧急再创业平台）、G. 微店（懒人创业平台）、G. 商城（闲人创业平台）、G. 生活馆（土豪或明星创业平台）、G+ 联盟（富人创业平台）、G 部落（玩家创业平台）。

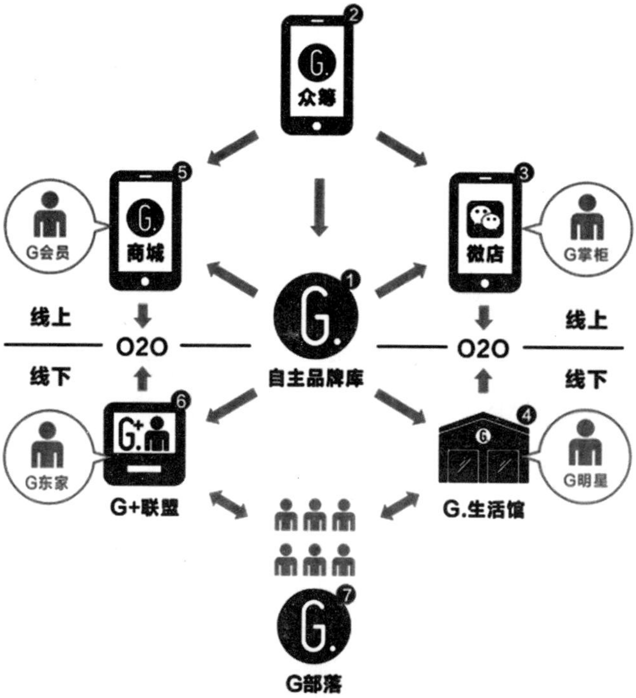

从规划设计上能够看出创始人的用心和细致，但是从实操落地的角度，这里面有很多问题有待商榷。首先这是一个一厢情愿设计的东西，在运营中有可能用户的反馈和想法会导致结果不如预期，特别是产品的体验和互动，没有预先完备的内测，很容易在产品推出市场后出现意外。我在 2014 年体验了其中产品和服务，花了 5000 多元买了两件来自于 G.mall 平台里的衣服，然而付款后，不但交期有问题，收到后体验也不如文案写得那么好，并且尺寸不合适，最后退掉其中一件的时候，服务更是一塌糊涂，系统混乱，前后折腾了一个多月。

其实这么多的产品设计和系统设计并行，同时多个子系统协同运作，都有可能在运作过程中出现失控和意外。这种过重的系统化、大量产品以及代理掌柜的运作，如果没有极专业的运营掌控，一切都面临着巨大风险。

基于 G.mall 案例的启示和分析：

一、先用户再产品，这是解决用户认同的问题，同时也是解决需求测试的问题，进而保障产品定位和用户认知的有效对接。基于用户的产品研发和制造才是知己知彼、百战不殆，在过去因为技术的原因，我们无法做到，但是在移动互联网盛行的今天，这是比较容易，并且是非常重要和关键的法则。

二、先爆点再破局，这是解决资源配称问题，企业的静态资源有限，如何在有限的时间利用有限的资源爆破市场是关键。抓住一个点比一股脑儿推动一堆工作安全得多。即使前期有市场能很快突破，但如果没有可控的节奏，即先点再面地推进，盲目推进容易导致后期减速。

三、先长尾再生态，这是解决基于关系而非基于产品构建模式的问题。用户是一个永恒的主题，如何先拥有足够的用户，再陆续推出足够的产品和服务是一个必须遵循的逻辑。如何实现长尾效应，首先要靠尖刀产品，并通过口碑带来的美誉度和知名度，把它打造成爆品，进而以此获取足够的用户。用户多了，就可以基于长尾理论做出生态圈，更好地满足用户。

集中力量用一个爆品获取足够的用户，比用一堆产品获取足够的用户可靠安全得多。从精益创业来说，测试出尖刀产品和用户需求在早期尤为重要，你所想的和用户真正期望的往往大相径庭。所以早期测试的时候往往需要一段“反营销”时间。

从 G.mall 这个案例来看，产品设计确实不错，虽然并不是所有的产品都可靠，但确实也有一些很棒的产品。如果一开始针对少数筛选的产品做服务和推广，就容易步步巩固，进而培育出有黏性的用户，最终构建出基于粉丝集聚的社群。

但是G.mall没有经过有效测试，也没有稳健的运营节奏，空有那么多系统，反而会因为过快的速度，让一切不能凸显价值甚至成为摆设。

总之，在运营上，特别是破局的时候最需要关注的就是“图钉法则”，只有聚焦切入一个制高点，所投入的资源才容易实现有效转化和激发。

从身边的经典案例看，哪一个平台不是从一个小工具或者一个小服务开始的呢？一生二、二生三、三生万物，这是规律。如果又要搞设计定产品，又要建系统升级app，同时还要招商掌柜发展用户，并且面对的还是一堆交错的系统，那得需要怎样的团队和协调能力啊？对于G.mall来说，本来可以非线性爆发式成长的，但是也许会因为前期混乱的节奏而错过最佳发展时间，从而耽误了真正崛起的时机，那才是最最可惜的。

反传统创业的九字口诀：小而强、快而美、狠而备

小而强，就是聚焦、聚焦、再聚焦。聚焦可以集中资源让自己在有限的竞争范围内强大起来，建立绝对优势。图钉法则告诉我们，尖小面大，易于突破。在移动互联网的市场下，小就有竞争力，再小的生意也会因为移动互联网的力量实现长尾效应，从而覆盖足够大的市场。

快而美，快是指迭代的需要，任何一个产品不要指望一上来就很美。张涛做大众点评时，一个晚上做出来的1.0版本虽然很丑，但一样在迭代中成为今天大众服务的首推服务平台。至于美是指能持久并且拥有美好的未来，符合发展的趋势。在创业中有的项目看上去不错，但也只是有从0到1的美好，一旦迈向从1到100的时候就后继乏力。因此判断项目不能仅以成型期判断，更需要推演发展期的态势，看看所在的行业和业态是否存有足够的发展空间。

狠而备，狠是指颠覆规则时狠，但是同时需要构建在获取海量用户时的二次打击能力。比如，你的行业不同于手机行业，没有每年在电子元器件20%的降价规律，相反成本可能还涨价，那么你就不能学习小米的手法。小米能做，除了这个业态的特点外还准备了系列组合活动和爆品。同样如果没有充分的准备和思考，通过盲目免费或者不盈利的方式获取用户也一样会缘木求鱼。如果要推动就得准备好，防患于未然，做到运筹帷幄、胸有成竹。如同下棋，走一步想三步备五步，对于事情的洞见和预判是创始人非常重要的素养。

扫描二维码
给你听一首歌

第五章

关键方法论

导读： 任何可参考的商业模型都必须建立在可参考的方法论的基础上，反传统创业模式，借鉴并结合了从实践中得来的方法论。无论是美国商业咨询公司提炼出可以打破思维固化的《颠覆性思维》，还是从硅谷创业经验中提炼而来的《精益创业》，抑或从中国中小企业实践而来得《社群化运营》等等，都代表着新时代创业模式的变革和更新。过去一成不变的老传统，再也不适应已经运营了几十年的工业时代的商业逻辑了。

反传统创业不同于传统创业，无论在战略架构上还是运作方法上都区别于过去的创业路径。这部分我们主要谈论关于顶层设计，以及关于反传统创业的三个相关方法论：颠覆性思维、精益式创业、社群化运营。

顶层设计

顶层设计是一个工程学概念。在工程学中，顶层设计的本义是统筹考虑项目各层次和各要素，追根溯源，统揽全局，在最高层次上寻求问题的解决之道。

顶层设计是运用系统论的方法，从全局角度，对某项任务或者某个项目的各方面、各层次、各要素进行统筹规划，以集中有效资源，高效快捷地实现目标。顶层设计是一项工程的“整体理念”的具体化。

对于一个创业项目你必须得问三个关键性的问题：

一、我是谁——这是关于差异化下的定位问题；

二、干什么——这是关于项目机会和价值的问题；

三、怎么干——这是关于项目落地和实现的路径问题。

很多创业者在第一个问题上就稀里糊涂，这最容易导致跟风随机式的创业，最后失败。所以一开始我们就得具备顶层设计的意识和能力。

顶层设计模型

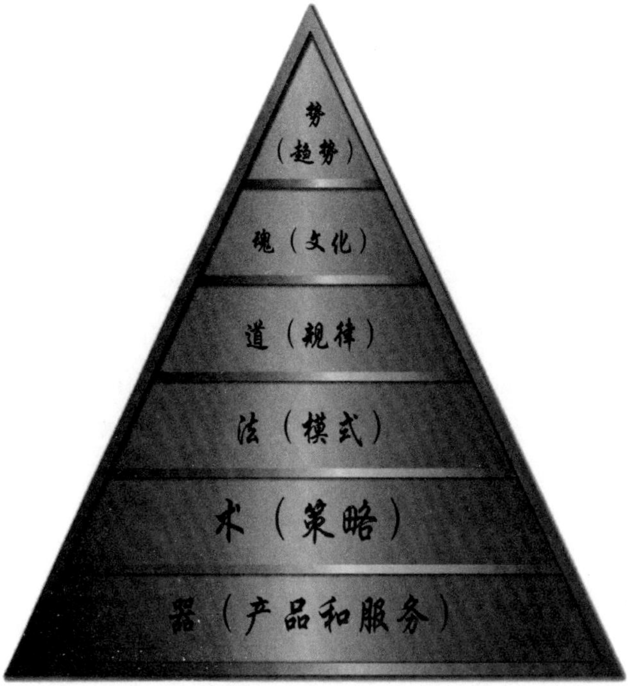

一、势：指趋势。凡事顺势而为，创业需要预判市场趋势、行业趋势、技术趋势以及政策趋势等。预判能力是创始人的第一核心能力，选择比努力更重要，预判能力的强弱，决定着创业项目是事半功倍还是事倍功半。势，也就是我们所说的创业“风口”。

二、魂：指文化以及经营哲学，同时里面包含着“定位”问题。牵牛需牵牛鼻子，创业项目要做什么，首先解决用户什么样的问题并实现什么样的价值。要做一份有意义和有未来的事业，首先得确定好定位背后的理念、信仰、价值观。

三、道：指规律。任何行业都有其发展规律，把握规律是指导行动的关键。

四、法：指模式。在不同的模式下，运营的结果差异很大。商业模式、业务模式、盈利模式、推广模式等都需要做有效的构建。

五、术：指策略，俗称打法。如何有策略地行动，是保障目标落地的前提。

六、器：指产品和服务。所有的企业最后都落在可变现的产品和服务上，这是生存的基石和根本。

在你规划一个创业项目时，可能刚开始只是一个念想、一个场景或者一个产品雏形。但是随着时间的推移，你必须不断升级思考，如果要干出一番大事业，早一步思考顶层设计，就容易高屋建瓴地谋划。

反传统创业在顶层设计上与传统创业有所不同的是，过去的商业环境没有长尾的土壤，也没有及时性的连接，更没有迅捷的移动支付和物流。而如今在新的商业环境下，反传统创业在顶层设计上，一开始就得关注更广范围的市场覆盖，同时又因为需要专注爆品，从而必须把事情往“小”的地方做。这和过去是完全不同的，此外因为连接，还很容易在积聚一定用户后实现生态圈的建设，推动跨界的可能。所以从本质上讲，反传统创业对顶层设计的理解是“聚焦小事、心怀大市”。一开始就基于用户角度，思考获取用户的能力，从某种程度上说，用户就等同财富，而且是非常具有可拓展性和想象空间的财富。这和过去以用户为导向的产品思维是格格不入的。

在反传统创业中有三个比较重要的方法论，这三个方法论也是在实战实用的意识层面提升的必修课。

方法论一：颠覆性思维

思路决定出路，很多事情换个角度，变化就巨大了。二战时有一名飞行分析师，他分析了一些战斗归来后的轰炸机，机身的弹孔分布情况是，某些地方弹孔多，某些地方少或者没有。有些人会以为，应该在弹孔多的地方增加防弹加固板，因为从归来的飞机看，这些弹孔多的地方肯定容易被击中，所以应该重点防备。而这名飞行分析师则认为，应该在弹孔少的地方增加防弹板，因为既然那些飞机一些部位被击中多次，还能安全飞回来，看来这些部位是不重要的，那些没回来的飞机才是更值得研究的，据此弹孔少甚至没弹孔的地方才有可能是最重要的。所以，一个认知层面的转变能够实现整个局面的改变。

对于颠覆性思维，我总结了三个字：破、建、立。所谓不破不立，中庸是实现不了企业的突破与腾飞的。这个世界是一个认知下的世界，如何打破认知构建新的边界，这是赢得市场的关键，所以创业需要学会做到颠覆性思维的实践。

颠覆性思维的系统步骤一般有五步：

第一步：突破常规，提出颠覆性假设；

第二步：针对假设发现颠覆性商机；

第三步：将商机转化为切实可行的颠覆性创意；

第四步：经目标市场检验后，整合创意形成颠覆性解决方案；

第五步：以颠覆性方案获取市场回报。

为什么颠覆性思维很重要？那是因为我们固守熟知的环境，在此之下形成的习惯性思维属于“比较思维”，而比较思维往往会禁锢我们的认知，让我们成为“睁眼瞎”或者“井底之蛙”。

我们先来看看一些被证明错误的预言，它们是一些伟人或机构根据历史经验推导的错误论断。经常拿出来看看，能够帮助我们提醒自己不要落入陷阱：

我觉得全世界可能只能卖出五台计算机吧。——IBM 主席托马斯·沃森

演员们表演就可以了，谁愿意听他们的声音呢？——华纳兄弟公司创始人哈利·华纳

640K 内存妥妥够用了。——微软公司创始人比尔·盖茨

汽车已经没什么可发展的了。这些年内燃机的原理就没有什么改进。——《科学美国人》杂志

现在我们连利用核能最微弱的证据都没有。——相对论创立者爱因斯坦

交流电是无用的，因为它太危险了，它可以像闪电一样劈死一个人。直流电才是安全的。——发明大王爱迪生

对于思维，更有意思的是在日常的生活中，我们往往同时用两种截然相反的思维模式驱动我们的行为。大家试着比较比较：

这边的更正确	还是这边的更正确
人多手杂反而碍事	三个臭皮匠顶个诸葛亮
文胜于武	事实胜于雄辩
朽木不可雕	活到老学到老
血浓于水	亲兄弟明算账
机不可失时不再来	三思而后行
有备无患	船到桥头自然直

基于以上，我们便能理解自己的思维模式是很有意思也很有拓展空间的。对于创业者来说，我们需要的是直击本质的思考，因为基于本质的思考才能去伪存真更好地找到突破口。

那么如何才能跳出其中做更为本质的思考呢？我们不妨先来了解一个人，他就是特斯拉董事长埃隆·马斯克，这个家伙是一个非同寻常的人物。他不止一次提到，他之所以能够在多个领域取得成功，来自于他对所谓“第一原理”（First Principles）的思考。

我们先来看看马斯克的个人履历：31岁成为亿万富翁，创立了著名的网络支付平台PayPal，10年时间制造出世界上价格最低的运载火箭，尝试开辟私人探索太空时代，同时制造出第一辆在商业上大获成功的电动汽车，并且新能源太阳城计划和仅需45分钟横跨美国的超级高铁也都在进展之中。这些事情完成任何一件，都可以算是伟业了，但他却在踏上美国的26年里悉数完成。他既是天才工程师，又是卓越企业家，他的42岁浓缩了几次人生，拓展了人类对自身智力与能力限度的想象。乔布斯离开了，马斯克来了，他的“第一原理”到底是什么呢？

“第一原理”出自2300年前古希腊哲学家亚里士多德。在亚里士多德的书中，第一原理是这样表述的：“在每一系统的探索中，存在第一原理，是一个最基本的命题或假设，不能被省略或删除，也不能被违反。”从这段话中，我们可以了解“第一原理”相当于数学里面的公理。马斯克是如何理解和诠释“第一原理”的呢？

他在一次公开访谈中表述出他的颠覆性思维模式：

我们运用“第一原理思维”而不是“比较思维”去思考问题是非常重要的。我们在生活中总是倾向于比较——别人已经做过了或者正在做这件事情，我们也就去做。这样的结果是只能产生细小的迭代发展。“第一原理”的思考方式是用物理学的角度看待世界的方法，也就是说一层层剥开事物的表象，看到里面的本质，然后再从本质一层层往上走，这要消耗大量的脑力。

马斯克提到了两种不同的思维方式——“第一原理思维”和“比较思维”。如今的人们面对未知的商业领域时，正遇到与古人同样的困惑。在一个信息大爆炸的时代，我们耳边充斥着过量信息，透过现象去认识本质变得越来越困难，人们往往会摒弃那些最本质的东西，而是从覆盖在本质之上的东西入手，比如经验、方法，甚至传言。

今天大多数人还是习惯使用“比较思维”。在商业世界中我们崇尚竞争，这在本质上也是一种比较思维。而这种竞争的结果是，只能产生细小的迭代发展，而无法出现颠覆性的创新。彼得·蒂尔（Peter Thiel）在《从 0 到 1》这本书里就提到，唯有垄断才会有颠覆性的创新，因为垄断可以实现较好的利润，从而能够从容地进行研发和发展。

马斯克举过一个关于电池的例子：大多数人认为电池组非常昂贵，而且会一直这么贵，大概是 600 美元／千瓦时。因为它过去就是这么贵，它未来也不可能变得更便宜。

而马斯克从第一原理角度进行思考：电池组到底是由什么材料组成的？这些电池原料的市场价格是多少？电池的组成包括碳、镍、铝和一些聚合物。如果从伦敦金属交易所购买这些原材料然后组合成电池，需要多少钱？天哪，你会发现只要 80 美元／千瓦时。

而蒂尔在书中也指出，基于过去历史经验的模仿是没有太大意义的；在本质面前，一切比较变得没有意义。正如乔布斯所言：“一个简单的事实是，你身边被你称为‘生活’的一切事物，都是由那些并不比你聪明的人造就的。你可以改变生活，影响生活……有人认为，人生有命，你只要按照命运的安排过日子就可以了，不需要留下自己的印记。你必须抛弃这种错误的观念，一旦你认识到这点，你的人生将变得不同。”

总而言之，比较思维只能带来细小的迭代发展，而“第一原理”将带来颠覆性创新。在这点上卓越的创始人，在思维和格局上的差异已经决定了未来的差距。打一个不恰当的比方，一件打了补丁的衣服，打的补丁再漂亮那也还是带有补丁的衣服。

在移动互联网时代我们不需要打补丁，需要的是换系统。唯有换系统，我们才能真正地融入这个时代！

方法论二：精益创业

创业本身是件九死一生的事，每天都有无数创业者迈向失败，其实并不应该有那么多企业倒下。倒下的原因往往都是创始人自己“作”死的，除了盲目投入导致沉没成本的浪费之外，一味形而上学地运营也是重要的原因。导致一个新生企业的覆亡，我总结的原因有三个：

一、贪。虚荣心使然，一上来就在没有验证的事情上过度投入，结果在没有迈向成功之前，早早葬送了小命。当然也有前面很顺利，但由于野心过大，致使与战略匹配的资源不足发生意外。总之，要么贪快要么贪大，这其中最主要的还是创业者的虚荣心和对物欲的贪婪。

二、嗔。很多创业者总抱着理想状态，甚至在创业的路上常常还有喜欢不喜欢的事情。创业者第一标签是商人，创业的首要问题是解决生存问题，无论你喜欢与否，对于创业来说，凡有利于企业健康、良性成长的事情你都要干，不喜欢也得干，能找到人干最好，找不到人就自己干。

三、痴。更多的创业者是处于想不清也说不清的状态，结果自然是干不清楚的状态。面对创业，不但路径不清晰，更没有逻辑思考，仅仅靠胆量蛮干、盲干的创业，最后的结果就不言而喻了。

对于这三点，其中最需要突破的就是第三点，如何更快更有效地试探和摸索出创业路径是创业者最重要的事。

精益创业便是针对传统创业的盲目和混沌，经过实践的积累和经验的总结得出的一套更符合新时代，特别是移动互联网下的创业方法论。

精益创业（Lean Startup）由硅谷创业家埃里克·莱斯（Eric Rise）2012 年 8 月在其著作《精益创业》一书中首度提出。但其核心思想受到了另一位硅谷创业专家史蒂夫·加里·布兰克（Steve Garry Blank）的《四步创业法》中“用户开发”方式的很大影响，后者也为精益创业提供了很多精彩指点和案例。

很多 IT 从业人员在了解了精益创业后认为，其核心理念可以追溯到软件行业的敏捷开发管理。例如“最小可用品”与“原型建模”非常相似，都追求快速的版本迭代，以及时刻保持与用户的接触并获得反馈等等，精益创业可以理解为敏捷开发模式的一种延续。

精益创业最本质的有两点：“如何定义用户的痛点和解决方案”“如何来验证用户的痛点和解决方案”。

精益的核心思想是：杜绝浪费。精益创业是一套在高度不确定的环境中做出创新的实战方法论。它强调的是，既然风险大、易失败，就以更低的成本失败，快速学习，争取在资源耗尽前找到正确的路。

传统创业通常是非常经典的火箭发射式的思维。

火箭发射式的创业逻辑有很大的缺陷，准备多时，最后在你按下火箭发射按钮时，只能被动地坐等结果，那么会出来几种结果呢？或成功上天，或突然爆炸，或消失无踪，但是最大的可能性是第四种结果，就是无论你怎么拼命地按这个按钮，它就是一点反应都没有，大多商业失败都死在第四种情况。不是前期投入的钱有多少，而是活活耗掉了足够多的钱，并且还错过了最重要的时间。

火箭发射式创业本质上是以自我为中心的创业模式，这是天才式的人物加天才式的设想的综合体，这种创业思维认为环境是高度可控的，认为创业参数是可见的。终点是已知的，路径都是已知的，连赛道都是已知的，你所需要做的就是调研、思考、执行、优化。

但是对绝大多数创业公司来说，我们所面临的从来不是确定的，因为一切都是在假想中的认知。特别是移动互联网下的未知和不确定性更为凸显。

中欧商学院的龚炎教授提出的精益创业五大原则：用户导向、行动、科学试错、单点突破、快速迭代，是所有创业者都值得深入学习和实践的。同样这些原则对反传统创业尤为重要，因为反传统创业面对的创业具体路径往往更没有原有经验的参照，唯一可以参考的是用户、场景、痛点等等的步骤和规律，对于从抽象到具象的落地路径则需要在迭代中摸索。

精益创业认为痛点和解决方案，在本质上也都是未知的。对于此龚炎教授给出建议的五项基本原则如下：

原则一：火箭发射式创业是自我导向，创业者从自我出发；精益创业是百分之百的用户导向，遵循市场拉动原则。

原则二：火箭发射式创业以计划为导向，强调完美的计划、执行；精益创业强调的是以行动来牵引计划。

原则三：火箭发射式创业强调把每一个细节都想好，理性预测；精益创业强调预测是不可能完全精确的，科学试错。

原则四：火箭发射式创业强调系统思维，大系统、完整的解决方案，从一开始就是完美的；精益创业强调单点突破，后续这个点会变成一个庞大的系统，但这个系统是找出来的，而不是计划出来的。

原则五：从完美主义到高速迭代。火箭发射式强调完美的计划和执行，不能在任何细节上有偏差；但是精益创业强调，可以快速地从不完美开始，但是高速地迭代，不断试错，最后逼近完美。

“初创公司不是大公司的缩小版，而是在探索未知的商业模式，当你的解决方案与痛点高度吻合时，就能带来巨大的价值。”

回到本质，大公司是执行一个已经得到验证的商业模式，而初创公司是在探索一个没有得到验证的，或者一个本质上未知的商业模式。

在反传统创业的实践中，我们的市场会受到传统思维的干扰，对习惯制订战略计划的企业家来说，把一切都留给市场验证，确实有点残酷，但是事实上也只能这样，因为今天的创业和过去简单复制式的创业是完全不一样的，一切都是新的。邓小平说过“摸着石头过河”，一个新模式下的市场，就如同一个不知深浅的大河，那么摸索中的第一块石头就至关重要了，那是基础，没有第一块石头垫底，第二块、第三块等，后面的无数块石头都只是空中楼阁。

对于精益创业，从本质上可以分为三个模块：

第一模块：商业计划。精益创业所说的计划和常规意义上说的商业计划不是一回事，它只是前提和假设，而且是未经证实的前提和假设。

第二模块：验证。基于前提和假设需要有效的实践验证。

第三模块：用户开发。从天使用户开始的用户运营。

在精益创业框架里边，商业计划所起到的关键的作用是提供关键的前提和假设，来评估创业的机会，促进初创企业的学习和成长。主要包括的内容有：

第一：你的核心价值主张是什么？你能够为用户带来什么样的底层价值？这是关于定位的设计。

第二：基于你的核心价值主张，你识别的用户痛点是什么？你能提供什么样的解决方案？这是关于价值的创造。

第三：关于价值的捕获，在为用户创造价值的同时，你自身能够从中捕获什么样的价值？这是关于回报的探索。

我在《搞定投资人的 9 张 PPT》的 BP 训练辅导中，习惯用一句话去提炼所谓的商业计划，具体就是：你基于什么样的用户的什么场景之下的什么痛点提供什么样的具有独特优势的产品和服务，满足其什么样的需求并从中怎样获取价值回报。

龚炎教授从“精益创业”的角度提醒创业者“再美的商业计划都是假设，经不起和用户的第一次接触，初创企业的很多失败就在于，过早放大未经验证的商业模式”。

“过早放大”，是一个实实在在的大坑，非常危险，2015 年大量烧死的 O2O 项目都是在没有有效验证之下而通过资本的方式获取资金，通过在烧钱中更快获取用户进而放大估值而导致的“死亡”。因为所谓“便宜”而来的用户在其烧完钱没有更好的利益可图的时候自然就会逃逸，这个时候才真正客观地看到企业是否具有真正的价值。一个有竞争力的项目，在无须推广之下都能实现口碑传递，进而促进业绩自生长，这才是良性靠谱、有前途的好项目。

商业模式不是设计出来而是逐渐摸索出来的，猪八戒网今天已经估值很高了，但也是摔了很多跟头才认清这一点。早期猪八戒网唯一的收入来源是佣金，但收着收着就发现这种商业模式不靠谱，因为很多人会绕过去跳单。后来才加了广告、服务费，最后做商标服务。

“精益创业”认为创业有两件不可知的事：一是用户的痛点是不可知的，二是你对问题的解决方案是不可知的。

猪八戒网在每一次商业模式的调整上都很痛苦，每次改版，几十个人，关几个月，昏天黑地，十万火急。

在过去，因为互联网缺乏普及，基于文化创意的交易是有问题的，而且非常麻烦。猪八戒网将买方和卖方拉到一个平台上交易，经过八年多才开始逐渐成熟。经过验证，猪八戒网之所以在重庆这个地方活下来并且还做大了，主要就是它确实给更多的用户创造了价值。这个价值在于：买家和卖家连接更加方便，买家和卖家都可以很方便地和本地、异地的服务商、雇主建立联系。

而猪八戒网在运营中同时也发现传统的佣金、会员费和广告费的收入都是有天花板的，而且容易流失用户。在自然而然的摸索中，发现了做商标的巨大自生长业务，而这也把猪八戒网带到了一个全新的高度。

初创公司的全生命周期分为四个阶段，第一个阶段是定义用户痛点假设和解决方案假设，第二个阶段是验证用户痛点假设和解决方案假设，这是商业模式的探索阶段，第三个阶段是商业模式的复制和放大，第四个阶段是商业模式的优化和执行。

通俗点说，第一、二阶段解决的是从 0 到 1，优化和执行是从 N 到 N+1。精益创业只关注从 0 到 1 的阶段，那是定义和验证的阶段。从 0 到 1 的突破，不是什么爆品和模式的突破，而是指用户认同并愿意买单的那个核心价值点，也是成就企业的价值原点。那个“1”是种子，决定未来所有一切成就的种子。

许多初创企业的失败在于，它混淆了探索商业模式和复制放大商业模式之间的界限。本质上看，再完美的商业计划，也都只是假设，闭门造车是万万不可的，那是拿钱和未来开玩笑。

如何才能判断商业模式是否可行？这里有一个能评估公司经营状况关键指标的工具——“海盗指标组”。

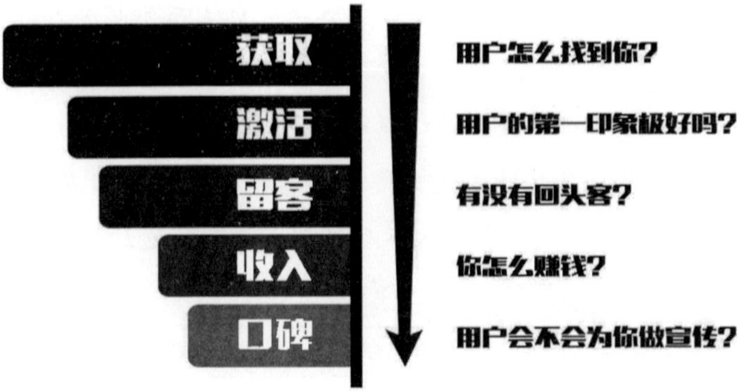

一、获取：把访客转换成对产品感兴趣的潜在用户的过程。

拿店面来说，能把走过你店面的人吸引到店铺内就是一次获取。

拿网站来说，不管访客在你的网站上做什么，只要他们不弃用，就算是获取了。

二、激活：感兴趣的潜在用户对产品的第一印象感到满意。

拿店面来说，如果潜在用户走进店里之后发现乱糟糟的，跟在店门口的感觉完全不同，那这样的第一印象肯定无法让人满意。

拿网站来说，一旦用户注册，你就必须确保能够兑现网页上对产品做出的承诺（即独特卖点）。

三、留客：产品的"回头率"或者说是用户的投入程度。

拿店面来说，留客就是客人再次来到商店。

拿网站来说，留客就是以前的访客重新登录网站，并使用产品。

四、收入：评估的是用户付钱给你的情况。

店面购买或网上订购产品等都属于收入。

五、口碑：是一种比较高级的用户获取渠道。满意的用户会再推荐或者促成其他潜在用户来使用你的产品。

拿店面来说，客人只需要跟自己的朋友说起你的店就算是树口碑了。

拿产品网站来说，树口碑可以是隐性的，如使用病毒式传播或者社交分享功能（例如使用分享按钮分享给朋友），也可以很直白，比如使用推荐人奖励计划或者推荐送积分等。

关键指标：把用户的行为和每一个指标都联系在一起				
获取	激活	留客	收入	口碑

在这个过程中如果有的地方脱节了，那么就说明模式在落地的时候有可能存在着明显的缺陷。

在实际的创业过程中，因为缺乏用户而失败的初创企业的数量，远超过因为产品开发失败的初创企业。如何层层递进解决用户问题是业务变现的当务之急。

从用户的获取选择上，“精益创业只关注从 0 到 1，核心是探索和验证基本假设，先打的不是主流而是创新用户”。

精益创业的框架其核心就是两步，用户的探索来定义基本假设，用户的验证来验证基本假设，至于说用户的积累以及公司的运营，这个属于后续的商业模式复制、放大和执行部分。

用户的探索，最核心的任务是定义两个基本假设：痛点假设和解决方案假设。这不是一个做加法的过程，而是一个做减法的过程。先把减法做到极致，然后再做加法。这也是一个倾听用户的过程。事实上唯有通过和用户的互动，才能真正地做到定义这两个基本假设。

在定义两个基本假设的基础上，进行用户的验证。用户验证的核心任务是检验两个基本假设，同时检验这个商业模式本身是否重复，是否规模化。

如果无法找到早期的天使用户，那就得轴转，轴转就是调整，回到用户探索阶段。轴转要快速、敏捷、把握时机。很多初创公司的失败不在于它的商业模式不成立，而在于他在确认商业模式成立之前，已经耗尽了他所有的资源。

在精益创业中，用户的痛点挖掘和甄别并非易事，全部做出来做测试然后迭代，代价也并不低。所以如何更好地预判和筛选，需要一个实战实用的工具，即“SPIN 顾问式对话技术”，这是个非常重要的补充工具，将在第七章的“痛点”章节进行论述。

三大法宝

龚炎教授在《精益创业方法论》一书中提到的主要思路和脉络，结合在现实中使用的频率，其中最重要的三个主要法宝是：“最小可用品”“用户反馈”“快速迭代”。

一、最小可用品，指将创业者或者新产品的创意用最简捷的方式开发出来，可能是产品界面，也可以是能够交互操作的胚胎原型。它的好处是能够直观地被用户感知到，有助于激发用户的意见。通常最小可用品有四个特点：体现项目创意、能够测试和演示、功能极简、开发成本最低甚至是零成本。

二、用户反馈，指通过直接或间接的方式，从最终用户那里获取针对该产品的意见。通过用户反馈渠道了解关键信息，包括用户对产品的整体感觉、用户并不喜欢/并不需要的功能点、用户认为需要添加的新功能点、用户认为某些功能点应该改变的实现方式等；获得用户反馈的方式主要是现场使用、实地观察。

对于精益创业者而言，一切活动都是围绕用户而进行，产品开发中的所有决策权都交给用户。因此，如果没有足够多的用户反馈，就不能称为精益创业。

三、快速迭代，是针对用户反馈意见以最快的速度进行调整，融合到新的版本中。对于互联网时代而言，速度比质量更重要，用户需求快速变化。因此，不追求一次性满足用户的需求，而是通过一次又一次迭代不断让产品的功能丰满。微信在第一年就发布了 15 个版本的记录。

精益创业带来的三大优点

一是快速，在精益创业模式下，所有的创新行为和想法都必须在最短的时间内呈现出来，抛弃一切暂不重要的其他功能，把极简的功能展现给用户，无论成功或失败，都能够以最快的速度知道结果。

二是低成本，过往“十年磨一剑”式的长期研发，其最终成果推出之后，有可能发现花费了大量人力、物力和时间所开发出的产品，并不是用户所需要的。这种巨大的浪费除了会给创业者、企业带来极大的经济损失之外，还会对团队的士气形成巨大打击，不少团队成员会纷纷出走。而精益创业所采用的“频繁验证并修改”的策略，则可以确保不会在用户认可之前投入过高的成本。

三是高成功率，虽然创新充满风险，成功系数低，但也不是没有套路可遵循。按照精益创业的模式，从“最小可用品”出发，过程中每一次迭代都可以寻找用户进行试用，了解用户对产品的看法，寻找产品的不足和用户希望增加乃至修改的功能点。当一路上持续遵循用户的意见进行开发后，项目组不断纠偏的成果就是产品越来越符合用户想要的效果，而不是开发团队闭门想象的样子。通过持续的“测试—调整”以及快速迭代，创新的成功率能够大大提升。

基于我对精益创业的理解，在 2013 年就建议每一个企业都应该设置“首席验证官”的职位。对于企业来说，需要一个人担当这个职位来中肯地思考和评价创业过程每一个节点，特别是产品的可靠性。这个职位我觉得比什么都重要，因为这是企业的命脉和根基，作为创始人或者产品研发的团队往往都很自我，活在自我的状态中，对常态的场景理解和感受就会被蒙蔽或放大、扭曲，个体的感受不能替代群体的实际状况，应该由天使用户、种子用户去体验其中给出客观的反馈才是安全之道。

方法论三：社群运营

商业发展至今，折腾来折腾去无非就是要解决从偶然购买到重复购买再到必然购买的问题。

在北京一次私人聚会中，我和《知识分子》栏目发起人老纪以及微创新创始人金错刀一起探讨社群的价值，讨论来讨论去，社群无非就是对三件事很有价值：一、拓客的成本；二、转化的概率；三、复购的可能。我们今天关注的社群基本都属于商业社群，大家在运作中也都尝试实现社群电商的变现。无论过去的哈雷、乐高，还是今天的一条、二更等社群，本质都是一样的，但是效能却因为移动互联网带来的连接而产生了巨大改变。在未来的三年内，很多不靠谱的社群会消失，但一定会留下一些非常有价值和有意义的社群，每一个社群的背后都有着明显差异化的诉求。

今天我们看到的商业，基本都是在人与物的交互迭代中进化的，商业的核心三要素人、货、场一直在商业的演进中升级。移动互联网时代下，我们从传统的物理空间转向了虚拟空间，与其说是空间的转化不如说是时间的占领。

在物质文明丰饶的今天，细分的场景和解决方案竞争也越来越激烈，影响购买的要素除了便捷、安全，彰显的更是心理诉求。实际的商业演化，除去那些如罗辑思维等已经积累很多运营经验的社群之外，还有更多小众的社群如雨后春笋般出现。在连接之下的用户关系重构让所有的商家都开始发现和发掘可以在更具人格化的服务中实现高黏度、高频次、高转化率的产品和服务。

由社群带来的三点认知：

虽然过去也有社群概念，但如今的社群和过去所谓的社群是有本质区别的，带来的也将是史无前例的变革。

一、社群由异质性群体向同质性群体转变。今天的社群和过去的社群最大的不同，就是曾经的社群基于地缘和亲缘关系建立，而今天我们的社会正在由一个小的熟人社会迈向大的陌生人社会。社群不再是过去定义的社群那么单一，更不是所谓的兴趣小组，社群内除了一致认同的价值观、方法、规则以及一致性行为之外，同时产生消费、学习、精神认同、交友、情感甚至简单的社会保障，社群从既有的社会结构里裂变出来，同时新组织化。移动互联网技术打破了时空限制，重构了社会结构，我们熟悉的世界，注定将一去不复返。

二、社群重构了人际互动模式也重构了商业模式，甚至政府治理也受到了冲击和挑战，至于传统商业及其运作模式那是肯定越来越玩不下去了。移动互联网时代下的社群，也更注重人的社会性，在生态构建中，很自然地会实践马斯洛需求层次理论，将社会逐渐改造成一个个精众圈层的组合。

三、非线性发展将成为主导，碎片化重塑价值，而不确定性恰恰将成为主流社会的进步模式。社群中的用户互动，带来的商业结果和方向不仅仅靠所谓的预先设计，一切都是自发而成最接地气的。

本质上社群拥有的并不是人群本身，而是同一类精众人群之间的连接。社群内的强关系有利于执行，社群内的弱关系有利于创新。越开放的社群对自我能力越肯定越自信。

在未来，我们将面临从产品经济推向体验经济，从屌丝经济转向中产经济，从个体经济迈向共享经济的三大改变，其中社群经济，赋予产品非常巨大且不可替代的价值和意义。

对于社群运营有三点特别重要：

一、价值观和理念。

一个卓越的社群需要的是一个开放的胸怀，因为开放之下才能获取资源并实现内外价值的融合和反哺。开放也是一种能力和态度。

对社群运营，我始终坚持的理念是：导因不导果。社群发起人在导入平台机制和规则方面要有更多担当。在社群运作中甚至需要适度失控，因为唯有失控才有可能出现边缘化的创新。

二、价值导向。

我们所谈的社群本质是消费型社群，旨在通过社群的运营实现价值的获取，因此在运营的导向上是需要深入探索的，社群不是喊出来的，而是做出来的。没有价值属性的社群都将灰飞烟灭。社群基本有三大属性：

（一）情感联结：毋庸置疑，社群是由一群基于共同理念、意志和价值主张的精众人群构成的。在社群中，个体之间往往基于共同的价值观而建立情感联结，在交流和沟通中彼此建立信任关系，在感染和协作中释放能量，由此产生的聚合效应便涌现出惊人的商业价值。

（二）利益联结：就本质而言，社群本身就是一种组织形态，社群经济就是一种商业生态系统。要想确保这一生态系统得以正常运转，社群内部的任何一个个体都能创造价值、获得收益，而且这一生态系统还需要保持一定周期的更迭，从而保证生态系统的稳定性。

（三）范围经济：社群粉丝经济是后工业时代的产物，换而言之就是由“规模经济”向“范围经济”演变的一个结果。因此，社群往往具备自然生长、自然消化、自然复制、自然规模等属性，而不是以“中心化”引擎来发动，这是未来商业的自觉。

其实在社群运作中，价值输出是关键性指标，如果一个社群没有价值输出，那么喊出的任何口号和理念都是昙花一现、水中捞月。

三、运营方法。

社群重运营，这和纯粹的粉丝经济是有很大差异的。粉丝经济下的中心化易于集聚一群人，但也容易出现中心化下的危险和挑战。而真正的社群经济是不太依附于某一个中心的，更多的是众人搭台、一起唱戏的状态。

（一）首先谈社群“魂”的问题，也就是定位问题。任何一个社群都是来源于一个价值原点，换句话说，在运营社群之前需要首先确认社群的DNA。

社群为什么需要界定DNA？

因为你如果没有DNA，就导致别人没有办法更好地找到你和别人的差异，也会导致大家没办法去识别你。无论你是基于一种情怀、一种理念、一种兴趣、一种产品、一个品牌，还是一种价值观甚至一个人，基于这个价值原点而形成的社群必然会有这个社群与生俱来的DNA。

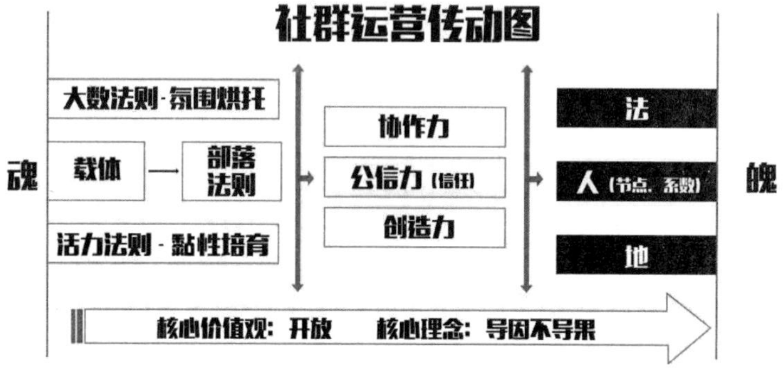

当然基于产品而形成的产品型社群现在比比皆是，大家都明白今天我们之所以买东西已经不是单单满足一个功能性需求而已，很多时候来自于我们对自身的一种自我识别，买的东西其实是为了强化这种识别。现在人们很讲究一个标签性，叫物以类聚，人以群分，我们买房子很多时候是要看跟谁在一起，我们去旅游也看跟谁一起出去，游学也是一样的。所以今天在产品极大满足的前提之下，我们对于个性化需求的感情诉求也将越来越多。

当然过去我们做品牌，也讲究人格化。在品牌营销里面，所有的品牌都有十二种品牌原型，每一个品牌都可以找到某一类可以区别的人格体。移动互联网下的品牌更彰显人格化，因为移动互联网让人实现更简单更便捷的连接，而因此带来的传播和互动远超过去的时代。基于碎片时间的占有竞争，越非主流和小众的市场越容易集聚一群人，而作为品牌创始人则常常需要承载其中的职责，用强烈的人格化实现用户的认知和黏性。维珍集团创始人布兰森就是非常典型的例子，用自己强烈的人格化实现了维珍跨行业的品牌复制，并且在此过程中一点也不突兀，相反更容易实现用户对维珍阶段跨界的识别和期许。

回到定位，无论是产品型社群还是情怀型社群，都需要一个统领的诉求点，否则混淆一片会让用户无所适从。这个诉求点基于一个产品、一种行为、一种认知背后的标签或者理念，甚至信仰，总之因此而能够找到同一类人。

总之，核心诉求或理念就是社群的DNA，这也是成就最后可落地的差异化来源。如锤子手机的“工匠精神”，这是追求完美的一种精神。还有罗辑思维的“爱智求真”，确实里面凝聚了一群追求真理和真实的年轻人。

前不久去厦门和一个朋友聊天，他谈到花了一些钱做了一个社群，聚焦喜欢健康运动的人群。乍一听似乎有点意思，但是实际上这个定位的人群太大了，游泳是健康运动，马拉松、酷跑、滑板、网球、高尔夫都是，这样一看就知道很难找到愿意深度融合进来的人群。定位就得缩小，越聚焦越有凝聚力，也容易找到一类种子用户，并由此实现以点带面、以面带面的可能。

（二）载体。

再好的理念诉求也需要一个具体的载体。李善友的颠覆式研习社选择的是极致演讲作为载体，而罗辑思维选择的则是书。在载体选择上最好有适合移动互联网运作的特征，这个特征就三个：强关系、轻决策、高频次。

佛教也算是一个大社群，它选择的是“香”作为载体；而基督教则选择了那本叫作“圣经”的书。这些“刺激物”会有利于社群黏性的增强。

（三）三个法则：大数法则、部落法则、活力法则。

大数法则：社群无论在构建期还是在发展期，用户（粉丝）当然是多多益善。前面说过整体大于部分总和，即使是团结起来占便宜也是有价值的，只是需要在保障黏性的前提下。所以很多社群一开始迅速集聚一群人，当然也有少数先从真正的粉丝开始步步为营地推进，无论哪一种，都需要内核的凝聚力，否则就如同滚雪球一样，很容易一碰就碎，复原无戏。当然，无论如何，社群都需要品牌外溢效应，唯有外部的关注才有社群价值反哺的可能，社群的知名度和门槛对社群吸粉或筛选粉丝是非常重要的。

部落法则：一个优秀的社群运营绝不可能是完全中心化，犹如高铁能够做到高速运行而绿皮火车不能一样，高铁每一节车厢都有动能，而绿皮火车全靠车头带动。所以好的社群应该是多中心化运营、多势能驱动，因此鼓励形成更多的功能型或情感型内部部落，是帮助社群走向更好发展的保障。

活力法则：社群需要黏性，那么如何才能做到黏性的激发呢？有一个办法那就是线上线下多做活动，当然基于任务的激发更有效。打麻将也并不是一定要等到对对和清一色才去和，大牌小牌能和就是好牌。

除了以上部分，社群运营还需要协作力、公信力、创造力，三者一起推动保障社群的良性发展。

社群重在运营，要推动运营的落地就需要粉丝之间的协作，进而创造更多的价值，而公信力则是保障，无论是熟人背书、权威背书，还是明星背书都是信任背书，没有信任背书下的公信力，协作力和创造力就无从谈起，也无从实现。

社群四要素

社群讲究四个要素，这也是构成社群主体的关键部分：人、法、地、标。

人：社群里面有很多不同人组成的人群，有发起人、领袖、粉丝（骨粉、铁粉、普粉）、围观者、路人、黑客等等，社群在运营中也常常通过微信群作为工具和桥梁。在使用微信建群的时候我们也常用开放群、半开放群以及封闭群作为对社群成员从路人向骨灰级粉丝过渡的工具。但是微信群始终只是一个工具和桥梁，当社群大了，有足够多的群的时候，会出现管理上的压力和混乱，而且也无法打通群与群之间的连接和信息共享。因此任何社群迟早都将创建属于自己的地盘，或轻应用或app，只有这样才能做更有效的管理和服务。当然基于社群运营如果要做app，也当一切以服务于现有的用户为首要任务。

法：法是指社群中的仪轨和规则。传统PC端是没有门槛的，而移动端的社群是门槛很高的。除了会员费这样的门槛外，对于认不认可一个社群的价值诉求是很重要的标准，如果你不认同，那么给你钱你也不一定愿意待在一个社群内做互动，但是如果你非常在意和认同，那么不但收了你会员费甚至让你服从一些规则和仪规你也愿意，甚至有时候你会愿意主动付出更多。比如初心会里有个叫宗仁的会员兄弟，很像研习社里的笔记侠，在每一次分享的时候，总能同步做记录并整理出分享的内容共享给大家，甚至还在2016年春节期间花上大量的时间帮助整理和校对各类信息。这些是在社群运营中出现的自发行为，并且是社群中才会出现的非常重要的现象。要实现这些好现象首先得保障群内的运营有序和价值输出，否则不但实现不了这种自发行为，还容易因为氛围的破坏导致整个社群会员的不公平感，以致出现会员的逃逸。在一个社群里小到发广告配红包，大到做在线活动配流程等等都需要在运营中不断地迭代社群运营的标准工具。

地：是指社群在线上线下互动中涉及的载体，社群通过线上的“快”和线下的“真”实现O2O模式的服务打通。除了社群在线上做到基于场景定下的一些固定格式的主题活动，在社群发展到一定阶段，线下也是需要设立固定的地方作为“道场”的。做社群没有自己的道场，那是不具备足够的影响力的，虽然初期不太重要，但是一旦形成气候，那就得及早落实，这样更容易让粉丝有黏性，并成为社群成员活动行为的认知落点。

标：指的是标签。但是标签也是需要承载物的，承载物除了社群变现的需要之外也是产生社群成员黏性的需要，标签的强烈识别性是社群成功运营的重要基点，标签不给力，社群就没戏。社群所有的运营在实践中都是全部紧紧围绕在那个识别的点上的，那个点就是社群旗帜背后的核心理念。

（四）社群构建四部曲。

简单地说社群运营，一般分四个步骤：

第一步：找到理念，即提出一个（最好是有格调）诉求。这个诉求，一定是基于用户，要有很强的标签，不只是基于一个功能，而是基于一个理念。凡能做起来的社群一开始都是非主流定位的，越是小众越容易建成社群。

第二步：构建雏群，找到契合的天使用户初步建群，筛选出种子用户，并基于其中成员和自己的团队建立好简要的组织架构，基本涉及群主、小秘书、功能性模块负责人。这里功能性模块负责人很重要，如果一直都是群主自己来，相对来说会出现审美疲劳以及价值递减的情况，除非群主有超强的人格魅力以及运营内容，当然背后也许会有专业化的团队。最好的做法就是在初期计划好功能性模块以及对应负责人的工作，并陆续引进更多“达人”的投入，推动多势能驱动。

第三步：打造载体，其实是最考验、也是最重要的阶段，就是尖刀产品落地。这也是社群的核心载体，在这个阶段千万不要贪婪，要重度聚焦，把它有效落地，这是生生不息的基础。第三环节也是最关键的，尖刀产品作为核心价值的载体，正常情况下它的特征是高频次、轻决策、强关系的，这也是最符合移动互联网的运作特征。第一关是鬼门关，因为打造一个强口碑、高竞争力的爆品，绝不是一朝一夕的事，那确确实实需要摸索和打磨。

第四步：构建生态。延伸的生态圈既能增加社群价值也能保护核心价值，第四步也是巩固阶段，保障社群内的用户价值。

此后就是不断迭代升级的过程了，这也是一个漫长但又不断出现惊喜的过程。做社群你得喜欢并死磕其中，重运营意味着对于社群会员来说，他们能否得到价值并从中获取持续认同感，是需要你不断地投入并提升社群的格调与影响力的，而内容运营则往往是一个最具挑战的大问题。

特别提醒：所有的产品型社群都需要关注业务线和感情线并重，否则将后继乏力。

在社群的实际运营中，前期的地基非常重要，在前期跑出一点距离后，需要“反营销”，在测试、反思中找到社群的核心价值，进而升级优化。很多社群持续不断地一股脑儿推动，但人与人的连接没能有效落地，社群核心价值不能有效呈现，这样将出现后发无力的情况。好的社群都是自生长出来的，不是营销出来的，所以做社群的重度运营确实很关键，前面的重是未来后面的轻，如果前面偷懒贪于轻，那么后期就肯定出大问题，构建得快、发展得快，逃逸和解散得也很快。今天充斥于全国各地的无数社群，绝大多数在第二年的续单上是存在巨大挑战的，也会有很多头脑发热的人投身其中，但做着做着就因为发现运营和变现的挑战，最后无法坚持而放弃。

扫描二维码
给你听一首歌

第三部分

反传统创业行动秘籍

第六章

FPC运作模型

导读：反传统创业涉及四个关键性的表现目标阶段，即定位、产品、社群、联盟。这四个阶段始终都需要牢牢聚焦在用户价值上。

对于运作一个项目，没有什么比发现用户痛点、满足用户需求更重要的，这既是成功的关键，更是实现企业价值的关键。那么基于用户痛点，如何推动四个不同阶段的目标呢？本章着重基于FPC模型做具象化的说明。

FPC反传统创业模型

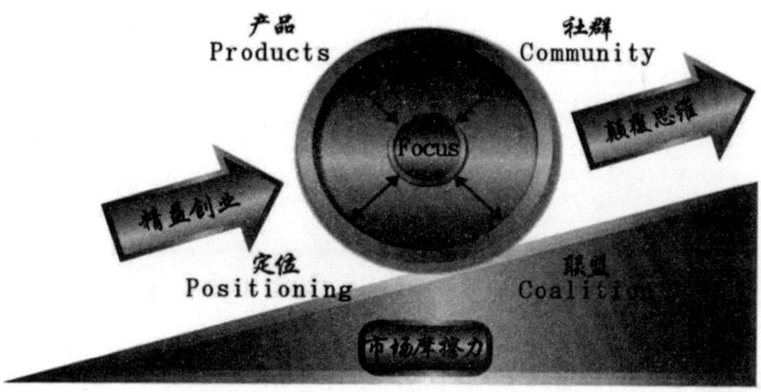

聚焦痛点

创业，本质上是创造用户价值。从创业项目开始的第一天起，就需要聚焦。聚焦用户价值，同时还要兼顾行业规律和时代趋势。

用户价值从哪里来？要么是解决用户的痛点，要么是满足用户的痒点，所有的消费要么是追求快乐要么就是逃避痛苦。相对来说如今的传统行业诸如餐饮、酒店等更关注从痒点的角度创造价值，比如桔子水晶酒店在智能化设计上赢得细分行业的竞争。但从更多的行业来说，还是基于聚焦用户痛点的创新更多。需求就是“愿意支付的需要”，所以从用户出发，解决用户痛点是反传统创业的首要前提。在实际运营中，痛点和痒点有时会并行，痛点解决，刚需满足，而痒点则保障运营的黏性。

在我创业的历程中，越来越发现好的创业项目都是基于刚需而产生的。非刚性或者某些情怀类的产品和服务变现起来还是有一些挑战的，从产品上说最具竞争力的产品特征是：刚需＋设计＋情怀。

今天看起来许多很大的企业都是从解决一个简单的痛点或者痒点开始的，没有哪个大集团或平台一上来就一股脑儿地做一堆解决方案，事实上能把一件小事做透，在移动互联网下更是一个大生意。

大家熟知的 Facebook ，就是由当时还在哈佛大学主修计算机和心理学的二年级学生扎克伯格突发奇想，建立起来的一个作为哈佛大学学生交流的网站。只用了大概一个星期时间，扎克伯格为它起名为 Facebook，如今它已经成为市值几百亿美元的企业，而最初也只不过用来解决大学生无聊之下的交友问题。

对于一家初创公司来说，愿景使命固然能够激励前行，但是确认和企业息息相关。保障企业能否活下去的，还是这家企业是否真实地解决了用户所遇到的烦恼和问题。

有一个前惠普公司的高级产品经理基于他在惠普的亲身经历，写了一本《启示录》，其中记载了对于无视用户做产品的一段“事故”：

> 我们辛勤工作一年多，牺牲了无数夜晚和周末，开发出符合惠普严格品质要求的产品。把产品翻译成多种语言，实现国际化。我们还培训销售团队，向媒体进行展示，收到了良好反馈。我们发布产品后，以为万事俱备，开始庆贺。但是，结果居然是没人购买我们的产品。人们并不需要它。
>
> 我们自己所想象的解决方案，永远不是真实的解决方案。我暗下决心，除非知道产品是用户需要的，否则我再也不会盲目地投入进来了。

对于一个项目虽然我们常常提到要做商业计划，但是再完美的商业计划在没有和用户真正接触沟通之前，一切都是不确定甚至是一无所知的。

很多企业的失败不在于它的商业模式不成立，而在于确认它的商业模式成立之前，它所有的资源已经完全变成沉没成本、消耗殆尽。

因此，所有的创业行动都必须聚焦在用户价值上，简单地说就是牢牢地聚焦用户的痛点并不断地挖掘和满足它。

当然，在发掘痛点聚焦用户价值的同时，也需要关注趋势和规律，因为我们需要一个有想象空间且有未来的事业，否则一开始就顶到了天花板那可能无法激发持续工作的热望。

用户的价值是指引所有企业成长的明灯，一切以此为基点，企业便无往不利。

差异定位

在确认一个切入点推动的同时，需要清晰的定位。定位能够更有效地实现区隔，同时也能让社群实现有效的品牌溢价。

比如“罗辑思维”定位为影响力最大的互联网知识社群，核心理念是：爱智求真。口号是“有种、有趣、有料”。倡导独立、理性的思考，推崇自由主义与互联网思维，凝聚爱智求真、积极上进、自由阳光、人格健全的年轻人。

“颠覆式学习研习社”的定位是互联网第一学习社群，是一个自发式的学习组织，是由李善友和中欧创业营共同发起的一个学习社团。它给创业者创造了一个广阔的平台，发挥大家的智慧，一起学习和践行。当然如今升级成混沌研习社，更加聚焦最前沿的互联网创业知识和方法论。

在定位上必须具备非常清晰的差异化，才能让用户有效识别，进而演化成垂直细分的竞争领域。

比如小米社群是一个典型的产品型社群，坚持“为发烧而生”的产品理念和差异化定位，进而融合对小米文化、价值观有认同感的人，推动崇尚创新、快速互联网文化。

锤子手机则是来自于罗永浩完美追求的“工匠精神”和形成的初步定位，都是做手机，小米和锤子在导向上一开始就彰显出各自的诉求。

而从 2013 年至今出现的众多社群，特别是学习型社群，除了分享就是分享，最多是人不同而已，绝大多数都没有定位，更别提差异定位了。同样属于学习型社群的初心会，在经过多次斟酌和测试后，特别是在维珍集团创始人布兰森创业经历启发下，最后定位为“推陈出新、不拘一格”的“反传统”创业学习社群，“反传统”是初心会的核心标签，“推陈出新、不拘一格”是初心会崇尚的创业精神，初心会用“以书会友，致用以学”的理念连接富有情趣、创新求变、敢于挑战的新生代创业者，一起用“反传统”的创业思维和方法在移动互联网的时代更稳健、更有效地借势创造人生和事业的成功。在选择的载体和落地路径上，初心会通过集合出版社和作者，借助于对最前沿最实战的创业书籍的解读和分享，推动新生代创业者彼此之间信任、互助和成长，进而以此搭建出移动互联网时代的商业精英众创平台。

总之，一切唯有聚焦用户，并以用户需求导向作为落点，寻找可以重度垂直的细分市场，步步突破，才能在这个全新的移动互联网时代创造出一片新的天地。还是那句话，再小的点，如果做透了，也有可能形成一个大平台。在后面章节提到的同程网的“1 元门票”战略以及凯叔讲故事的“睡前故事”定位，无不证明着这是一个新兴的商业时代。

产品设计

产品的推出是有节奏的，但是首先推出的必须是尖刀产品，因为只有尖刀产品才有引发尖叫、实现口碑传播并做到获取用户的可能。移动互联网之下，如果不能实现口碑传播，那么你的推广即使花了钱也不会达到满意的结果。

要实现用户自发的传播除了本身呈现出的“尖叫点”之外，一个很重要的问题，就是要在设计上开放给用户有效互动的环节，让天使用户有强烈的参与感和体验感，这是激发传和播的关键。天使用户们传的是信息和价值，播的是种子和认知。

在产品设计上我们都知道要关注痛点，但是也有许多成功的品牌是因为痒点的满足实现商业变现，特别是餐饮业，比如我们曾举过的 El Bulli（牛头士）餐厅案例。

那到底什么是痛点、什么是痒点呢？简单来说，逃避痛苦的就是痛点，追求快乐的就是痒点。尖刀产品就是要么帮助用户逃避痛苦，要么就是帮助满足用户获得快乐。

举个例子：传统的插线板我们使用了多年，并不存在明显的痛点，更不要说满意度和尖叫感。国外有个女大学生因为她的平板设备太多，笔记本电脑、相机、智能手机、移动电源、桌子、音响等，每样都需要插电，通常笨重的电源板浪费了很多不必要的空间。为此，她设计了甜甜圈形状的插线板，方便携带又有更多的插口。那才是一个惊艳，不但小巧方便，更是功能强大到震撼。这样的插线板的设计，可以说得上是把插线板当艺术品来做，让生活更美好。当然这自然也是企业无往不利的利剑。

不过话说回来，早期企业的突破可以用一个产品冲出势能，但企业不能只靠一个尖刀产品保障基业长青，从发展上来说往往还需要更多的产品组合来丰富提升企业的系统服务能力。

基于产品型社群，常见的组合产品有四类：矢量产品、销量产品、流量产品、增量产品。这四类产品角色不同，功能不同，产生的价值也不同。

矢量产品，往往聚焦企业的核心理念和核心价值。矢量产品有时也是尖刀产品，甚至还是免费的或者不挣钱的，比如罗辑思维的每周视频或者每天一分钟的语音分享。对于小米来说，小米手机既是尖刀产品同时也是矢量产品，而红米则是销量产品。对于一些学习型社群来说，矢量产品常常代表着核心会员服务产品，比如初心会的 1991 会员，这是基于反传统创业智慧的组合解决方案，线上的无数次分享以及线下的大课与游学，包括每月准时寄到的里面装有推荐最前沿的创业书籍的初心盒子，这是一个不赚钱的产品服务，但是作为矢量产品，却深度代表初心会核心粉丝的需求。

销量产品，则常常意味着社群最能产生销量的产品，如罗辑思维独家运作出版的各类书籍。锤子科技的坚果手机也算是销量产品。

流量产品，这类产品往往基于某个硬场景的需求，这是为了丰富用户价值或者增加用户黏性，甚至是为了获取用户而产生的产品，比如小米科技推出来的 99 元耳机和 79 元插座。这类产品常常都有一个轻决策定价（100 元左右的价格），起到的是对核心价值的辅助作用，这类产品往往是薄利居多。

增量产品，这是频次比较低的产品，常常承载着企业品牌形象，价格相对比较高。但是它可以补充对高价值用户的增值服务。比如初心会的众创营，每个季度开一期，每一期控制在 15 家企业（一般也就十几个人），每月两天一夜的深度学习辅导，持续一年，一切靠结果付费。这既是为骨灰级粉丝而做的服务，同时也是寻找和服务劲爆项目的孵化器，当然这个重度服务的核心价值虽然不是为了盈利，但是会为初心会的口碑和影响力带来非常有力的回报。对于增量产品，有时候在社群里还可以借助众筹模式实现销售和推动。

在传统行业里，企业常规性的产品规划往往用飞机模型做类比，我们一起对照一下其中的异同。

机头产品指形象产品，高毛利高价格，能提升品牌形象。机身产品是利润产品，企业营收的主要来源。机翼产品是销量产品，利润很薄，但是能够冲量，在某种程度上因为采购量的增加可以更好地拥有市场资源的话语权并控制成本。机尾产品主要是补充产品，特别是在竞争中常常出现，有时是为了骚扰竞争对手而增加的，有时是为了增加品牌黏性和保护力而创造的，机尾产品有时因为竞争的需要甚至需要补贴。在这里，机头产品等同于前面说的增量产品，而机翼产品等同于销量产品，机尾产品有点等同于流量产品（这里在功能上还是有差异的，机尾产品的核心目的是骚扰竞争对手，而流量产品的核心目的是获取用户）。矢量产品和机身产品最大的不同之处在于，矢量产品在移动互联网时代下有时是可以免费甚至亏钱的，因为这是获取用户的关键，而传统企业的机身产品则是利润的主要来源。

移动互联网思维下的企业收入已经不完全靠某个竞争产品的差价模式而获取价值回报，因为如果移动互联网之下拥有足够用户的话，一样也能从整体的关系角度实现回报，此外也有靠资本估值变现而获取回报的。事实上在移动互联网下的具象的盈利模式往往是你无法预期和设计的，因为你设计不出来，唯有在做的过程中方能找到突破口，无论淘宝、猪八戒网还是今天的微信，都是在实践的路上成长起来的。

综上所述，作为创始人应该针对企业实际情况做合适的定位和归类，在市场的推进中恰到好处地找到一一对应的产品角色来保障企业的成长。

在移动互联网之下，大家对尖刀产品如此关注都是因为了解用户的价值，挟用户以令市场这基本上已成为共识。过去生意的成交往往意味着关系的结束，而如今生意的成交则意味着关系的开始，为此，大家都挖空心思打造产品、运作产品，努力为用户的获取全力以赴，常常挂在嘴边的“苹果品质、亚马逊价格”也是追求用户的一种有效路径。当产品能够成为入口载体，口碑就是传播最重要的利器了。

要让经营的产品都成为爆品并非易事，爆品是做出来的不是吹出来的，希望下面的案例可以给大家带来一些启发和思考：

一、大冰的书。

这本书我是在一次出差中无意从一个便利店买到的，很有意思的版面设计，很打动人的书名和封面，买完不知不觉就看完了。里面写的都是一些大冰在四处流浪中遇到的真实感人的故事。流水账式的写作，没有特别的文采、清晰的主旨，但里面有真实动人的情节和活生生的人，看书的同时，还可以扫码听听那些原创且干净的歌，长期浸淫在商业氛围中的我呼吸了一口新鲜空气。这本书销售量高达 150 万册。

作者大冰继畅销 80 多万册的处女作《他们最幸福》以及销售超过 150 万册的《乖，摸摸头》之后，又出了第三本书《阿弥陀佛么么哒》，而这本书前三个月销量就达到近百万册。

大冰到全国众多大学做分享，每到一个地方，都会有学生说看完大冰的书想去流浪。大冰总是说：“我写的是江湖故事，不是旅行文学，别老是读完我的书后盲目地辞职、退学去旅行，一门心思地玩放弃，什么说走就走的旅行、不负责任的旅行都是扯淡，打哭你信不信？”

对于大冰这个作家来说，他的书就是一个又一个爆品，抛开他的微博营销、渠道合作，成功的关键还是其产品本身，而其成功的最重要的原因无非就是一个：强内容。里面全部是原创并且也是足以打动人心的故事，伴随着你的阅读，把你从一个喧嚣浮躁的城市状态带入一个自在自然却又起伏悸动的流浪生活情境里，当然其中贯穿着的是正能量。

我们需要思考做好产品背后的逻辑。差异化是基础，但是不同之处要能够满足众多用户的心理需求并且还能激发用户的口碑，唯有强内容，才能在信息泛滥的今天长盛不衰。

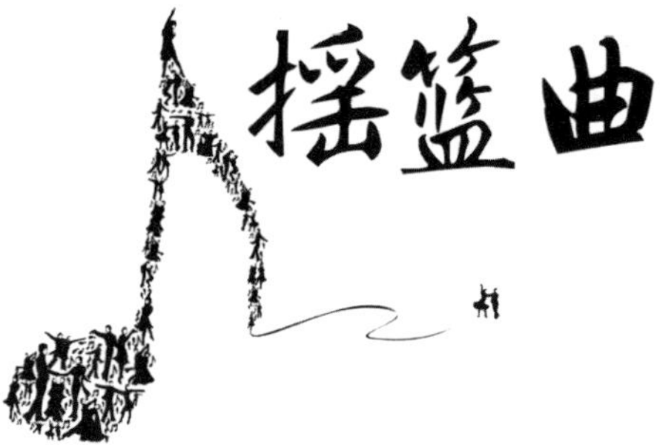

扫描二维码
给你听一首歌

二、涂色的画册。

《秘密花园》的流行来自海外,《纽约时报》曾报道称,涂色书《秘密花园》自 2013 年春天出版以来已经翻译成 22 种语言,全球销售超过数千万册。

“不是在涂《秘密花园》,就是在买《秘密花园》的路上。”有人在朋友圈里这样调侃这本风靡全球的涂色绘本。是的,你的微信朋友圈一定也曾被这本绘本占领过。

还有更多的人将这本书形容为“无字天书”。然而就是这样一本黑白线稿的涂色书,竟然能在成人的世界掀起波澜:一上市就卖得三家电商京东、当当和亚马逊全部断货,在此过程中不少明星居然也纷纷上传自己的涂色作品。

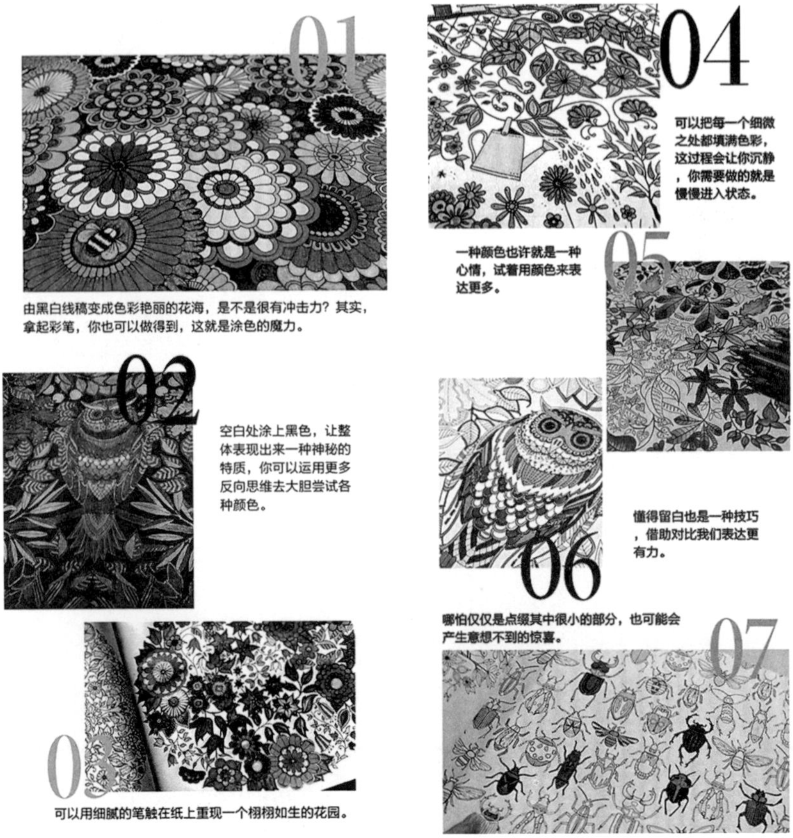

这本书在中国卖了大概有1000多万册，从我听说到第一次在公司的小女生手中看到，我都没有弄清楚为什么这本书能大卖到这种地步。有人说这是减压的工具，有人说这是提升专注的办法，还有人说这是联结社会增加自我认同感的载体，大家说法不一。那么其中真正原因是什么呢？或者此时很多人的购买是基于从众心理，但第一批的种子用户又基于什么呢？

我思考的结果是两个要素：一、简单中的体验感；二、内在的分享表达。

在涂色的时候这样的体验感非常直接，移动互联网带来的快节奏让越来越多的人渴求一种慢生活，而在涂色的这段安静时间里，拥有一种心理满足，而不同的参与者的体验又因为自我的传播产生表达和互动从而增进了认知强化，推动着其中的价值感。

这个案例让我们理解在产品设计上如何洞察用户内心渴望和体验需要，同时又能激发用户社交表达，这是做爆品的重要逻辑。

那么你的产品是怎样的，有什么样的差异化，能做到和用户怎样的互动，又能产生何种不同的体验，这些都需要在实践中不断探索。

简单地总结一下，爆品在构建上需要关注三点：一、强内容，原创的强内容。二、重体验，强烈的体验感。三、利社交，分享驱动下的社交行为。

至于爆品的标准，也是仁者见仁智者见智，我的理解是：一、高逼格，必须独一无二，独树一帜，有强烈的差异化。二、高品质，需要足够的品质感、设计感。三、高性价比，能够提供一个具有激发力的购买价值。

为什么我把高性价比放在最后呢？那是因为这是一个参考条件，不是必备条件，比如苹果就是典型的高价格爆品，出厂价成本1150元，销售价6000多元。所以爆品不一定就是低价，只要你的产品有冲击力。

好朋友金错刀曾经分享过一个爆品案例。这是一个关于小饰品领域的产品，完全是软需求，但是在双十一的时候，通过增加了一个打孔注入檀香的设计功能，再加上足够好的用料，辅以直接的使用场景，最后在双十一居然卖了 1500 多万。从这个案例看，确实有很多产品都有打造爆品的空间，就如同前面谈及的“甜甜圈”插线板一样，关键在于你是否拥有一双有洞察力的眼睛。

对于产品的打造并不只限于产品本身，还有产品背后的情感、兴趣。

石油、机器、品牌、广告等都是工业时代的代名词，而今天互联网时代强调情感、兴趣、自我，这些是互联网时代的代名词。

曾经诺基亚、摩托罗拉的技术不差，为什么在这个时代倒下。因为它没有打造创新的产品，它不能以用户为中心。这个时代真正进入了以用户为中心、产品为概念的创新型产品时代。

产品思维也需要动态思维，今天的企业都要关注痛点、痒点、尖叫点，你能让别人尖叫吗？尖叫本身是一种用户情怀，唯有实现强烈的认知失衡，才会产生尖叫，比如看到特斯拉会尖叫，因为太酷了，且不用油；看到小米手机会尖叫，因为太实惠了，花一千多元就能买到一个如此好用的智能手机；看到乐视电视会尖叫，因为太实惠了，而且还能看到足够多的节目和频道。这些都是新时代打造产品时所需要关注的。

创新产品的设计流程

如图参考洛可可在创新产品实践中积累而来的方法论。

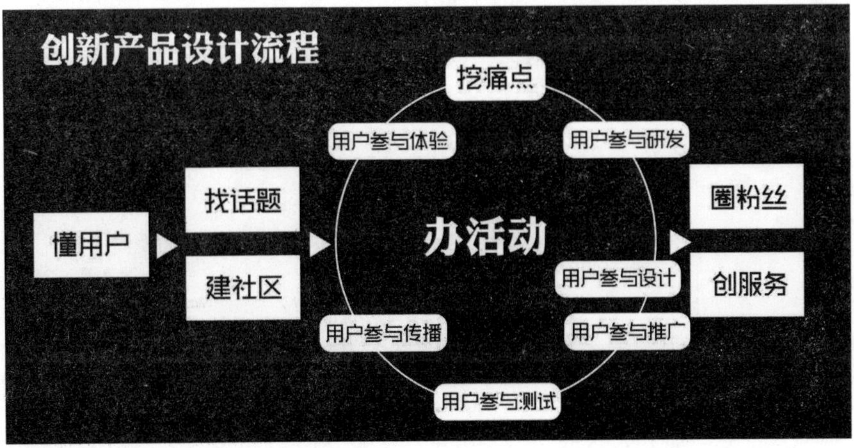

我们从图中很清晰地能够看到用户成为洛可可产品创新过程中的参与者和体验者。这种动态的生态组织将越来越成为主流趋势。

接下来如何预埋参与感下的互动效果，推动产品营销呢？下面我用图给大家做一个思维上的解读。

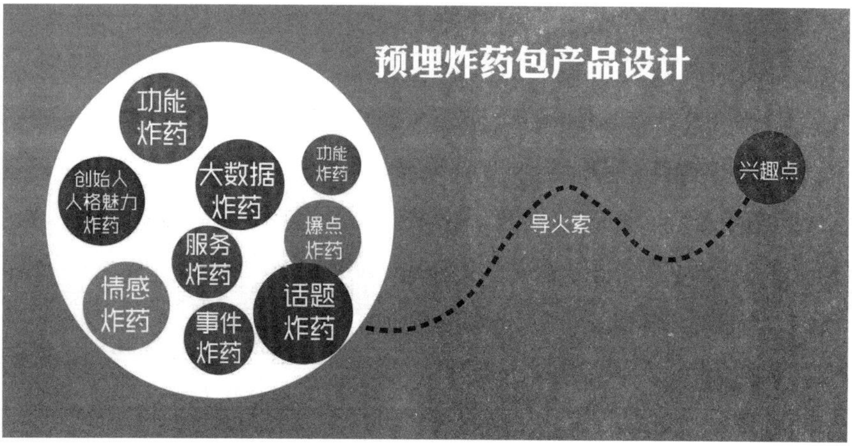

如何做产品营销

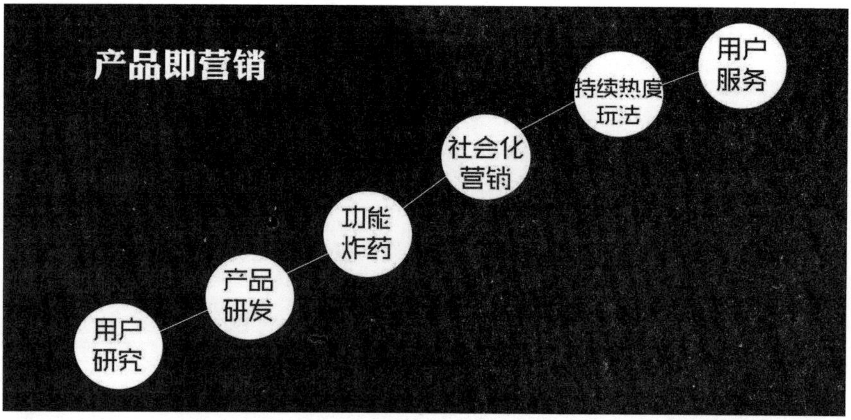

再好的产品如果没有产品营销推波助澜，那影响力也是有限的，好的产品也需要好的营销推动，而倚靠口碑传播则是最有效的途径，没有之一。口碑传播的实现是来自层层递进的步骤规划，你的产品在投入创

新之后，是否也做到如此有层次、有节奏的步步推动了？如果没有，那么再好的产品等待别人慢慢发掘，也将失去一个好的突破时机。

社群运营

一旦爆品打造成功，就需要进入重度社群运营阶段了，只有这样才能发挥粉丝的最大作用。

首先有针对性地获取用户，最好的方式是通过众筹来完成，因为众筹不仅可以获取你想要的受众用户、锁定成为你具有忠诚度的铁粉，而且还能起到口碑传递、营销推广的主要作用。在这个过程中第一批种子用户就会形成，进而在和种子用户互动中通过口碑的力量和原始积累的信任感进行圈层扩散，以点带面培育用户转化成粉丝。在这个过程中产品至关重要，必须是尖刀产品，用产品证明你说的是对的，打消用户的顾虑，唯有既认同产品和服务且还认同价值观的用户方能成为粉丝，具备受众驱动的能力，进而形成产品驱动受众，受众驱动产品的良性循环。在这个过程中需要重度运营粉丝，持续裂变，进而产生美誉度和知名度，要想做到这一点就必须给粉丝一个家，那就是社群。在这个家里，粉丝可以对产品进行体验、测试、拍砖、优化升级、营销、销售、品牌传播和研发，进而推向市场形成口碑。本质上说，这些都可能在社群中发生，社群是最佳的商业孵化器。

小米的社群现在来看基本涵盖社群需要的各类角色，有参与研发设计的荣誉顾问团和明星用户，有偶然购买进入小米论坛的好奇者，也有活跃的认证用户，更有一群喜欢扒扒小米成功史，愿意在预售时抢 F 码的粉丝用户。总之小米以一个不足几十万的所谓“发烧友”的定位推动了年度销售 7000 多万部手机业绩的品牌，这不能不说是一个因社群运营而迈向成功的典范。

那么小米社群是怎样的一个社群呢？小米起步是在论坛里开始的，在里面推出一个可以参与手机组装、体验、反馈，并且还可以通过任务获取手机的方案，这也许是比较早的众筹方案吧。通过初级众筹手段和一系列的深度社群运营让喜欢钻研手机的受众找到自己的家，让小米获得第一批种子用户。为数不多的种子用户撑起了小米论坛，直至现在注册用户达到了3000万，其中拥有小米产品的认证用户达到了500多万，VIP用户7万，小米网70%—80%的流量都来自小米论坛。据一份调研报告，小米论坛的注册用户中有65.3%会保持高活跃度，17.5%的用户不仅自己活跃，还能影响其他用户。此外，小米社群还有自己的米粉狂欢节，在全国各地散布有各种中小型的爆米花活动，在小米论坛中，还有随手拍、酷玩帮、1元的体验评测、米兔等塑造米粉社群文化的内容。

需要冷静知晓的一个事实是：小米的超高性价比，让消费者觉得买到即是赚到。每次在购买之前都是要靠抢的方式。之前我们谈过一个逻辑，那就是如果需要实现海量用户并借此转化获取价值，前提是必须能够通过尖刀产品获得口碑，因为口碑的产生才是移动互联网的最大动能，这也是不用花一分钱投入但能够获取超过传统高成本推广效果的不二法则。

而对于锤子手机来说，情怀确实卖得很好，“天生骄傲”就是认真，在工匠精神的追求下，罗永浩获取了足够的眼球经济，但是定价为3000元的价格确实挡住了屌丝青年的步伐，好在后来推出的坚果手机扳回了一局。锤子手机不同于传统品牌的优势在于锤子手机的社群推动：罗永浩自身带动的粉丝们形成的能量还是可圈可点的，在每次发布会的时候，有许多年轻人充满期待地从各个城市集聚到会场感受锤子和罗永浩的魅力。

对于一个品牌来说，社群运营虽然比较辛苦，但是价值很性感。在社群运营中有三个角度是值得我们认真研究甚至积极尝试的，因为其中都隐藏着有待挖掘的巨大金矿。

F2C

F2C指的是Factory To Consumer，即从工厂到消费者，这是一种很适合当下的商业模式。传统的商品流通路径是：工厂—公司—总代理—

经销商—卖场—消费者，由于环节太多层层加价，产品到达消费者手里往往价格居高不下。新疆的枣子一斤十元钱不到，但是到了上海就往往超过六十元。一副眼镜成本几十元，但是销售的价格往往达到几百上千，这其中的加价率居高不下，往往就是因为传统供应链和价值链带来的限制。

F2C 模式是品牌公司把设计好的产品交由工厂代工后直接通过终端送达消费者的方式，这种方式流通路径最短，可确保产品较低的加价率，同时服务质量因为连接便捷更便于保证。F2C 模式为消费者提供了最具性价比的产品和服务，也为品牌方带来良好的现金流和利润，最最重要的是第一次真正拥有了属于自己的用户。

F2C，从工厂到用户，以前花很多买路钱。工厂花大量钱宣传、招商、建立渠道，到代理到商超再到消费者，都有大量浪费和损耗。到省级、市级代理时，东西没卖，存储费用、物流费用却增加了很多。还要同时做品牌宣传、市场推广，这些都出现了大量的成本投入，这些成本最终都转嫁到用户头上，让本来很便宜的东西卖得很贵。移动互联网发展到今天，去中介化让 F2C 实现了可能并创造了价值。

谈到 F2C 就得了解什么是消费商。消费商，又叫产消商，即经营消费和消费群的商业人士。在国外有一个相似的概念——生产消费商（Prosumer），是指既是生产商又是消费者的群体。

对于 F2C 既是商家的期盼更是消费者的渴望，原因如下：

一、商人永远被认为是“王婆卖瓜自卖自夸”，商家的宣传变得苍白无力，消费者被夸大的广告多次伤害之后显得迷茫，导致看到宣传就说是广告，看到广告就笑一笑，好像是说不一定会是真的。消费者说真话不信，说假话也不信，总是抱着怀疑的态度，希望身边能有有经验的人给予指点。

二、巨大的流通利润总是被少部分人赚取，贫富差距加大犹显不公平，加上移动互联网的发展、物质的极度丰富和信息的极度透明，消费者越来越清楚“要想改变只有花钱的份，只有像经营者一样思维”。既然消费者现在这么重要，具有一定的话语权，他们也想象以前的供应商、渠道商一样参与到利润的分配中去。越想就越想获得流通利润的分配资格，于是消费商时代来临。

三、移动智能手机推动了移动互联网信息技术的进一步发展，尤其是 2011 年火爆的开放式的微博、2012 年火爆的封闭式的微信。这两大社交平台的出现，让每一个人都可以借助移动互联网信息技术的力量，成为信息的制造者、传播者、接受者，从而将对于个人的或者商业的宣传和推广变成低成本、零门槛的现实，不论自己的红或者商业的利都达到很好的经营效果，拉动消费促进内需，提升自我生活品质。

为什么 F2C 在社群内存在巨大的机会呢？

首先中国具有 5000 年的圈子文化，很容易在社群圈子内因为彼此之间的关系形成信任感，通过社交活动拥有稳定长久的用户关系。在共享之下，粉丝之间自然而然存在着彼此的供给机会和能力。

其次，一直以来只有经营者赚钱，消费者花钱，如果消费者也想赚钱，参与商业利润的分配，这在以前是不可想象的。时代发展到今天，信息技术的发展革新使得一切成为可能。

F2C 下的消费商能带来怎样的价值呢？

消费商首先也是一个商业主体，作为一个全新的商业主体，他们有着独特之处：

一、消费商是全新的机会营销主义，他们给予别人的不是产品而是机会。消费商主导的是“花本来就该花的钱，赚本来赚不到的钱”，带来的是一种全新的利润分配规则。

二、消费商不需要大投资，没有员工也不需要管理，是零风险的一个商业主体。消费商只是在做一种（省钱 + 赚钱）机会的传播者，不负责具体的经营，是最佳的财富自由的经营者。

三、消费商带来的是一种消费革命，让消费者也参与了利润分配，让更多人成为消费商，分配更加合理。消费商将成为销售的关键主体，优越于原来的店铺，是互联网时代的最佳互补。

四、消费商是一个最轻资产的商业模式。消费商可以是第一职业，也可以是第二职业。

因此对于社群运营，F2C 模式是非常有价值的社群电商运作探索方向。初心会在这个方面做了许多探索，曾经有一个产品一个月创造了 300 多万元的销售业绩，能够确认 F2C 在社群内的运作是绝对可行的一件事。

2015 年年底初心会尝试独立推出年货节，把靠谱的产品集结起来，结合过年场景和会员做了一次红红火火的互动，而在 2016 年初心会更要尝试的是扎扎实实的 O2O 的社群电商实践。在深度互动的空间中，用内容带动产品，用共享带动消费，用众创带动市场，把产品供应商和消费者在虚实结合的服务中真正地改造成消费商平台，虽然运作操作的设计等等还需要更多探索和拓展，但是这条路一定非常具有价值，并产生深远意义。

C2B

C2B（Consumer To Business，即消费者到企业）是互联网经济时代新的商业模式。这一模式改变了原有生产者（企业和机构）和消费者的关系，C2B 模式和我们熟知的供需模式（DSM，Demand Supply Model）恰恰相反，真正的 C2B 应该先有消费者需求产生而后才有企业生产，即先有消费者提出需求，后有生产企业按需求组织生产。通常情况为消费者根据自身需求定制产品和价格，或主动参与产品设计、生产和定价，产品、价格等彰显消费者个性化需求，生产企业进行定制化生产。

长期以来，由于定制生产成本很高，产消双方在交易过程中存在空间障碍、时间障碍、金融支付障碍和沟通障碍等，导致交易成本很高。因此，消费者和生产企业退而求其次，以牺牲个性化交换工业化生产的低成本代价，这就是以生产企业为中心、少品种大批量的 B2C 模式。进入 21 世纪，互联网技术为产消双方提供了低成本、快捷、双向的沟通手段，现代物流畅达，金融支付手段便捷，以模块化、延迟生产技术为代表的柔性生产技术日益成熟，使交易成本和柔性生产成本大幅下降，为发展 C2B 创造了条件。

按定制主体和定制内容两个维度将 C2B 分为五类，分别是群体定制价格、个体定制价格、群体定制产品、个体定制产品和混合型定制服务。

C2B 的核心是以消费者为中心，消费者当家做主。

在过去电商领域的血雨腥风中，天猫、京东、苏宁、当当、易讯等 B2C 电商打得不亦乐乎，随着 B2C 领域竞争进入白热化阶段，天猫和京东的 C2B 预售模式也慢慢为更多人所知。

阿里巴巴集团创始人马云对此是这样理解的："未来的世界，我们将不再由石油驱动，而是由数据驱动；生意将是 C2B 而不是 B2C，用户改变企业，而不是企业向用户出售。"

有一个叫"请出价"的服务号正是基于此做了从价格切入的突破尝试。

"请出价"尝试由"买家主导价格"，与现有商业模式中卖家主导定价权不同，"请出价"通过一个热门产品的展示，做一个逆向 C2B 的订单搜集，从而获得用户对该产品价格的所有意向和心里价位，并收取 1% 的定金（交易没有完成，定金退回买家），拿到这个价格区间后，再去跟大品牌厂商谈判，最后在上述出价区间中，选择一个有利于多数用户的价格，画一条线，该价格之上全部按照用户出的最低价格成交；该价格之下，也可以与用户再次协商，甚至可以在略微赔钱的前提下，满足部分用户的出价。

"请出价"商业模式的亮点在于，可以寻求一个更有利于买家的成交价格，这个价格往往是低于市场价格的。实际上有点像一种让购买者感觉比一般消费者占了便宜，却又给商家保留了部分利润的逆向 C2B 团购。

对于 C2B，初心会在社群中也做了尝试，在选定一位来自义乌分会会员的个性化定制的拉杆箱产品后，在全国的初心会会员中做了推广。这个拉杆箱有三个特点：

一、可以个性化定制。箱子面上有一张可供定制的图，根据用户需要的图片最快可以 24 小时完成定制，并且还可随时更换用户想要的图案。

二、性价比高。在品质上无论万向轮还是箱子主体，PC 材料的选择上都很耐用、很好用，和同类产品比较，价格一半不到。

三、广告价值。对于用户个体可以展现自我，但是对于企业则可以通过定制成为一个流动广告。当一群人拉着同样图案的箱子出行或者参展的时候，就变成了最吸引眼球的事件。这有点可移动的分众传媒的味道。

针对这款“拉杆箱”，即使是耐消品，但因为价值激发，同样带来了极其可观的大量订单。

总之，在社群运营中，C2B 的模式是非常有意思也非常有价值的模式，在社群电商中，这也是从用户中来到用户中去的极好变现模式。

移动互联网让我们和用户的关系重构之后，更容易解读和满足用户想法，关键是能够把握用户的需求。在 C2B 的模式下，只要用户提出需求，并找到可满足的产品和服务就可以了，而且一切以预售的订单为准，然后再做准备，不用花钱推广，更不用花钱买渠道。这样的模式更适合很多早期的创业者们，这种模式在获取天使用户的订单上风险更小，结果更快，C2B 能够让有好产品和服务的人，先获取安全有保障的订单和收入，这样不但可以避免不必要的风险，更能体面地保持自己的梦想和初心。

众筹

无社群，不众筹。在社群具备的信用背书之下，众筹是最值得做的一件事，除了社群是最好的众筹土壤外，众筹本身也是最佳的连接社群成员的方式。

众筹不是这个时代才有的，大家翻翻过去的历史，很久之前就有众筹。著名游行家徐霞客完成那么多神奇和伟大的旅行路径，就是通过各种方式众筹完成。包括中军唐玉屏以马牌相抵，帮其过了难关；唐大来写介绍信给他支持，让他有盘缠、有饭吃；最后双足俱废，还是靠丽江土木官对他梦想的支持和帮助才回到家乡。这是非常典型的古代众筹案例。

摊开众筹发展历程，类似莫扎特这样的音乐家，早期的发展也是通过众筹来完成的。没有钱举办音乐会，就通过提供诸如协奏曲乐谱的副本，或者音乐会首批听众的资质，或者把支持者的名字写在书上等方式，让更多的人愿意掏钱帮助他，资助者得到应有的回报，而自己的音乐会也如期举办。

近现代一个比较著名的众筹案例就是自由女神像。1885 年，美国百年诞辰时，法国送了一个自由女神雕像，没有基座，无法放置到港口。普利策做了一个非常有意思的众筹，也是最具影响力的众筹项目。捐助 1 美元，就会得到 1 个 6 英寸的自由女神雕像，捐助 5 美元就可以得到一个 12 英寸的自由女神雕像，最后筹集到超过 10 万美元的筹款，从而得以让自由女神像顺利竣工。这也是流传至今的一个非常有影响力和意义的众筹项目。

凯文·凯利说：如果你是艺术家、音乐家、画家、摄影师，有一千个铁杆粉丝支持，就能让你维持体面的生活。

那么什么是众筹呢？众筹翻译自国外 crowdfunding 一词，指通过互联网方式发布筹款项目并募集资金。相对于传统的融资方式，众筹更为开放，能否获得资金也不再是由项目的商业价值作为唯一标准。只要是网友喜欢的项目，都可以通过众筹方式获得项目启动的第一笔资金，同时获得第一批忠诚的用户和市场的营销，进而形成口碑在圈层中传播，为更多小本经营或创作人提供无限的可能。

众筹模式在互联网平台上开展，目前 303 个众筹平台，做得比较好的等同于“团购 + 预购”的形式。众筹利用互联网和 SNS（社交网络服务）传播的特性，让小企业、艺术家或其他从业者对公众展示他们的创意，争取大家的关注和支持，进而获得所需要的资金援助。

众筹呈现的特征如下：

一、低门槛：无论身份、地位、职业、年龄、性别，只要有想法有创造能力都可以发起项目。

二、多样性：众筹的方向具有多样性，在国内众筹网站上的项目类别包括设计、科技、音乐、影视、食品、漫画、出版、游戏、摄影等。

三、依靠大众力量：支持者通常是普通的草根民众，而非公司、企业或是风险投资人。

四、注重创意：发起人必须先将自己的创意（设计图、成品、策划等）达到可展示的程度，才能通过平台的审核，而不单单是一个概念或者一个点子，要有可操作性。

我也参加过很多众筹，自己也策划过一些众筹。如 2014 年的创始人千人大趴，从创意到落地执行一个月完全操作完毕，100% 的回报式众筹模式，主持人、分享嘉宾、节目、场地、服装、礼物、各类用品乃至现场的服务人员都是众筹来的，甚至“千人趴趴”的名字和里面的玩法也是众筹的。现场不但给予大家一次特别的体验，还在创业分享之余，做了一场非常有益的慈善活动。

除此之外，还有参加别人的一些项目，例如参加连锁店面、万人盛典峰会、家居产品，有的是为了学习合作，有的是为了人脉支持。大多数的众筹都能拥有物超所值的回报。

一般来说众筹有四种类别：捐赠式、回报式、股权式、债券式。

第一种：捐赠式众筹。如须弥山的宗教众筹，还有 2010 年万达的王健林捐赠了 10 亿人民币支持南京的大报恩寺重建，都属于捐赠类众筹。寺庙的筹建和民间的牌坊大多都是捐赠式的众筹模式，某些公益基金也是如此。

第二种：回报式众筹。目前这类众筹比较多，就是以给予参与者产品或服务作为回报，在约定的时间内交付完毕。

我前面说的“千人大趴”就是一次自己操作的实践：2014 年 8 月，从一个移动互联网实验发起号召，从有想法到落地执行完毕，一个月的时间，共有近千名创始人参与进来，一起互动，做了一场别开生面的移动互联网聚会。

这个活动完全去中心化，刚开始的两周，基于参与申请，很快就有了 800 多人，但是怎么做，怎么玩都不知道。流程、主题、资源基本也是稀里糊涂。但是参与进来的很多人会给我们反馈、建议。在大家的积极推动下，活动的名字、玩法、节目、主持人、钱、物资都是众筹来的。到最后结束的时候，众筹的钱居然还余下很多。记得那个活动越到开始前的时间越是有更多的人踊跃参与，最后一天凌晨还有很多人打钱，500 元、3000 元等等，后面参与进来的很多人已经不在意所谓的具体回报了，更多的只是想参与进来学习体验，其实也算是一种回报吧。

那场活动从峰会角度看，那一定不是太专业的，但从一场带有参与感的实验来说，大家都还是喜闻乐见，感到满意的。最后众筹的总价值超过 200 万，当然取之于民用之于民，也积极给予支持的参与者回报，包括一些现场的推广服务和结束后的礼品回赠。最后还剩余的钱在大家的建议下做了公益——为沙漠捐赠了 1000 棵树，也作为对积极参与的 1000 个人致敬吧。

正常情况下，众筹的势能只要能带动起来，就会有更多的人被影响参与进来。只要设计合理有价值，回报式众筹还是比较容易实现目标的。

第三种：债券众筹。最显著的模式就是 P2P 平台，你投了钱，有回报。风险高低，要根据情况，每个公司机构会有评分和评级，有时候会有些风险，但有些风控做得不错，有些则一般。2015 年倒闭、破产或者逃跑的 P2P 平台不少，还是保持合理谨慎为好。

第四种：股权众筹。3W 咖啡馆是典型的股权众筹，6000 元一股，一个人最多 10 股，徐小平等众多投资人和企业家是其中的股东。3W 不是简单的要钱，要的是背后的人脉和资源，这样股权众筹产生的价值反哺更有意义。

不过对于股权众筹，特别要注意一些事宜：首先是顶层设计，顶层设计必须规避法律风险：面向熟人圈，不针对陌生人；人数不能超过 200 人（股份公司规定）；不承诺回报，出资人要具备风险意识和承受能力。其次要确定责任和义务，特别是监管权，董事会、决策层以及执行层建议分离。股权也不能过于分散，否则每个人均摊就等于没人负责，特别是过去出现的各种股权众筹的咖啡馆，倒闭了不少，一旦股东太多没有集中，很容易就出现无人担当的局面，从而导致倒闭。对于股权众筹，开始前的约定和法律保障很重要。很多众筹项目本身很有价值，但就是机制设计不合理，人多了，七嘴八舌的会讲的人很多，但会做事的人没有，最后稀里糊涂就解体了。

对于股权众筹如何操作，特别是针对权利和义务，都要有专业律师界定，并避免非法集资的问题，涉及专业法律方面的事宜最好由专业人士处理。

很有意思的一个股权众筹样本就是索马里海盗，一帮人一起出钱出力出物，总之付出的都折换成金额计算投股比例，最后按结果做相应比例的分赃。虽然海盗是非常让人厌恶的，但是他们的模式在现实中却是非常具有激发力的。

对于众筹，最具杀伤力的是复合式众筹，复合式众筹大多是“回报众筹 + 股权众筹”的模式。这种模式很容易吸引人，当然策划难度也比较大，最好能有打动别人的策划。从落地角度来看，复合式众筹是比较容易成功的模式。

2013年，我为好朋友信颐电子的创始人来总做了一次复合式众筹，当时众筹的项目叫智尊宝，结合产品、服务以及股权做了现场推荐。一个晚上，200人不到，3万元一份，一共卖了103份，合计309万元，算是比较成功的一次复合式众筹。当时设计是把一类产品独立出来，成立了一个全新的公司然后再做策划。具体方案是：供养3万元能够得到新公司万分之三的股份，以及价值5万元的至尊宝产品还有代理经销权、商学院免费培训等等，在现场很容易被打动，因为大家感觉方案中的回报很有价值也很有吸引力。

众筹到底有什么好处呢？首先通过众筹，直接销售，产品不用备库存；其次对现金流更有帮助；其三积累了天使用户，而背后带来的是人脉和渠道。

这个案例从控局到准备到最后现场落地操作，虽然还是有点仓促，但至少还是做了一定的准备，更重要的是，基于环境很给力，因为大家相对来说彼此熟悉，有安全感，也愿意互相帮衬支持抱团发展，从而使得结果非常好。

众筹从2011年在中国大步发展至今，已经有五年时间，充分结合了中国5000年的圈子文化。圈子文化催生了社群众筹的发展，实现了本土化，社群众筹成为一种简单、高效、快速的方式，也从项目发展的角度为项目的后期发展提供了原动力。社群众筹核心是将项目未来发展所需资源提前锁定为股东、合伙人等，将项目后期发展高成本外部交易变为低成本甚至零成本的内部合作，通过资源匹配链接，激活和置换实现合作共赢，同时完成前置消费经济模式，真正激活了中国5000年的圈子文化。社群众筹是从用户的角度出发，而不是从商家出发，这样更加适合移动互联网时代的消费商特征，也为商业的发展提供新一轮的原动力。

社群众筹设计中有一些要从受众角度需要考虑的问题，我们总结为4W2H法则：

一、WHAT：你有什么？项目发展需要什么？

工具：九宫格资源分析表

九宫格资源分析表			
说明			
类别	过去	现在	将来
超系统			
系统			
子系统			

资源盘点的九宫格法则分析步骤：

步骤一：画出九宫图以及对应的系统。超系统为上层系统，子系统为下层系统。

步骤二：根据项目设身在九个格子之中，从此开始思考。

步骤三：从目前系统开始，依序从邻近的格子，以两两之间的关系，找出可用资源、闲置资源、免费资源、浪费资源、低成本高价值资源（受众认知）。

步骤四：列出所有的资源，进行分析验证，设计方案。

步骤五：重复二到四步，分析各种可能的解答方向。

二、WHO：谁发起的众筹，众筹的对象是谁？

工具：受众分析表

序号	受众姓名	众筹中角色	主要的需求和期望	影响范围	影响程度 (H，M，L)	管理与其关系的建议
1						
2						
3						
4						
5						
6						
7						
8						

三、WHEN：什么时候开始众筹？什么时间结束众筹？整个节奏如何设计？

工具：一页纸项目管理

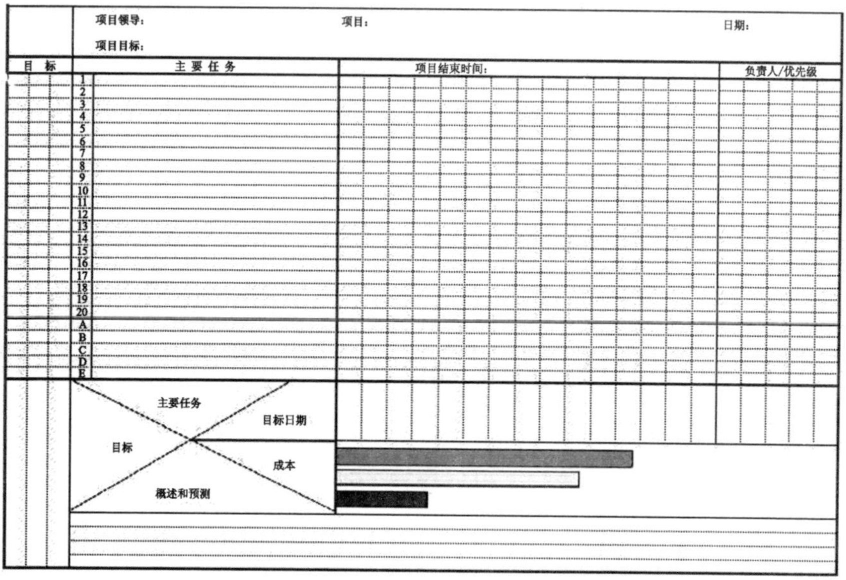

四、WHY：什么要参与你的众筹？为什么要和你一起做这个项目？

工具：社群众筹方案设计分析表

社群众筹方案设计表	
说明	
受众期望	
给钱	
给权	
给面子	
必备条款	
基本条款	
魅力条款	
众筹方案	

五、HOW：如何进行交易？信任状、交易便捷、交易安全、协议担保等怎样进行？

工具：移动支付平台 / 商城

六、HOW MUCH：众筹的总金额是多少？众筹的种子用户要多少？每份设计多少金额？多少金额受众既容易参与又可以推进后续的参与感？（以店面众筹为例）

工具：店面众筹额度设计分析表

店面众筹额度设计分析表	
说明	
店面发展规划	
店面6个月租金	
店面6个月人工	
店面货品及库存	
店面装修费用	
店面运营成本	
众筹总额度	
众筹每份额度及超值众筹条款	

思考清楚这些问题，你就能设计出一个很好的众筹方案。相对来说，通过社群众筹，我们不但解决了推广成本、降低了销售风险、增加了现金流，最有价值的就是获取了第一波的天使用户，形成了口碑传递和营销推广，这也为以后项目发展壮大提供了基础。

众筹能够带来整合，也能够激发众创：众智、众投、众购、众传。

众智：大家共同投入智慧，集思广益，共同参与提供建议和决策。

众投：大家一起参与进来投钱，共同参与做股东，每个人都有义务和责任。

众购：大家一起购买有超高性价比的服务和产品，享受最高等级的待遇。

众传：人人入口、人人渠道，大家乐意为自己认同和参与的产品、服务做推广传播。

总体来说，在社群运营中有很多可探索的价值，用三个词概括社群内的发展状态：共生、互生、再生。

共生是指大家抱团取暖，互相帮衬，彼此支持。

互生是指大家的产品和服务有很多是存在互相促进的，甚至在渠道上和资源上也是互补的。

再生是指对于存有先天性缺陷的项目和产品，索性通过社群内的资源或能力进行升级或重造，实现价值重塑，从而创造出一个新产品或新项目。

社群中的互动可以用八个字来总结：我为人人，人人为我。运营好的社群都是一起搭台一起唱戏，能够实现自组织、自运营、自修复。

今天，推广自己的产品和服务，与其把钱用在广告上，不如用在粉丝身上，推动他们带动身边能够辐射的伙伴们参与进来，效果更好、效率更高，但成本却更低。对于产品销售，关注匹配的社群找到合作点，转化率也会超出你的想象。

你就是个路人甲

在社群运营中你会发现一个有趣的现象：也许某个人在某一个圈子里是一个非常牛的人，甚至是那个圈子的神，但在另一个圈子，他可能实实在在就是一路人甲。

曾经有一个非常知名的传统企业家进入一个我们初心会的全国孵化群，进来后很谦虚地说了一句："我是 XXX。"结果群里有个 90 后的创始人会员马上有点迟疑地回应"您是哪位啊，要不自我介绍一下"，弄得对方很是尴尬。其实这也是未来社群的常态，如同今天很多 95 后喜欢的偶像我们一点不知道，他们喜欢的歌我们也听不懂，就像我们 70 后这代人喜欢的偶像和经典老歌他们一点不感冒甚至不熟悉一样，我们都在不同的圈层生活，有交叉重叠的地方，但也有完全不交集的地方，这一切将越来越成为常态。

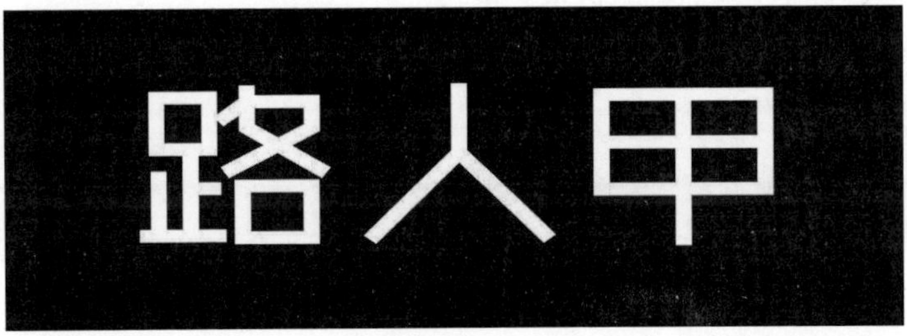

联盟构建

未来是一个打群架的时代，不可能只靠自己一个人打天下。在以用户为导向，社群运营为基础的前提下，要学会形成联盟布局生态，来保障运营的稳健。

越是有存在优势的社群越需要积极地连接外部，原因有三：

一、任何粉丝在一个社群中都不可能得到完全满足。基于人的多元、复合、立体化的需求，在不同场景下都会连接不同社群和组织，与其等待被动连接，不如开放合作获取资源，更好地为用户做主动服务。

二、任何社群都会有粉丝和会员逃逸，因此在运作中在部分非活跃用户逃逸之前，开放和更多的社群互动合作吸收新的粉丝是非常必要且有价值的行为。

三、对于社群来说，最重要的就是基于核心价值的升级，这个过程是需要及时巩固和完善的。因此联盟的构建势在必行，不但能够通过多层次的服务增加会员黏性，更重要的是还能激发会员的能动性，鼓励更多的边缘性创新才可能保障社群发展的稳健。

时代发展到这个阶段，企业之间的跨界与竞合关系更为凸显。单打独斗的状况已经满足不了发展需求,无论是创业之初还是高速发展时期,都需要细分的伙伴合作互补。

企业联盟是指企业个体与个体之间在策略目标的考虑下结成盟友，自主地进行互补性资源交换，从而各自达成阶段性的目标，进而获得长期的市场竞争优势，并形成一个持续而正式的关系。

联盟构建的三个方面价值和回报

一、提升竞争力。

采用外部资源并积极创造条件以实现内外资源的优势相长，有利于在产品技术日益分散化的今天，互补不擅长产品、服务或者技术。借助与联盟内企业的合作，相互传递技术，加快研究与开发的进程，获取本企业缺乏的信息和知识，并带来不同企业文化的协同创造效应。

二、降低运营成本。

激烈变动的外部环境带来不断缩短开发时间、降低研究开发成本、分散研究开发的风险。对任何一个企业来说，都有可能需要付出很高的代价。同时进入一个陌生不熟悉的行业也容易提高成本，如果借助联盟合作更容易降低成本，提升成功概率。

三、分担经营风险。

在运营中因为彼此互补合作，一起聚焦目标，更容易分担经营中因为市场变幻或竞争升级带来的经营风险。

对于企业联盟的具体形式而言，根据联盟双方所处的市场营销环节不同，企业战略联盟可以有不同的存在形式：

（一）产品联盟。

如同飞利浦和松下合作开发数字卡带，产品联盟就是联盟公司合作开发和生产符合顾客需求的新产品。产品联盟可以降低投资成本和投资风险，减少竞争对手，拓宽市场。一种形式是，一家企业允许另一家企业生产产品或者这两家企业共同营销它们的补充产品；另一种形式是两家企业合作设计、制造和营销同一个新产品。

（二）渠道联盟。

经济全球化拓展了企业的市场空间，单凭自身能力企业很难在全世界范围建立完整的分销体系。因此，借助企业联盟，通过伙伴方的市场网络体系，使产品遍及全球，减少销售费用，提高竞争能力。

如何低成本地获取用户，并借助于渠道联盟实现彼此利益的分配是非常重要的运营能力。初创公司无论在前期销售还是在测试需求上都需要更低成本地获取天使用户，如果闭关锁国式独自运作，不但使得前端营销成本增高，更重要的是速度上也非常滞后。

2014 年在同程网获取腾讯投资后，最显著的借力就是同程网借助微信提供购买火车票等便民服务，以此实现了两者的需求满足。对于同程网来说在商业渠道上多了流量资源以及足够的潜在用户，而对于微信而言则在商业服务尝试上迈开了全新的一步。

（三）营销联盟。

即一个企业和另一个企业联合的营销活动，包括广告、推销、销售折扣等手段的合作。例如，旅馆可以和航空公司联盟，凡是在旅馆消费达到一定限额的顾客就可以获得一张由航空公司提供的免费机票；同时，在航空公司消费达一定金额的顾客也可以免费入住该旅馆。

（四）价格联盟。

联盟企业针对指定产品所制定市场达成价格协议，将产品价格规定在一定范围内，既可以防止由于价格战导致的恶性竞争，又可以提高行业进入壁垒，有效防止新的竞争者加入。但是，这种价格联盟会对消费者的利益造成一定的损害。因此，联盟的价格也应考虑消费者的利益，防止定价过高，导致行业垄断。

对于如何做好企业间的联盟合作，可以总结三点：

一、切准时机。

在拥有一定基础的时候，一旦发现机会，及时主动借力、借势，甚至傍大款找到合作价值。如同蒙牛在创业早期缺钱、缺市场的前提下通过联盟实现自己的生存与发展。

二、开放心态。

在联盟中懂得合理付出，不能过度计较，更多从供应的角度找到彼此的合作模式，但是如果在价值观方面有很大冲突，应尽量慎重，避免后期合作中的冲突。

三、守住核心。

在越来越细分的竞争趋势下，不是自己擅长的尽可能放手让别人干，但自己必须学会集中聚焦在擅长的地方不断升级。

所有的联盟合作终极目的都是为了稳固其所在行业的优势，从而保障企业持续的生存和发展。

FPC 模式综述

对于反传统创业模式，基本的节奏可以表述为：从一个基本的痛点出发，聚焦用户核心价值，然后定位项目、打造产品、运营社群、构建联盟。有一个案例很值得大家学习和借鉴，这就是主持人王凯创立的“凯叔讲故事”项目。

最早听好朋友余武说到王凯的“凯叔讲故事”的项目创意，还不以为然，但随着了解的深入，发现这是一个具有巨大空间的项目，短短两年，“凯叔讲故事”就从几十位粉丝做到了 400 多万粉丝，而且势头迅猛不减。

王凯的这个创业项目其实是从为自己女儿讲故事开始的，他发现自己女儿每次听他讲故事总是不厌烦，一个故事都听了十几遍还是想再听，这件事情给了他极强的幸福感。同时他也突然发现了孩子和家长都有这个刚性需求，这虽然是件小事，但是可能隐藏着亲子教育的大机会。于是王凯全力聚焦在这个用户需求点上，并始终以此作为最核心的导向去构建生态系统。

与此同时，王凯开始反观整个亲子市场，判断未来的趋势和空间，结果发现中国的亲子市场基本上处于蛮荒地带，互联网化也很低。虽然很多年前，就有了亲子类的 BBS 网站，但是下沉的力度并不是很大，甚至这个领域目前居然还没有核心品牌。

而 85 后的父母，甚至 90 后的父母将陆续成为主流，加上如今的二孩政策放开，这完全是一个蓝海市场。85 后这一代人基本上是一个人成长起来的，成长环境使得他们内心更注重亲子关系，但他们并不知道怎么去陪伴自己的孩子，因为他们的父母未必给他们做了足够好的表率。

更为客观的是这代人在互联网上的消费能力和消费意识要比原来的父母强得多。用户的购买能力和认知基准也都改变了，这些强力的驱动元素为市场的需求增加了非常大的机会和空间。

对于“凯叔讲故事”这个项目，王凯选择“讲故事”的方式，是最容易切入亲子市场的,因为这有助于建立充分的依赖。虽然制作成本低,但有清晰的亲子互动场景,且睡前故事是市场刚需。与孩子的高频互动可以提高用户黏性,讲故事也是最健康、最绿色的教育选择。

2014 年 4 月,“凯叔讲故事”公众账号突破了 50 万粉丝,发展速度非常之快。于是有很多出版社找王凯合作,因为“凯叔讲故事”的传播力量使得故事中对应的绘本增加了很多的销量。有的绘本因为这个原因,销量翻了三番,于是王凯通过社群开始做电商、卖书,进而为用户精选好的绘本。就这样王凯开始了他的创业之旅。

从“凯叔讲故事”这个案例,我们再来回顾反传统创业的 FPC 模型深化运作的理解。

第一步:聚焦痛点。聚焦在用户的痛点之上,去设计自己的创业项目。这个痛点来自于王凯自己女儿的反馈,孩子期望父亲讲故事,而且同样的故事讲很多遍也不厌烦,这个当然对会讲故事喜欢讲故事的王凯来说没问题,但是对不会讲故事的家长呢,那可就是一个大大的痛点。因为在孩子睡前的那段时光,讲故事既是一种陪伴也是一种教育。王凯用“凯叔讲故事”这个产品为父母们解决了痛点，在孩子沉醉在一个个精彩的故事中进入一个个美梦的时候，父母也为之感到轻松和欣慰。

第二步：差异定位。王凯基于对痛点的发现，做了清晰的市场差异定位，那就是定位于亲子陪伴。陪伴是一个非常重要的角度，爱的表现没有什么比“陪伴”更重要的，通过聚焦高互动、高黏性、非常健康、绿色的讲故事的服务，来切入巨大的亲子市场。

第三步：产品设计。精彩故事作为产品导入固然没有问题，但是差异化和价值感需要更好呈现。在此过程中，王凯用“故事 + 绘本”的组合产品满足了用户的深度需求。更多创新产品相信会在更多的社群互动中，实现有效的创新和创造。

当然从产品设计这个角度，“凯叔讲故事”这个“尖刀产品”也并不是一帆风顺，甚至遇到很多挑战。比如有用户抱怨，说凯叔你这个讲故事可不可以不那么生动？本来孩子 9 点就要睡着了，但是你把孩子讲得特别兴奋，听了一个又一个，听了一遍又一遍，那么晚孩子还是睡不着觉。

乍听到用户的反馈，王凯想我故事讲得生动还有错吗？但是用户的反馈也是比较真实的，最后王凯想到一个办法，就是把精彩的故事和读唐诗连接在一起，每次 5 分钟精彩故事讲完后，就说“宝贝，今天这个故事讲到这儿，凯叔给你读一首诗”。王凯选的不是“白日依山尽，黄河入海流”那种比较熟知的诗句，而是选一些相对来说有点陌生感的七律、宋词，一首诗读上七遍，每一遍比上一遍的声音小一点点，到最后似有似无，一周内故事不断换，但是一周只重复一首诗，孩子就在不断重复的诗句朗诵中自然入睡了。

产品升级后，实验的结果是这样的，家长在后台留言说，这招灵啊，读三遍孩子就睡着了。再后来家长又说，开始觉得孩子没有认真听，倒头就睡，没想到后来这首诗他竟然背下来了。这个基于用户的反馈改进升级的产品最后变成了“哄睡神器”，也正是如此，这个产品自然成了真正的尖刀产品。

第四步：社群运营。在社群运营这个方面，“凯叔讲故事”一样也做得非常好，不但通过粉丝反馈升级了服务推出“哄睡神器”这样的催眠产品，还拉动小朋友粉丝参与故事场景的绘画，并顺势推出家长粉丝自发的“凯叔书屋”以及“凯叔话剧”等。除此以外，还通过投票互动，拉动参与感以众筹的模式让孩子参与插画创作，进而做出孩子版本的《西游记》产品。

最初的社群运作是从基础开始的，王凯用游戏的方式做实验：把点播率比较高的故事，再一次放到社群里面，然后把这个故事分成 A、B、C、D 四个任务，每一个任务都有角色、场景。让小朋友们凭着想象去画，画成什么样都没有关系，然后让他们的爸爸妈妈拍一张照片发回来，再给他们一个惊喜。

在用户只有一万多的时候，王凯还做了个实验，从收回的 800 多个孩子的作品中按元素挑最有趣的，然后组合到一起，居然给孩子们做了一部成人世界看不到的动画片。

凯叔书屋都是用户主动开的，没有加盟费也没有特殊的要求，只要不伤害品牌声誉王凯就鼓励支持。凯叔的话剧，也是二十几个妈妈们做主编，至于微信的内容，以及 app 后面的日课都是由妈妈主编来打造。“凯叔讲故事”做产品的原则是，如果没有用户参与，宁可不做。

甚至连后来的《西游记》产品也通过社群发起投票达到 80% 的支持率，才决定做，一切的一切让用户和粉丝有足够的参与感，并认可和喜爱这个平台。

第五步：联盟构建。王凯通过之前的积累加上后期众筹的“失控儿童节”和“失控圣诞节”等活动，积累了众多的赞助商、出版商、媒体等资源。为了借力使力打造共赢利益的联盟共同体，王凯把合作的商家、用户以及自己都整合在一起，推动形成了一个更有生命力和竞争力的生态系统。

王凯第一次做“失控儿童节”的时候，就吸引了大量家庭参与，现场非常火爆，也吸引了很多赞助商。后来他想有这么多的资源，最后真正得益的只有现场 180 个家庭，实在心有不甘啊，于是就打造了一个线上众筹，线上运营，最后线上线下同时展现的“失控圣诞节”。

因为大家利益都是一致的，一下子推动覆盖了 300 万个家庭现场，联盟商家都希望能从中得到用户和业务，于是很自然地又拉动了 20 多家亲子自媒体免费推进，从而使得原来都是竞争关系的亲子账号也拉起手一起做一件事情。

对于视频直播，是收费卖票的，卖了票的钱归谁？大家一起来，有门票收益的分享，至于现场视频直播，众筹的礼品同样也是众多的商家一起来赞助，一起来参与，一起来分享。

这就是一个去中心化的社群，共赢是各个利益团体的交集前提，但没有任何一个商家全盘来控制这个中心。王凯是在社群的一侧，这边有和他一起合作的商家、父母用户、同行企业，另一边有孩子宝贝们，这些整合在一起，就变成一个建立在健康的社群运营上的联盟商业体了。

在我所有熟悉的案例中，“凯叔讲故事”是真正从用户出发，在有限的资源和条件下，步步为营做出来的社群运营的典范。最重要的是这一切都不是设计出来的，而是步步测试干出来的。

我在 2016 年年初组织初心会的游学时，再一次来到“凯叔讲故事”听“凯叔”分享项目的进展。其发展的速度可谓是突飞猛进，除了《西游记》故事机大卖之外，同时还通过“凯叔魔幻厨房”打造属于自己的 IP，在收视率的测试上也超过了同类节目。相信在延伸的产业链上，“凯叔讲故事”将打造更具黏性的生态圈并走出更广阔的天地。

第七章

七步地图

导读：在实操层面，前面所谈及的FPC模型只论述了阶段性的表现目标，但是具体的行动步骤还需要细化说明。这一章将系统地讲解如何步步为营地走出反传统创业的步骤。

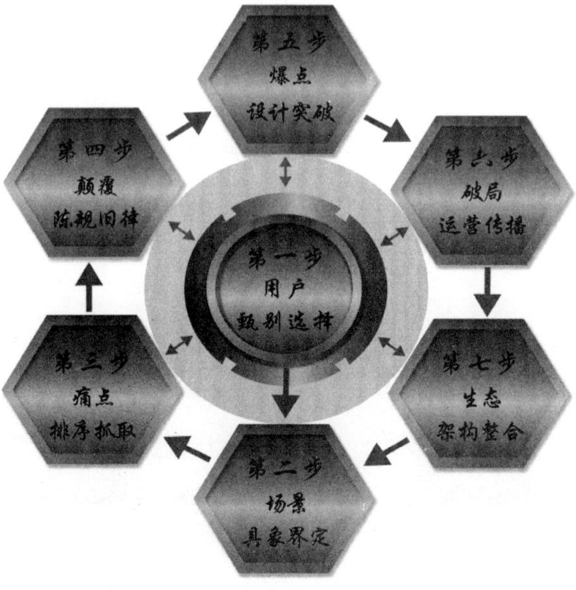

整个反传统创业地图如图分为七个细分步骤。

第一步：用户甄别选择；

第二步：场景具象界定；

第三步：痛点排序抓取；

第四步：颠覆陈规旧律；

第五步：爆点设计突破；

第六步：破局运营传播；

第七步：生态构建运作。

在第五章我们分享过三个方法论，即颠覆性思维、精益创业和社群运营，始终伴随在这七个步骤中。在这七个步骤的推进中，自然会包含FPC模型中的四个表现目标：定位、产品、社群、联盟。

在我们一一分解说明这七个步骤之前，首先要做项目的可预期性诊断。

对于反传统创业项目的预判最重要的三个指标是：

一、价值空间。这是判断项目是从0到1还是从1到100的问题，有的时候是项目能做到从0到1以及从1到100，但是往往做不到从100到10000的复制。所谓价值空间是指在品牌和科技的延展上能够获取到的可想象范围。

这也是关于趋势的问题，对于创业，选择比努力更重要。确实基于“风口”的项目在发展的速度上和融资的机会上都更有竞争力，比如：移动社交、互联网金融、医疗健康、互联网教育、人工智能、物联网等。

一个好的项目，往往是符合时代特征的，特别在体验、连接、价值上能有特别的突破。

二、商业模式。商业模式在推演上是否合理、安全，但凡推演超过三步的商业模式必不成立，因为项目外的环境本身已经存在动态的复杂性，每增加一个环节便意味着难度的几何级数增加。商业模式上特别要关注是否能打破格局实现对成本结构的颠覆，如果对某一个量级的产品或服务，能够因为模式的改变而大大降低成本（物理成本、组织成本或者交易成本），那么必然是一个大有可为的项目。

三、团队能力。无论什么项目，人是关键要素，团队的基因、能力是否能够匹配项目现在的运作以及未来可以预期的发展，是决定项目能否有发展潜力的保障。

等这些都确认了，一个项目的可行性和可塑性就相对明晰了，然后才是着手分析落地运营的时候。

第一步：用户甄别选择

反传统创业以用户为导向，所以当有了一个创业想法，首先要去界定那个想法的来源以及背后的动机，而后基于动机去界定关于这个项目的用户画像和使用场景，以求实操性。

一个项目或产品，一般要经过以下几个步骤反刍：

一、抓取一个场景。大多创业项目的最初想法，都是从某个场景出发产生的动机激发，但在这个阶段一切都比较模糊。

二、反溯特定客群。

三、预判痛点或痒点。

四、初试产品内测。

五、重溯客群或重塑场景。边打磨产品边反观市场反馈，这个阶段最重要。这个阶段最重要的决策就是到底选择产品升级优化还是选择用户或场景调整转变，大多数项目出的方向性问题都是在这里。

六、打磨极致产品。极致也是相对极致，主要是对于核心价值点放大做足,其他部分做合理调整。所有的好产品都是针对其定位的用户的，不存在满足所有用户的产品，更不存在100%完美的产品。超预期的就是好的，超强体验的就是棒的，满足痛点，被激发出喜欢并产生尖叫从而主动分享的就是极致的好产品。

七、界定推广场景。找到最契合产品受众的推广场景，会助力产品事半功倍。

用户和场景这两个要素往往是需要协同判断的，针对用户和场景的问题，大朴网创始人王治全（原库巴购物网创始人）在大朴网初期运营中吃了不少亏。王治全分享说："早期大朴网把用户定位于创业小有所成的 40 岁左右财务自由的知性女性，但是这类人虽然取得了社会地位，却不乐于分享传播自己的私人床品，她们消费特点是有购买力无传播力，对于做品牌，就很难引爆了。在现如今流量这么贵的情况下，用户不帮你做传播就没有口碑效应形成，大朴网无法享受到社交红利，只能靠传统砸广告的方式获取用户，高额成本成为制约企业发展的因素。大朴网站在自身角度反思用户需求是个大坑，以为用日本标准打造产品，做到无甲醛、无荧光增白剂、无致癌物，高大上人群一定会买单，其实并未深入洞察中高端人群的消费习惯。"

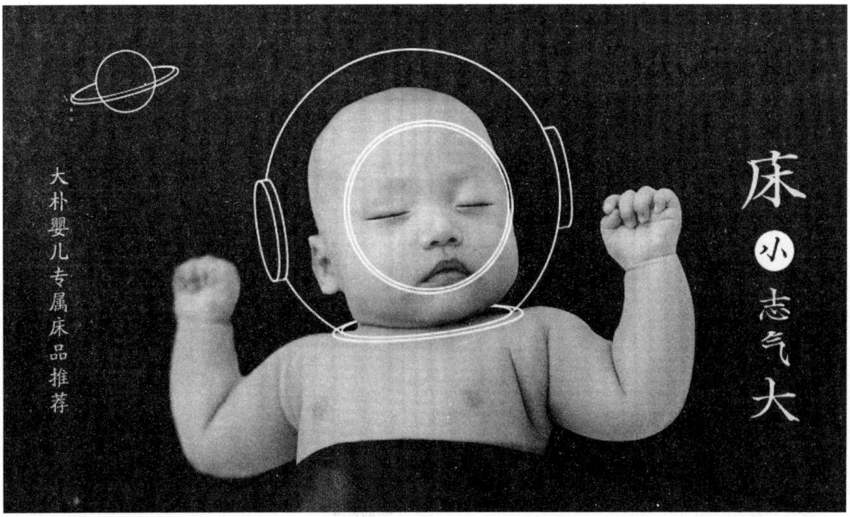

在折腾多次之后，大朴网决定在用户定位上做关键性的调整，从过去的定位转向"年轻妈妈"。她们具备共同的特点：一是对价格弹性非常敏感，二是对产品品质非常挑剔，三是具有非常足够的传播。

基于此大朴网把产品价格下调到让年轻妈妈们愿意买的标准，同时面向她们推出各种如让年轻妈妈的宝贝穿上萌宝，妈妈当内衣模特等活动，这些优化和升级让大朴网的效能转化比过去提升四倍，目标用户的锁定是大朴网迈向卓越的最大驱动力。

从大朴网的案例中我们能够发现，一旦市场遭遇挑战时，首先要回溯用户和场景，否则创业容易走死棋。因为创业初期设想完全匹配市场真实的可能性很低，不能完全把用户和场景在初期设定死，唯有在测试中根据结果判断才是最可靠的事。

创业早期，用户的验证极其重要，核心的任务是检验两个基本假设，一个是定义痛点假设，一个是定义解决方案假设。同时还要检验这个商业模式本身是否能够实现重复需要，是否能够规模化。在检验的这个过程中，去看是否能够找到那些天使用户。如果无法找到这些早期的天使用户，就必须回到用户探索阶段。

对于如何界定验证第一批天使用户，摩尔在《跨越鸿沟》一书中有细致的定义。他把用户分成三类：

第一类用户是创新用户、技术爱好者和产品尝鲜者。那些人连夜起来排队买 iPhone，这类用户一般占 10% 以下。

第二类用户是所谓的主流用户，他不会急于冲进去，他要看看别人用得怎么样，再来决定买不买。

第三类用户是怀疑主义者，这个比例也是很小的，一般在 10% 以下。一切出来的新技术和新事物，肯定不如老技术和老事物。

如果你要推一个新产品和新服务，虽然主流用户是最肥的市场，但是确实不适合先从他们开始，当然对于质疑者就直接排除为好。

《跨越鸿沟》这本书给出的答案是先聚焦创新用户，原因是主流用户基本上都是乌合之众。对新技术和新产品没有独立的认知和判断，是通过他身边的领先用户形成的。所以我们可以通过切入创新用户最后拉动主流用户。

此外，因为产品进步的步伐在不断加速，创新用户和主流用户之间的距离也在不断缩短。

那么如何推动用户的发展呢？

第一，单点突破，找到用户使用场景中的痛点，挖掘出单个创新用户群作为突破口。

第二，以点带面，在单个用户群的基础上，集中力量于单个创新用户群，而不是四处撒网，以单个创新用户群来拉动其他主流用户。

第三，以单个细分的市场群来拉动后续用户。

说到这里就得研究用户画像了。

用户画像

什么是用户画像？

用户画像是通过对真实用户的综合原型特征的勾勒，提炼出识别性的标签，以帮助产品研究和市场推广更加聚焦，更加有效。

在现实中，我们常常遇到这样的现象：创业者做一个产品，期望目标用户能涵盖大多数人甚至所有人，男人女人、老人小孩、文青屌丝、收入中高的、生活在城市的……这有点像谈一个模式，全中国14亿人，每人付费1元，就会收入14亿元，这样的设想是不靠谱的。通常考虑到大而全的产品定位必将没有市场走向消亡，因为每一个产品都应该是为特定目标群而服务的，目标群的基数越大，这个标准往往就越低。

从另一个角度来说，如果这个产品适合每一个人（基于每个人的购买力），那么其实它是最低的标准服务。这样的产品要么毫无特色，要么过于简陋，当然毫无竞争力。

用户画像就是用户信息标签化，核心工作是为用户打标签，一个标签通常是人为规定的高度浓缩的特征标识。用户画像是真实用户的虚拟代表，首先它是基于真实的，但是它又不是一个具体的人。

勾画用户画像需要设计用户基本属性、目标、行为、观点等基本信息，同时也需要研究一些定量的数据结论，如产品的使用场景、习惯、行为数据等，这样才能有助于我们更好地把握用户特征，聚焦用户价值。

第二步：场景具象界定

在确认好用户画像后，接下来就是要捕捉有价值的用户场景。

打开我们的手机，满屏幕的app，基本上每一个app都对应着一个场景。无论是看新闻的腾讯新闻、搜狐新闻、今日头条或新浪微博，还是定旅行的携程、艺龙或同程，或者基于地图导航的百度地图和高德地图，或者基于社交的微信、陌陌，还有基于商务的钉钉以及最近喊得很火的要超越微信的超信。这些无不代表着一个个重度垂直的场景，无场景不产品，唯有基于场景下的产品打造才有生命力。

从消费者决策看场景价值

传统商业关注的消费者决策流程一共有六步，以此研究行动的步骤：第一个引起注意，第二个表示兴趣，第三个产生渴望，第四个留住记忆，第五个决定购买，第六个感到满意。

这个流程中，在产生兴趣和激发渴望阶段，联想产生了极大的推进作用。场景本质上看，是联想的具象化，好的场景抓取简直就是直接有效的联想呈现。因此能够做到对和痛点直接对接的场景的深度理解就至关重要了，这有助于让产品打动人进而容易变现。

在PC时代，我们习惯于搜索。我们想要什么，先去搜索，因为人的需求本来就存在，而互联网给了一个很大的自主空间，用户自己主动去淘宝、京东上搜索。随着搜索习惯的养成，大家自然而然地分类寻找自己需要的产品，买书找当当，买3C就去京东，打折品牌就唯品会，所以PC时代就直接升级为以搜索作为导向的消费时代。

移动互联网时代，是以口碑作为导向的，呈现形式是触点。如果在一个群里遇到一个好的产品展示，而我又觉得某个产品很实惠或者很有品质、很有意思、确实打动了我，我就会分享、传播。在转发过程中，有时还会基于我的体验增加点评，这样就产生可以转化为生产力的口碑传播。

转发的过程也是我们对某种商品体验之后的分享和表达，人们需要一种超出产品使用外的表达满足感，这是物质丰富化的前提下，我们对内心世界的映射。当移动互联网发展得越来越快，人其实是越来越孤单的，今天我们看似是在买产品，其实我们是在买体验，更是在购买我们自己认知与被认知的识别过程。

联想和对比，左右着决策

虽然消费者的购买心理决策流程在今天变化很大，但这里面还是有没改变的部分，这就是联想和对比的认知过程。所有购买，在之前必先通过联想确认价值，在传统心理决策过程中，消费者要先产生兴趣再过渡到联想然后引发渴望，最后在对比之下决定购买。但移动互联网的步骤不一样，在遇到触点的瞬间就被激发联想，移动互联网下的随机购买已经成为一种习惯，而且你会发现在这个时代，用户的联想能力越来越强，而对比的能力却是越来越弱的。

为什么对比的能力越来越弱？因为我们今天买东西除了考虑产品性价比外，确实有一些带有强烈情感识别的。即使你没带有强烈情感，如果这个产品聚焦力很强很细分，你也没有办法拒绝，因为它就是场景下的最好选择。

吴声老师在《场景革命》中写道：

“找到你的场景，就能找到你的人群。找到你的拥护者，就能建设你的社群。拥有自己的社群主张，就有形成属于自己亚文化的可能。有独特的亚文化，就有互联网的内容能力。有互联网的内容能力，就有引爆的机会和资格。引爆的可能就意味着流量的获取开始进入我们的视野所及。我们需要的是系统的承接和沉淀。”

“当咖啡 &CBD，是太平洋、星巴克和 COSTA 里的人头攒动和行色匆匆；当咖啡 & 闺蜜聊天和朋友聚会，是 Zoo 咖啡和漫咖啡里的欢声笑语和华夫饼香；当咖啡 & 静谧一隅的明亮阅读，是雕刻时光和字里行间与作者穿越对话；当咖啡 & 创业，是 3W 和车库咖啡里不加掩饰的焦虑和企图心……在这些看似眼花缭乱的组合里，咖啡不再是一件寻常单品和标配，而是场景的解决方案，产品置于场景之中，被选择、被重新定义，产品即场景。”

所以说今天人们的购买往往不是产品本身，而是产品融入的场景。场景背后的心理诉求是什么？这个东西是我们必须认真思考并要落地落实的，这可是实实在在的商机啊。

大庆铁人纪念馆的“第一口井”纪念品

上次去大庆的时候，进入铁人王进喜纪念馆，看完之后不由自主地到最后的纪念品馆去寻找纪念品，最后买了一个叫“天下第一口井”的纪念品，售价100多元。这个纪念品的品质很不靠谱，就连营业员在卖的时候都提醒要小心，否则就容易把边缘的牌子弄折了，结果在箱子的挤压中还是不小心给弄坏了，对于这个做工实在不咋地的纪念品，为什么我明显感觉没有品质感但还是买了呢？

原因只有一个，因为在纪念馆里被王进喜的事迹和故事深深打动了，那是个非常有能量的场景。我在这个场景中，心理诉求被激发了。那个纪念品也只有在王进喜纪念馆我才愿意花100多元钱去买它，如果我没去过铁人纪念馆，换了在其他地方我怎么也不会买，即使送给我，我都不会要，原因除了品质太差，还有我实在不知道它有什么价值。但是在铁人纪念馆我愿意买，而且是心甘情愿地买，在品质感不够的前提下主动地去买，因为它代表着我对铁人精神的一种认同，代表着我对自己的同样期待，代表着我对未来的信念。这个纪念品还非得在那个地方买，换个地方买，即使品质再好可能都没有那种强烈的心理感受与认同了。

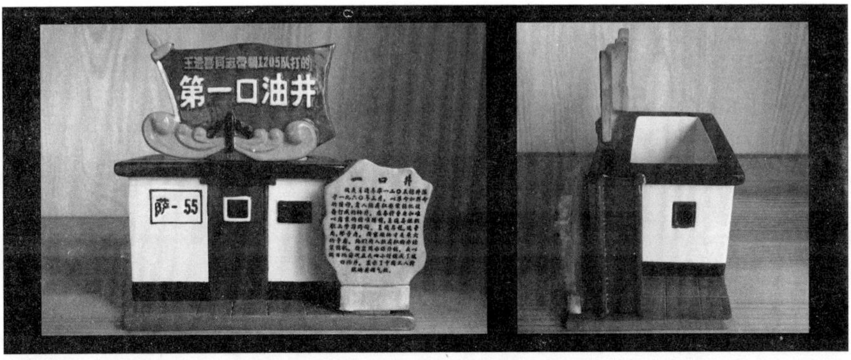

大家在旅游景点买纪念品也大多如此，虽然每种纪念品基本上都能在淘宝里买到，但是你在现场的时候还是应景地买上一堆，价格不便宜还要辛苦地背着带回来，那到底是为了什么？那就是场景带来的力量。购买的本质就是“冲动”，我们所有的购买或类似的“购买”行为，都是在冲动之下形成的，场景是一个非常重要的冲动原推力。

其实今天买产品很多时候不只是买产品本身，产品背后是一种心理诉求，比如去无印良品买东西，那绝对不会只看性价比。一个没有品牌标签的品牌深入人心，那是让你买时体验其禅意浓浓的极简心理诉求，同时还有购买后的暗爽，感觉自己就是一个追求极简、返璞归真的人。

所以，我们从偶然购买到重复购买再到必然购买，一定要问自己，凭什么让用户偶然购买、重复购买、必然购买？这里面的购买不仅仅是物用的产品，更是场景下的体验价值和映射价值，今天我们消费的绝对不是产品本身，而是对自我标签识别的一个过程。

对于具有如此推力的场景，它的背后意味着什么呢？

直观看场景的背后是体验、是联想、是认知，但这还不够，场景背后还有很多东西，有文化 、有方案 、有落点。

场景的本质就是我们具象化的解决方案。问一个问题，用户知道自己的需求吗 ？有人或许会回答知道，但一定也有人会回答不知道。

营销心理学是我多年来研究的方向，我的理解是：用户既知道但是也不知道自己的需求。具体说，用户知道自己的抽象需求但是不知道自己的具象需求。天气热了，抽象需求可以说是想买一个空调，进一步说是买一个适合自己房间用的空调,仅此而已。但不知道自己的具象需求，不知道应该买什么品牌最好，到底是 1.5P 好还是 1P 好？不知道什么性能最适合？都没概念，这个时候怎么办？那就问朋友或者营业员，我们其实需要的是一个自己愿意接受的答案。

小的东西自己还能折腾一下，大的东西也一样，因为害怕决策风险，所以买个空调折腾了半天，而买房子、买车子大多数也都一样，完全的从众心理加一点点的自我主见。对于买房买车，因为在房子上自己不专业，在车子上也不专业，基本上就去溜达一下，然后更多是问朋友、问营业员、问百度，最后决定买哪个地方的房子，哪种品牌的车子，其实也就是在自认为找到的答案中做了最后的确定。

事实上在移动互联网时代，为了更好地解决类似的决策问题，商业在场景的进化中更显细致更显具象，可以通过细化体验和增加感知让用户实现迅速判断的可能。

场景本身就是一种思维方式

从日渐明晰的场景价值中，我们感受更深的是，场景不仅仅只是一个场景，甚至场景本身就是一种思维方式。我们可以举证说明。

一、滴滴、优步、神州。

如果你出差，打车怎么打？我出差坐飞机在接送机的服务上，基本都是用神州，因为坐飞机已经很累了，希望下飞机继续赶路时能更舒服一点，虽然稍微贵一些，但上车就可以充电，有 Wifi，拿张纸巾擦擦脸，拿瓶水喝喝，这样的专车服务能够给我带来舒适的体验，这个钱值得出。

如果在外地出差，一天之内要在市区跑好多短途，图方便实惠，在有预留的时间内，我可能就会选优步。优步的一键点击让你打车非常便捷，同时人民优步又是最实惠的，甚至比出租车还便宜（除了高峰期的加价服务），到目的地后从信用卡里直接扣钱，便捷得连找零都没有（当然对于公务人员没有发票这倒是个问题）。如果你忘记点击打分，也没关系，最后总之不会多收你钱，系统软件直接判断收费，等两天后，优步还会发邮件到你邮箱提供你的费用清单。

当然如果是临时出发需要迅速地打车，那就可能选择滴滴了，因为使用滴滴软件的车包括出租车，相对来说接单速度会比较快。

而之前所谓的“电调”的车我想大家基本都已经不会再选择了。

面对这一切，如果今天外面下雨或者天气异常炎热，你还会如从前一样躲在屋檐下招呼出租车吗？不会，你早就有自己的选择，而且这种选择往往是条件反射式的，它已经成为你的思维模式。

二、携程、去哪儿、同程。

如果要出去旅行，我们还有多少人去找旅行社咨询呢？我们订机票、订酒店、买门票，又会从哪里购买呢？如今，旅行中的细分需求也被一一解构，一趟旅行，往往是去“携程”订酒店、到“去哪儿”订机票、在“同程网”买景点门票，而手机中的app已然成为我们随时点击的入口。这些已经成为习惯的结果，都代表着我们的生活在渐次地进入场景化时代。

在移动互联网时代，场景在驯化用户的认知和习惯，场景是社群的入口，场景也是连接自己和这个世界的抓手。

我们生活在场景之中，也习惯于在一个场景和另一个场景的交替过程中穿梭。今天百度拥有人与信息连接的场景，阿里和京东拥有着人与商品连接的场景，大众点评拥有人与本地服务连接的场景……

场景及生意

对于场景来说，其背后承载的就是消费需求，而且是实实在在的商业机会。在租车市场中，神州专车做了一个可参考的典范，神州专车定位的用户群是中高收入的商务群体，所以它很清楚要切入的核心用户在哪里，那个最直接有效的入口就是机场接送机服务。

对于神州专车来说，机场接送机场景抓取，是获得核心用户和市场价值的关键。于是集中推出这样的活动，构建并尝试垄断接送机场景进而升级了自己的商业模式。

在抢占这个入口场景的背后，是神州专车对企业商务租车市场的野心，因为通过机场接送机服务，可以顺势构建企业商务租车的服务机会，这样就完全打通了核心用户的价值递延并实现了商业模式的构建落地。

客观点说，神州专车在接送机这个场景中，切割出一块诱人的大蛋糕。从市场竞争的态势看，未来品牌的竞争力越来越需要抢占场景的能力，谁能构建并垄断场景，谁就能拥有稳定可观的市场回报。

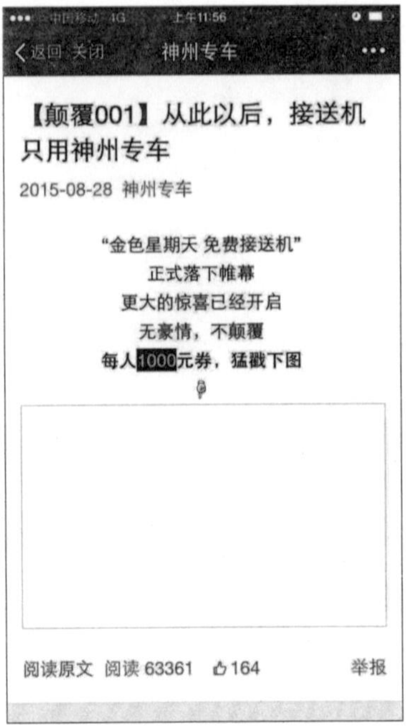
返回 关闭 神州专车
【颠覆001】从此以后，接送机只用神州专车
2015-08-28 神州专车
“金色星期天 免费接送机”
正式落下帷幕
更大的惊喜已经开启
无豪情，不颠覆
每人1000元券，猛戳下图
阅读原文 阅读 63361 164 举报

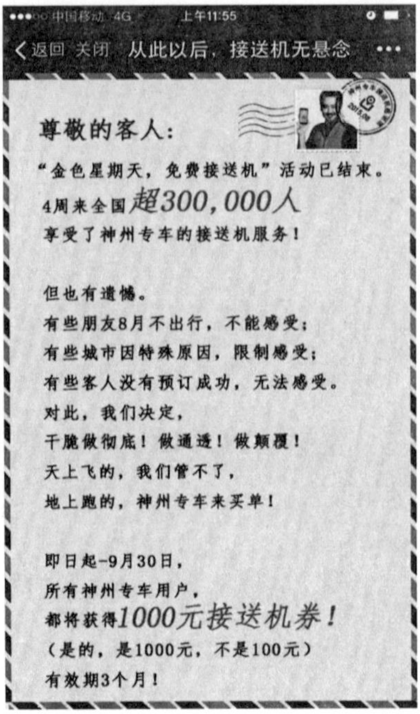
返回 关闭 从此以后，接送机无悬念
尊敬的客人：
“金色星期天，免费接送机”活动已结束。
4周来全国超300,000人
享受了神州专车的接送机服务！
但也有遗憾。
有些朋友8月不出行，不能感受；
有些城市因特殊原因，限制感受；
有些客人没有预订成功，无法感受。
对此，我们决定，
干脆做彻底！做通透！做颠覆！
天上飞的，我们管不了，
地上跑的，神州专车来买单！
即日起-9月30日，
所有神州专车用户，
都将获得1000元接送机券！
（是的，是1000元，不是100元）
有效期3个月！

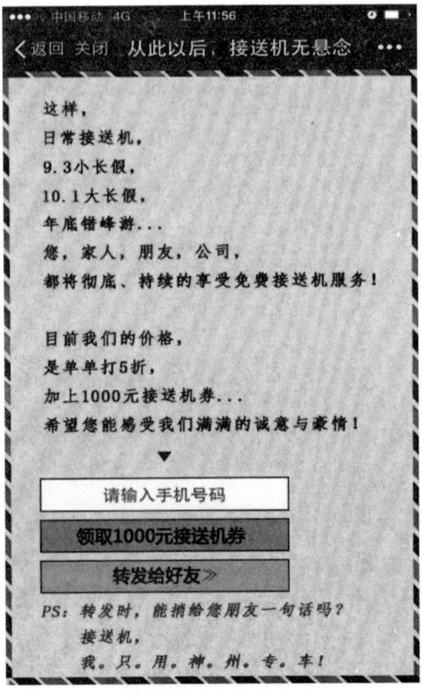
返回 关闭 从此以后，接送机无悬念
这样，
日常接送机，
9.3小长假，
10.1大长假，
年底错峰游...
您，家人，朋友，公司，
都将彻底、持续的享受免费接送机服务！
目前我们的价格，
是单单打5折，
加上1000元接送机券...
希望您能感受我们满满的诚意与豪情！
请输入手机号码
领取1000元接送机券
转发给好友≫
PS：转发时，能捎给您朋友一句话吗？
接送机，
我。只。用。神。州。专。车！

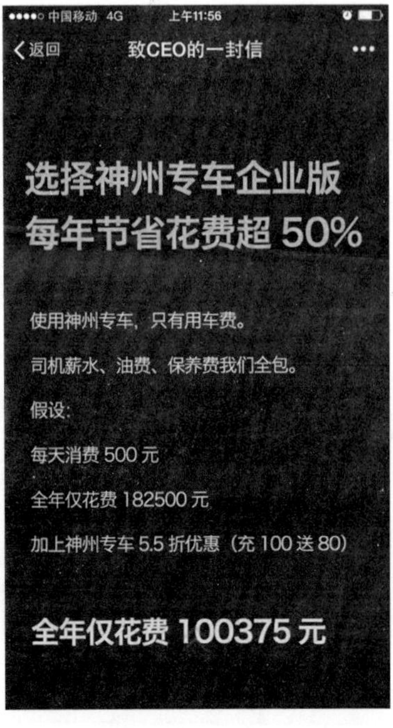
返回 致CEO的一封信
选择神州专车企业版
每年节省花费超 50%
使用神州专车，只有用车费。
司机薪水、油费、保养费我们全包。
假设：
每天消费 500 元
全年仅花费 182500 元
加上神州专车 5.5 折优惠（充 100 送 80）
全年仅花费 100375 元

中国移动 4G
上午11:56
返回
致CEO的一封信
您知道吗?
企业如果养两辆车
每年花费大于
200000.00
RMB=20 万
Audi
奥迪 A6 一年费用不低于15万:
(加油费：2000*12=24000 元)
(保养费：5500 元)
(司机顶薪：5800*12≈70000 元)
(贬值费：30000 元)
(停车费：9600 元)
别克 GL8 一年费用不低于14万:
(加油费：2000*12=24000 元)
(保养费：5500 元)
(司机顶薪：5800*12≈70000 元)
(贬值费：30000 元)
(停车费：9600 元)

中国移动 4G
上午11:57
返回
致CEO的一封信
全国 60 城市覆盖
出行随意不限号
无论您在哪里
都可以享受当地的神州企业专车
不限号 随时出发

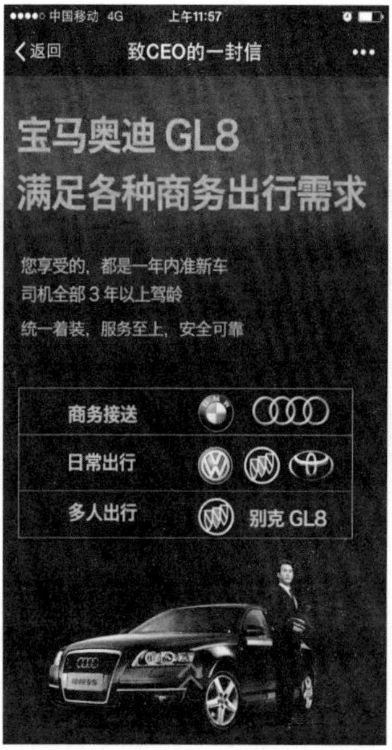
中国移动 4G
上午11:57
返回
致CEO的一封信
宝马奥迪 GL8
满足各种商务出行需求
您享受的，都是一年内准新车
司机全部 3 年以上驾龄
统一着装，服务至上，安全可靠
商务接送
日常出行
多人出行
别克 GL8

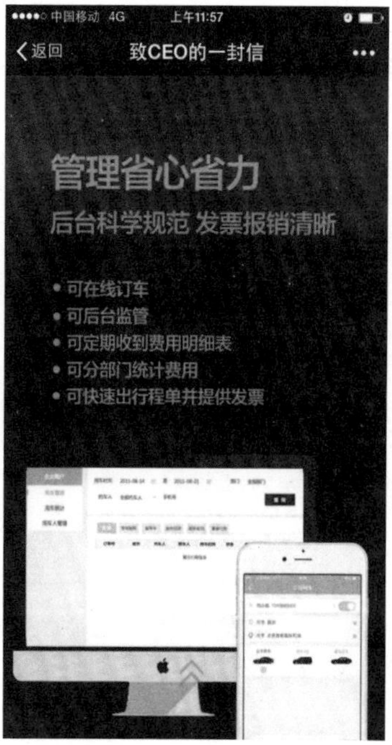
中国移动 4G
上午11:57
返回
致CEO的一封信
管理省心省力
后台科学规范 发票报销清晰
• 可在线订车
• 可后台监管
• 可定期收到费用明细表
• 可分部门统计费用
• 可快速出行程单并提供发票

2015 年 4 月香港凤凰卫视的主持人梁文道推出了一个名为《一千零一夜》的读书分享节目。这是一个典型的基于场景的自媒体节目，在随意漫步的夜间街头，梁文道分享一本本他咀嚼过的有韵味的书，夜色之下街头的场景完全是随机抓拍的，梁文道就这样随意地行走随意地分享。这个打上“一千零一夜”烙印的节目一推出也很快破了 5000 万的点击率。

在场景上，韩剧从来都是运作高手，随着场景中的情节起伏，音乐声渐渐升起，极大地满足了沉浸其中的女性观众们的心理需求，特别是到了关键性的情节时，音乐和留白的营造让观众热泪盈眶。

第三步：痛点排序抓取

以用户为导向之下的场景研究是确认痛点的前提，但很多时候我们自以为是的痛点却不一定是用户认同并感受到的真正痛点，所以对于痛点的搜索和识别需要有效地印证。

如何找到并定义用户痛点？

第一，通过他人或平台的反馈和评论。通过调研和探寻已有用户在第三方平台的反馈和评论，收集抱怨和投诉，从中整理归纳出痛点所在，这是比较省时省力的。而某些前车之鉴的失败案例那就更值得研究和探讨。在此过程中可以通过归类分析的方式归纳对比，增加痛点抓取的可靠性。

第二，通过观察和体验。深度观察用户行为和状态，有时也可以通过亲身体验的方式来感受用户的痛点。

第三，通过测试和试错。没有人保障第一次就能有效抓取痛点，所以大胆地测试和迅速地试错去界定痛点。

痛点往往存在于非常具象化的场景中，比如美柚针对女性经期的管理，滴滴针对出行打车的便捷，58 到家针对家政服务的挑选，唱吧针对更爽更低成本的唱歌体验，陌陌针对单身男女“约会”的机会供给，航空管家针对飞机起飞准点的把握和提醒，大众点评针对本地服务的甄别和挑选……

除了这些纯基于移动互联网的产品之外，还有很多实体产品也具有类似的特征。比如 55 度杯针对喝温水提供安全和方便的解决方案，iPad 针对我们休闲生活的需求提供了便捷的解决方案，小米科技则提供了一部超高性价比的“快”手机,黄焖鸡提供了一份高性价比的“正餐”，“三个爸爸”净化器解决大家对雾霾下的 PM2.5 的恐惧，景致家则为家庭女主人提供简约实惠的家居必需品一站式采购服务……

但是有的痛点往往隐藏在常识之中需要我们的洞察力，如何才能更好地感知并挖掘出痛点？除了我们仔细分析外，通过专业的对话技术和对用户做深度的挖掘探索也是非常有价值的一个途径，这种对话技术就是：SPIN 顾问式对话技术。

SPIN 顾问式对话技术

在和用户的沟通交流中使用 SPIN 对话技术，可以引导用户对痛点的自我识别和探索，这对于痛点的判断和寻觅是一个非常重要的手段。

SPIN 顾问式对话技术，是美国心理学家 Neil Rackham 与其研究小组与 10000 多名销售人员一起到各地进行工作，历时 12 年，跨越 23 个国家，涉及 24 个不同的产业，共计 35000 个销售拜访的实地观察与分析，观察他们在销售会谈中的实际行为，研究了116个可以对销售行为产生影响的因素和27个销售效率很高的国家，耗资100万美元，在1988年公布的一种与用户沟通对话的模式，其核心即SPIN对话框架。

SPIN其实就是情景性（Situation）、探究性（Problem）、暗示性（Implication）、解决性（Need-payoff）等四个英文单词的首位字母合成词，因此SPIN就是指在营销过程中职业地运用实情探询、问题诊断、启发引导和需求认同四大类提问技巧来发掘、明确和引导用户的需求与期望，从而不断地推进营销过程，为营销成功创造基础的方法。

SPIN教人如何找到用户现有背景下的事实状态，引发用户说出隐藏的需求。在过去的使用中主要是通过深度挖掘帮助用户发现已有产品与服务的价值，而在如今，非常适合从用户角度寻觅可以研发和制造的产品方向。

虽然所有的需要都来自于问题点，但是基本上大家都能感知到的表面需求往往都不能成为我们赢得市场竞争的关键，唯有那些常识之下的隐藏性的需求才能真正帮助我们找到值得聚焦的痛点所在。我们和用户深度交流去挖掘隐藏性需求，然后有针对性地转化为明显性需求，从而保证痛点的可识别性。

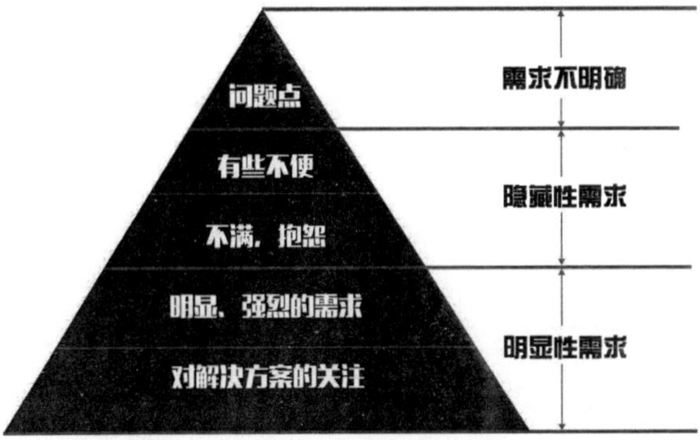

和用户对话挖掘痛点使用的四种询问模式：

S情景问题：基于情境的询问（Situation Question）；

P 探究问题：基于难点的询问（Problem Question）；

I 暗示问题：基于内含的询问（Implication Question）；

N 解决性的问题：基于需求回报的询问（Need-pay off Question）。

真正的痛点都是发生在用户的不满达到真正严重迫切的地步表现出来的需求点。这就要求你首先发现并理解用户的难题和不满，并进一步放大澄清，并转为明确需求，那是一种清晰的对对策的渴望，而你投入研发的产品或服务则需要基于这个角度去实现并满足它。

SPIN 犹如我们手中的一幅交通图，为开发用户的需求寻觅到痛点指明方向，步步接近目标，直到目的地——痛点的解决方案。因此，SPIN 模式的意义在于：通过一系列提问帮助用户梳理自己的隐藏性需求，并使其认识到其中急需解决并愿意为此买单的产品需求。

下面就重点介绍如何具体运用 SPIN 提问式技巧：

一、基于情景，询问现状问题。

目的：现状问题是指 Situation Questions，在见到用户的时候，如果不知道他处于什么状况，就要涉及现状问题。找出现状问题的目的，是为了了解用户可能存在的不满和抱怨，因为用户有可能不愿意主动告诉我们有什么不满或者问题，甚至他自己也不能非常清晰地意识到问题所在，所以我们通过询问的方式去协助用户去发现。比如可以询问一个用户多久旅行一次，怎样安排自己的旅行，以及旅行中有什么样的体验。用这样一些问题去引导他发现他在旅行中可能存在的问题。

二、基于探究，发现难点问题。

目的：难点问题是指 Problem Questions，它的定位是询问用户现在的困难和不满的情况。例如：手机待机时间会不会太短？打车时便不便捷？等等。

三、基于暗示，引出牵连问题。

目的：暗示问题是指 Implication Questions，在 SPIN 技巧中，最重要的问题就是暗示问题，这也是能否挖掘出痛点的关键。提出牵连性问题的目的有三个：

（一）让用户唤起引发后果的不满点回忆；

（二）这些不满点背后的具象化场景以及可能导致的后果；

（三）排序出不满点的优先次序，找到关键性问题。

排在最重要位置且占有绝对权重的亟需解决的不满点往往就是我们所谓的痛点了。

四、基于满足，明确价值问题。

目的：需求满足回报问题指 Need-payoff Questions，我们暂时把这个问题称为价值问题。它的目的是让用户把注意力从问题转移到解决方案上，并让用户去判断和评价这种产品和服务能够带来的好处。

SPIN 的益处在于：

（一）帮助确定核心痛点；

（二）促进产品聚焦开发。

痛点是每个企业开发产品都极其关注的，对于某些行业有一些基本痛点诉求是共识的，比如互联网领域，无论百度、优酷、阿里、腾讯、新浪、搜狐等都必须打开得“快”，快是大家虽然不说但是始终在狠狠较量的基本线，但决定胜负的是其在各自领域中解决用户的痛点能力。

MVP 的价值

在找到痛点后，提供解决性的价值诉求时，如何判断产品是否真的能够解决用户的痛点，这里就需要做迅速的测试和迭代了。“精益创业”里有一个 MVP 的概念，即最小化可行产品。

MVP 更多的是代表一个测试工具，它帮助我们快速对关键前提和假设进行验证，用最快的速度、最小的成本获得最快的认知，得出行动的导向。

MVP 不但适合软件行业，也适用于硬件行业。它可以通过迅速的迭代从而做到化腐朽为神奇，通用电器在面向精益创业转型时还发明了一个词，叫 fast work（快速工作）。通用电器之前采用高度集中的西格玛管理模式，而现在采用精益创业模式能更迅捷地推动产品开发和升级。

比如说冰箱是一个硬得不能再硬的东西，传统的完整链条是“研发、生产、销售”，没有三年是做不下来的。但是通用电器最新的冰箱就是从开始之初就招募了 2 名天使用户，从第一版到第九版快速成型，且只做一台，用原有的冰箱原件快速地搭出来，然后给用户反馈，反馈之后再搭，搭后再反馈，一直到十版才定型，然后做出 50 台测试，最后正式生产，整个过程从 3 年变成了 9 个月时间。所以在一旦测试出痛点的时候，就需要利用 MVP 去验证产品的可行性。

在初心会里有一个叫“小牛帮”的汽车后市场服务项目，有一次创始人稽总在我办公室诉说他在市场推广中的辛苦和压力。即使针对苏州这个城市，通过 app 下单然后为用户提供洗车，若要有效推广也免不了烧钱之苦，问题是烧到何时才能获取下一轮融资。

对此我当时最直接的建议就是此项目的 MVP 设计要合理，如果针对整个苏州市做这样泛泛的测试，成本太高了，但是如果针对某个商区最好是某个合适的小区做测试，可能更容易获取样本，得到可行性的数据。其实对于洗车和保养，正常时间大家在上班，都很忙，确实没有很多空闲时间，如果能够在车主回到家休息的时候提供服务，不但节省车主的时间也非常便捷安全，可以在用户吃饭前预约，吃饭时服务，吃饭后就可以给予服务反馈，反正在一个小区内，只要通过物业的保证得到业主的信任，你就可以提供自己的服务去尝试实际的效果，如果一个小区样本做得很棒很好，那也非常有机会打动投资人。

特别提醒：在痛点探索和 MVP 测试的过程中，避免过度营销，因为过度营销容易带来信息扭曲，从而容易引发错误的判断进而导致后期推进的失败。一个项目从 0 到 1 是一个反营销的过程，这是需要警惕的。

对于痛点之下的 MVP 测试，是创业中非常关键的节点，这也是真正从 0 到 1 落地突破的基础和前提，更是价值主张能否变现的保障。

初心会众创营里有一个孵化的项目，创始人叫麦田，他是一个非常有才华的文艺青年，自己开了一个叫作“声声曼”的客栈。在服务中发现很多文艺青年来到苏州希望能找到富有情怀的景点、小店或者产品，文艺青年的旅行和传统的大众旅行不同，比如去周庄，文艺青年们大凡会寻找三毛茶馆，到里面体味一下当年三毛的心境。目前大一统的旅游景点和服务不能满足他们的需要。于是麦田选择了再创业，和七八个伙伴花了好几个月的时间，拜访本地的手艺人、情怀小店的店主、景点边的老人，让他们讲述自己以及有关于这个城市的故事。

麦田有多年的电台主持经验，他把他的特长也发挥出来，把团队采访而来的语音制作成动人的故事，然后在让小伙伴手绘出一张张插画，再集合那些动人的故事，最后做出了一本名为“鲸过”的声音笔记本，我们称他为“旅行卖声第一人”。

就这个笔记本来看，本身确实很有价值，我第一次看到如此高性价比且很有味道的产品，也非常喜欢，每一页都展示出我们不曾听过的苏州故事，让每个没有到过苏州的人能够更快更有感觉地了解苏州。说实在的，很多苏州本地人都不是真的了解苏州，而麦田用他自己的情怀打造出富有情怀的产品。

这到底会成为一个什么样的生意呢？中国的旅游业竞争如火如荼，未来的发展也势不可当，各种平台型的公司也充斥着生活，麦田做的事情能成为一个有未来的事业吗？

从市场来说，文艺青年旅游是个细分市场，文艺青年去周庄会选择三毛去过的茶馆，同样住宿也愿意住到有艺术气息有情调的小店。餐饮和产品的需求也都一样，特别关注本土的特色和人文气息，对于文艺青年的旅游路线定制和服务，将越来越成为一个大趋势。

文艺青年在旅行中往往希望有一起同行的伙伴，他们的社交渴望不亚于骑行圈子，他们希望找到志同道合的人，排斥商业过度的地方和服务。从经济条件看，曾经的老文艺青年们今天的经济实力也不同于往常，而新一代的文艺青年的消费能力和意识也不同于过去，消费能力上，也远高于从前。

所以如果构建一个基于文艺青年旅行的细分品类，从文艺情怀的内容开始，带入社交，并导入对应的产品和服务，这将变成一个非常值得期待的大事业。

问题是基于麦田的那本“声音旅行笔记本”是否为最佳的入口产品呢？这一切都得测试。

在国庆节期间，麦田开始认真拜访起他的天使用户们，了解他们的使用场景和真实的需求。通过与多个用户的深入访谈和交流，麦田发现他们很喜欢声音笔记本，但是更深度的需求是有关类似地图的承载物，因为来到一个城市，需要一张非常便捷实用的地图，最好是集聚文青们喜欢的路线、景点、情怀小店的地图，最好顺手就可以在客栈拿到，能够随身携带使用。

而麦田在拜访天使用户的过程中，和情怀小店的交流中又发现了声音笔记本以及地图和产品结合的市场机会，那就是把地方的特色产品和地图或者声音笔记本融合起来去满足外地文青对本地人文特色的体验。

由此可见，唯有真正地和天使用户一起去了解场景和痛点才能有效地找到突破口。而很多创始人宁愿躲在屋子里面想三天三夜也不愿意出去多花一分钟了解用户的想法，这就糟糕了。因为创业的源头是用户价值。我总结了一句话：脑中推演一万遍，不及用户见一面。

对于一个场景，用户的痛点往往不止一个，那么面对多个痛点时应该如何聚焦选择呢？有一个常用的工具，通过横向和纵向地罗列出痛点分类基于对应的功能、价值、体验乃至于价值主张，然后去做对比分析和判断。

如下图：

问题、痛点	购买	运送	使用	维护
功能性				
体验性				
价值主张				
解决方案（我的）				
解决方案（现有）				
能力匹配度				

而对于痛点的界定无论是我们之前谈过的 SPIN 的对话技术，还是通过竞争对手的市场反馈（有一些可以参考淘宝、天猫、京东里的评论），或者通过自己的体验和观察去洞见，而这一切都需要最后基于天使用户的测试，这是最后的把关口，也是从 0 到 1 真正落地的开始。在我们没有做到这件事之前，先忘掉什么平台战略、产品体系吧。没有 1 就没有 2 和 3，更没有三生万物的可能。

第四步：颠覆陈规旧律

每一个陈规旧律背后都有一个形成的原因，但是既然有诞生就必然会有消亡，一个商业体要想突破发展，产品、渠道、用户是你可以选择思考的三条突破路径，但是唯有陈规旧律的颠覆才是最具张力的突破选择。在商业发展史上有太多通过规则的突破而实现机会进而获得推动自己以及整体商业业态迅猛发展的案例。

我们先来分享淘宝颠覆 eBay 的案例：

易趣是最早把美国 C2C 在线销售的概念引入中国的一家公司，后来（2002 年）eBay 收购易趣，改为 eBay.cn，成为当时中国刚刚兴起的电商市场的先行者，在当时大约占有全国网购市场三分之二的份额。在竞争之初，eBay 来势汹汹，甚至为了阻止淘宝扩张，买断了新浪、百度等主要网站的广告位置，借以封杀淘宝。无奈之下，淘宝则转而寻求大量中小网站，靠中小网站联盟的推广以蚂蚁雄兵策略设法争取新用户的加入。

这场战役一开始对淘宝很不利，但是淘宝在寻求突破的道路上，基于对商业的预判，突然发现“免费”是最有杀伤力的一招。因为这一招对淘宝自己不存在任何的损失，原因是淘宝本来就没有什么用户可言。既然淘宝可以免费开店，在 eBay 上的卖家都觉得不开白不开，不管淘宝有没有流量，也愿意把店在淘宝上复制一家。而就这样日积月累，最后，淘宝通过免费汇聚了大量的卖家，而有了卖家自然就有了买家。

除此之外，因为 eBay 是收交易费的，因此特别担心买家和卖家共谋，严格规定卖家不许留自己的手机，不许留信箱地址。而中国人的购物习惯是不直接交流就没有安全感，但直接交流 eBay 又收不到交易费，而这一切对于淘宝又是有百益而无一害，反正淘宝还没什么生意，就这样淘宝又把交易费也免了，还鼓励买家卖家联系越多越好，接下来顺势还做了一个淘宝旺旺的聊天工具来撮合交易。

既然全都免费了，那就好事做到底。淘宝紧接着又提供了一个方便交易的支付手段，这是为了解决信用的问题，可以帮助买家拿到货后再通知付款，这就是支付宝，这个服务又促进了淘宝的交易。

这一切让 eBay 确实特别难受，从一开始淘宝扛起免费交易的大旗时，eBay 就无法回应，因为它们的体系和状态不能支持巨大的损失。面对已经拥有的很多收费用户，自己革自己的命，确实很难下手，而整个总部在美国的状况让领导层预判不足，且反应过慢，最后，稀里糊涂地被淘宝抢得商业上的先机。

这是一个非常明显的颠覆收费规则的案例，而后来的奇虎 360 推出的免费杀毒服务完全如出一辙。

因为我们大多数时间使用的都是习以为常的思考逻辑和角度，所以要颠覆陈规旧律，确实不易。不过使用“倒推法”或许是个好途径。这个有点像画迷宫的方式，先确认终点然后倒退画出关键路径。换句话说，你可以先界定你想要什么，然后去寻找有什么办法突破实现，以终为始去找到可颠覆的规则来构建自己的竞争力。

倒推法在本质上是一种反向思维方式，倒推资源配置，倒推时间分配，连接战略战术，连接方法手段。目标倒推法的核心是：不去重点研究企业现有的生产经营能力能达到什么目标，而是重点研究要达到企业预设的战略经营目标需要什么条件和采取何种路径。如果条件具备，就开始执行，如果条件不具备，并不是简单地马上放弃，而是研究能否采用新的路径方法来实现目标。

在这种思维模式下，你需要确定以下几个问题：

一、目标是什么?

二、影响目标实现的关键因素是什么?

三、这些因素的优先 / 重要性等级是什么?

四、如何实现 / 处理这些因素?

牛根生是这方面的高手，他遇到难题解不开时，总会首先想到“要想知道，打个颠倒”这句话，启发他的思路向着与常人相反的方向思考。蒙牛在发展初期就是颠覆了“先建工厂，后建市场”的规则来实现最初的爆破。

1999 年蒙牛起步时，当时的奶源已被大企业瓜分殆尽，按照一般创办企业的思路，首先要建厂房、进设备和生产产品，然后打广告、做促销，产品有了知名度，才能有市场。如果按这样的思路运作，也许蒙牛今天仍然像一头牛在慢行，绝对不会跑出“火箭”的速度。传统的经营模式是需要自己建奶源基地，自己建工厂，然后开始营销，可是当时的蒙牛根本就没有那么多资金。面对这个问题，蒙牛没有放弃目标，而是逆向思维“过程颠倒”，在认真研究行业状态跳出“先建工厂，后建市场”的窠臼后，创造性地提出“先建市场，后建工厂”的经营模式，实行了贴牌生产。贴牌生产，也叫“虚拟联合”，也就是蒙牛与中科院联合，走产学研相结合的路子，开发出自主品牌蒙牛液态奶，把有限的资金集中用于市场营销推广之中，然后把全国的工厂变成自己的加工车间。在没有一头奶牛的情况下，牛根生用三分之一的启动资金即 300 多万元，在呼和浩特进行广告宣传，形成铺天盖地的广告效应，几乎在一夜之间，人们都知道了“蒙牛”。

接着，牛根生与中国营养学会联合开发了新的产品，然后再与国内的乳品厂合作，以投入品牌、技术、配方，采用托管、承包、租赁、委托生产等形式，“借鸡下蛋”生产“蒙牛”产品。蒙牛把这种“两头在内，中间在外”——研发与销售在内，生产加工在外——的企业组织形式，称作“哑铃型”。通过这种逆向运作，在短短的两三个月的时间内，牛根生盘活了近 8 亿元的企业外部资产，完成了一般企业几年才能完成的扩张。

半年之中，在中国乳制品企业销售收入排行榜中，蒙牛由千名之末蹿升至第119位。2000年，蒙牛实现销售收入2.94亿元，是1999年的6.7倍，销售额居全国同业排名第11位；2002年，蒙牛实现销售收入21亿元，是2000年的8倍，蒙牛总资产达11亿多元，主厂区占地面积55万平方米，建筑面积14万平方米，形成年产液体奶、冰激凌各20万吨的生产能力。蒙牛有了自己的工厂后，“虚拟联合”不仅没有收缩，反而进一步延伸。

到了2004年，参与蒙牛公司原料、产品运输的3000多辆运货车、奶罐车、冷藏车和为公司收购原奶的2600多个奶站及配套设施，以及员工宿舍，合起来总价值达20多亿元，几乎没有一处是蒙牛自己掏钱做的，均由社会投资完成。牛根生形象地称其为“只打的，不买车”，这算不算是很领先的众筹众创呢？

回顾这个案例，我们可以看出，蒙牛研究了国内市场的乳业发展前景，基于市场前景的分析，确定了将市场定位在全国的目标；目标确定以后再考虑怎么生产、哪里生产、资金来源、人员缺口等等，最后提出了贴牌生产的解决方案。由此来看，在目标确定后，当现有条件不足时，我们不应简单地放弃目标，不能固守传统的陈规旧律，而应该聚焦可爆破的方式方法去创新突破。

正如铁人王进喜说的“有条件上，没有条件，创造条件也要上”。

美特斯·邦威，周成建初期建立品牌也是一样颠覆。当时同样是缺钱没实力做工厂的他，索性颠覆传统做品牌一定要有自己工厂的陈规旧律，而直接倚靠当时全国产能过剩的状况直接抛弃工厂，单刀切入市场，构建自己的品牌。

事实上移动互联网给予我们想象和创新的空间更大更有可拓展性，问题是你能否从平平庸庸的众生里脱颖而出找到自己的颠覆之路。

颠覆陈规旧律往往都开始于一个大胆的假设，然后才会发生后期我们想象不到故事。

下面我用可供参考的方法论、参考步骤和案例来做一个系统的说明，希望能帮助大家深入学习找到有价值的突破路径。

颠覆陈规旧律的方法和步骤

一、目标。重新审视你当前所在行业中那些大家认为理所当然的事，从中找到三个颠覆性创意。刻意提出三个非理性的“如果……会怎么样”的问题，以转变自己的思维方式，从而突破当前行业、领域或产品类别的思想局限。

二、方法。

（一）你想颠覆什么？

在某一行业、领域市场中，确定你想要颠覆的市场现状。例如，很长时间以来，某种情况一直都没有改变过。

抑制住立刻思考某一特定问题的冲动。好的假设往往是在看似没有问题的情况下提出来的。

填空题：“如何通过出人意料的方案彻底颠覆（填入你所要颠覆的市场现状）现状呢？”

这个填空题需要你大开脑洞，不拘泥于你熟知的规则。因为你所见到的习以为常的规则背后都是先行者制定的，而规则背后就是他们的利益，因此你要获取更好的回报和突破就必须不按常理出牌，否则你永远不可能走出强者们画下的圈子。

（二）有哪些陈规旧律？

归纳陈规旧律——在你所要颠覆的市场现状中，有哪些影响生产商和消费者思维方式的传统和观念。

在你要颠覆的行业中，选择两家或多家企业进行对比。

通过三种过滤方法（产品、互动和定价）对守则进行筛选，上网搜索每个竞争对手公司的信息，然后列出其共有的陈规旧律（注意：最明显的和看起来最“自然”的观念往往是最容易被忽略的）。

（三）你的颠覆性假设是什么？

像玩魔方一样重新审视旧规则（注意：设计此步骤的目的是为了挑

战你看待一个行业、领域和产品类别时所持有的旧思维方式）。

对于分析归纳的旧规则，看是否可以通过否定、调整或逆向思维方法对其进行颠覆。

通过问“如果……会怎么样”的问题做出几个假设。

找到三个以上的假设以备下一环节使用。

如何通过出人意料的方案彻底颠覆（　　）的现状呢？

三、采取行动。

（一）你想颠覆什么？（市场环境）

①行业　　②领域　　③产品品类　　④其他

（二）寻觅陈规旧律。

1. 信息收集：确定在你所选择的市场环境中与你有直接竞争的公司。

按以下评估因子填入与你公司情况类似的竞争对手			
公司规模	品牌效应	营销渠道	市场策略

2. 信息筛选：罗列行业里相同的行为、竞争方式、理念等。

使用以下三种方法过滤信息		
第一、与产品及产品相关的规则		
特点和好处	定位定价等	典型消费者、区域
第二、与渠道及渠道相关的规则		
体验度	转化效率	成本问题

续表

使用以下三种方法过滤信息		
第三、与用户及用户相关的规则		
互动方式	互动频次	利益关系

注意：不必面面俱到，关键是要将这些陈规旧律摆到桌面上来。最明显、最自然不过的规则往往最容易被忽略。

3. 挑战现状：思考如何把某个事物放大或缩小，对其进行逆向思考或者将其完全抛弃。

举例说明：基于餐厅的分析。

（1）逆向思维。

守则：客人来餐馆，餐馆为客人提供菜单（互动）。
假设：如果只在客人就餐完毕离开时，餐馆才提供菜单，会出现什么情况？

守则：

假设：

注意：如果你觉得太荒谬，请参考我们之前在案例中提过的 El Bulli（牛头士）餐厅，尝试结合自己公司的产品和服务练习一下，练习的目的是挑战你对某个行业、某个领域和某个产品类别的固有思维。不要担心自己的假设太离谱！

（2）否定思维。

守则：消费者为食物和服务埋单（价格）。
假设：如果消费者无须为食物和服务埋单，会出现什么情况？
疯了吗？

守则：

假设：

（3）调整思维。

守则：餐馆提供前菜、主食和甜点三道菜（产品）。
假设：如果餐馆提供30道菜，会出现什么情况？

守则：

假设：

结果：你的三个颠覆性假设。

1. 如果……会怎么样？

2. 如果……会怎么样?

3. 如果……会怎么样?

基于“会怎么样”的结果预判，从中找到可以尝试努力的机会。在前面的章节,我们分析过颠覆陈规旧律可以有颠覆“明规则”“潜规则”“元规则”三种模式。无论在价值形态上还是成本机构上,都有可能实现突破。

价值重构的突破

在移动互联网之下,往往有以下三个方向可以从价值角度探索突破。

一、体验重构:原有体验的彻底颠覆与重构。

二、资源重构:对用户碎片化时间和闲置资产的再释放。

三、连接重构:彻底改变服务接收方和提供方之间连接的范围、方式和效能。

成本结构的突破

在移动互联网之下，有很多超出传统价值网的玩法，特别是在成本结构上更是有了可颠覆的巨大机遇。“回家么”创始人王雨豪,人称豪哥,在过去多年的创业中，提出的雨豪成本破坏论有以下三大颠覆角度:

一、物理成本:颠覆原有的承载需求的物化载体投入。

二、组织成本:颠覆原有保障运营的组织层面投入。

三、交易成本:颠覆原有实现交易的运作层面投入。

交易成本
组织成本
物理成本

下面我们一起通过共享经济下的Uber、滴滴等和传统的出租车行业来做最直观的比对和思考。

一、价值重构层面。

（一）体验重构：原有体验的彻底颠覆与重构。

原来我们打车，是在各种环境中不可控地等待出租车的到来，而今只需要一个软件的点击就可以对接正在寻找用户服务的车辆。不但能够看到车辆的移动和距离，还能随时沟通，保障服务的及时性。除此之外，以前乘出租车基本没有积极主动的司机帮你提行李、帮你手机充电，而今这一切都变了，在新的共享经济的服务中，体验的重构让用户和司机都皆大欢喜，各取所需，实现共赢。除此之外，基于银行卡实现的直接扣款方式还省去了找零等不必要的麻烦。诸如此类，都实现了体验的重构价值。

（二）资源重构：对用户碎片化时间和闲置资产的再释放。

过去的出租车常常空跑车，耗油不说还耗精力，而过去的私家车更是空置率巨高，有闲暇碎片时间的驾驶员也没有路径去贡献自己的精力。而现在通过一个软件实现了这些闲置资源和时间的有效利用。

（三）连接重构：彻底改变服务接收方和提供方之间连接的范围、方式和效能。

在使用Uber或滴滴的时候，基于手机里的app，就可以实现用户和司机的对接，而基于电话（可以直接点击电话号码做及时沟通）、邮件（通过邮箱获取消费清单）的多种连接工具，实现了有效的连接重构。

二、成本结构的颠覆。

（一）物理成本：原有的承载需求的物化载体投入。

如今的Uber不需要投入一辆车，但却成为拥有全世界最多出租车资源和用户的公司。

（二）组织成本：原有保障运营的组织层面投入。

Uber著名的“三人模式”颠覆了传统的组织成本。Uber进入新城市时一般只有三名工作人员：市场经理负责营销，了解乘客痛点，了解服务质量，同媒体和乘客打交道；运营经理负责招募司机，管理与司机有关的事情，让他们同 Uber 开心合作；另一个人负责处理其他辅助事务。每个城市指派三个人倚靠最极简的原则（不超过三条）做到城市运营。Uber 也没有什么特别的地方政策作为支持，一切都是在总部统一政策之下地方公司利用自己的能力灵活发挥。

（三）交易成本：原有实现交易的运作层面投入。

因为只需要用户和司机在 app 上自己对接就可以解决所有问题，所以对单个的交易成本来说趋向于零。

从本质上说，Uber 和滴滴都是应需而生的。任何拥有生命力的互联网产品一定是因为它满足了市场用户的自需求。Uber 的两位创始人中 TK 是程序员出身，有一次他和联合创始人到巴黎埃菲尔铁塔游玩，想打车回酒店但打了很久也没打到。于是他们回去之后就开发了一个软件，然后在 2009 年成立公司，2010 年推出服务，界面跟今天没有太大区别。虽然今天移动数据量更多、更精美，但是理念完全没有变过。

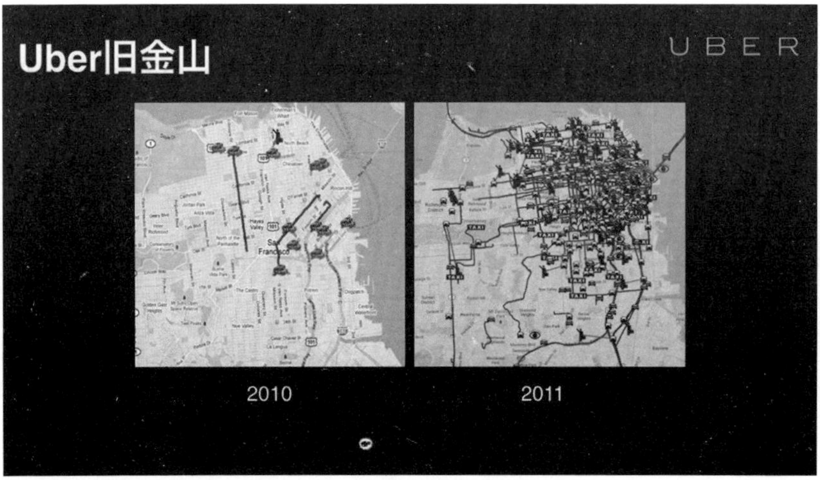

2010 年推出后，从 Uber 旧金山的图片上看，与 2011 年差别就非常大（司机迅速增加），如果比对今天那差别就更大了。从 2010 年推出服务到 2015 年 Uber 已经进入全球 50 多个国家的 300 个城市，平均 1.8

天进入一个新城市。

Uber 从 2010 年推出服务到今天，成为互联网历史上发展最快的公司之一，大大降低了交易成本实现了成本结构的破坏。而良好的交易界面，使得供需更容易对接，并实现价值重构，从而产生了积极有益的社会价值。

突破陈规旧律的家居用品连锁机构。

景致家是定位于 O2O 模式下的居家必需品服务平台；专注于“简约、健康、高性价比”的居家必需品的细分领域。

背景：景致家的前身是“漫生活”品牌，这是我在 2014 年投资成立的一个企业，在成立的几个月内融到数千万元估值的天使轮资金。但是在进一步市场拓展中，由于初期定位的创意家居用户在运作落地时，发现这是一个叫好不叫座的状态，于是及时根据市场进行转型，重新定位，专注细分的居家必需品领域，并改名为“景致家”。

挑战：因为是新生品牌，没有足够的用户，没有足够的供应商资源，更没有市场的品牌势能，因此无论在产品上还是渠道上都是比较匮乏的，刚开始除了公司主体外，只有一间不到 80 平方米且亏损的小店，且团队相对年轻，缺少实战经验。

一、与产品相关的规则。

在市面上能看到的产品，都集中在大型家居或者小型家居配饰上，但完全聚焦于居家必需品品类的很少见，即使是宜家等品牌也只关注家居的场景构建，而对居家生活必需品关注很少，大多只是搭配。主要原因是担心如果聚焦居家必需品，基于客单价和复购率都低的情形，经营收益难保障。

二、与产品互动相关的规则。

（一）卖东西必须要到店内购买，而一般店面最多只能辐射 3—5 公里范围。

（二）只能面对店面提供的产品做选择，而无法做反向购买或预售的影响和选择。

（三）基本只有销售方和购买方两种角色。

（四）无法预估市场的需求，只能靠传统的经验估算市场需求，备库存。

（五）存在着避免不掉的房租、人员等占比比较大的硬性成本。

（六）对于品牌的加盟基本都是收费模式，如加盟费、保证金、管理费等。

三、与产品价格相关的规则。

为了补偿低销售周转率和库存的成本，基本都是高毛利，加价率高达 100%—300%。

四、采取行动。

（一）复合式众筹。为了获取用户和保障人气，景致家从受众角度做突破，通过复合式众筹的方式，对认同景致家产品和服务的粉丝，提供了股东（投入适度的金额，拥有股权分红）、BOSS（充值一定金额获取倍增回报）、消费商（优惠购买的同时也拥有经销权，在满足自己需要的同时也可以服务他人）三种选择。从而实现了核心股东带动 BOSS，BOSS 带动消费商并以人为中心，店面和移动商城为载体实现自裂变。

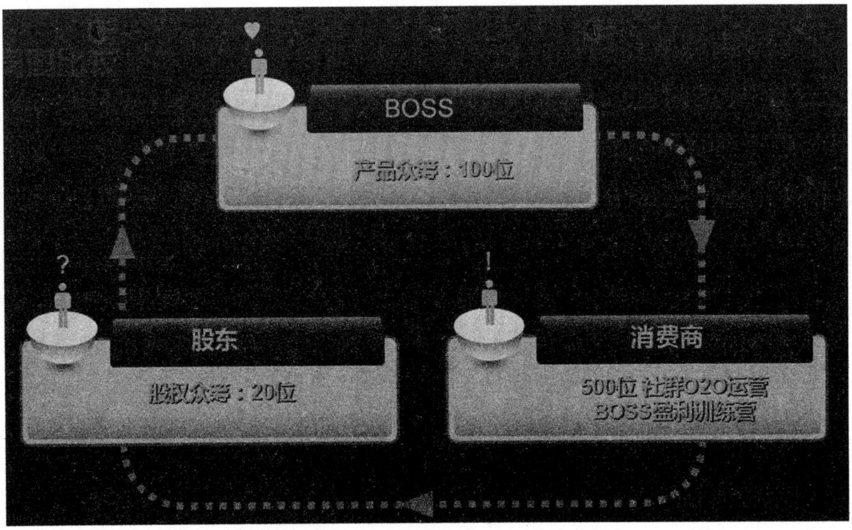

（二）辅导运营。在获取股东、boss 以及消费商后，做人群的梳理，只注重自己消费和情感体验的，那么就用景致家居学院进行服务，谈论基于家居生活、幸福生活、亲子教育、家长里短等让家更有爱的方式，通过每天不同伙伴的家书和分享做到情感的连接。而对做市场运营、个人创业的伙伴，则通过景致电商学院和景致电商研究院提供系统有效的运营辅导培训、交流、分享和实战研讨，帮助专职、兼职创业者提供一站式输出服务并帮助其获取收益。其服务除了提供专业的运营理念、方法、工具之外，更保持及时的运营技巧的分享与产品、物流等一站式的服务，让景致家的股东、BOSS、消费商做到零风险、高回报，进而推动景致家项目滚动发展。除了景致家专业伙伴的分享外，同时也带动有经验有积累的学员们分享自己的运营经验。除此之外在景致商学院、景致众创营、景致私董会里做不同的学习升级和合作。

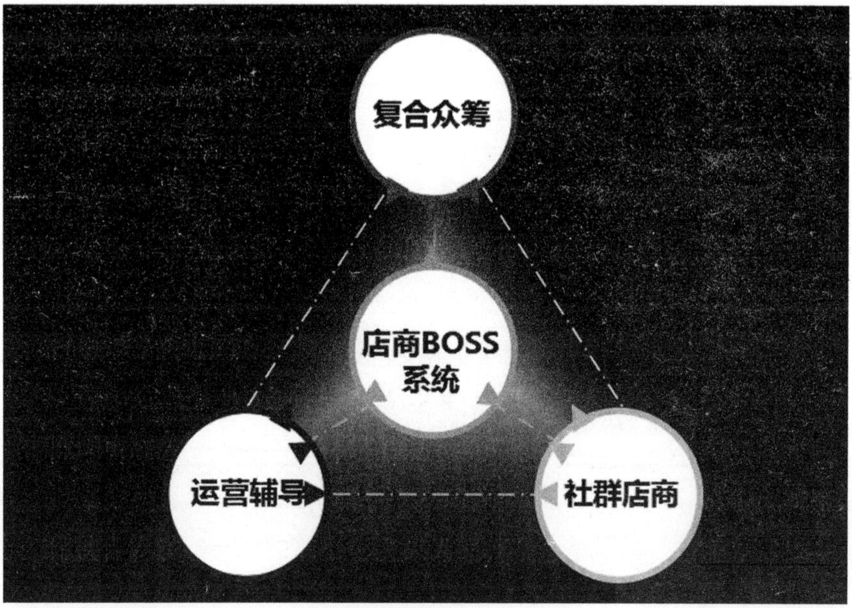

（三）社群店商。在景致家体系中有一定学习积累之后，就可以辅导每一个有兴趣的伙伴自己构建基于自己长板的社群，通过其自身的优

势切入加上景致家系统的服务与产品，景致家为其在物质上提供底薪+佣金的回报机制，在精神上实现自我价值的实现和家庭、团队更有爱的目标，进一步推动景致家的成长和突破。

基于以上行动，景致家构建了一个真正的众创模式，最终在四个月内把一个小店做到6倍以上的业绩，并使得80平方米的濒临倒闭的小店逆转实现一个月27万元的营收。同时还创造了37秒众筹一家实体店、两个小时23家移动商城同时开启、46秒众筹54万元等等业绩，其中尤为自豪的是，所有的店都是粉丝驱动，在拥有足够用户的前提下，每一家店都能实现在开店之前全部回收投资，并且还能做到足够用户消费的保障。

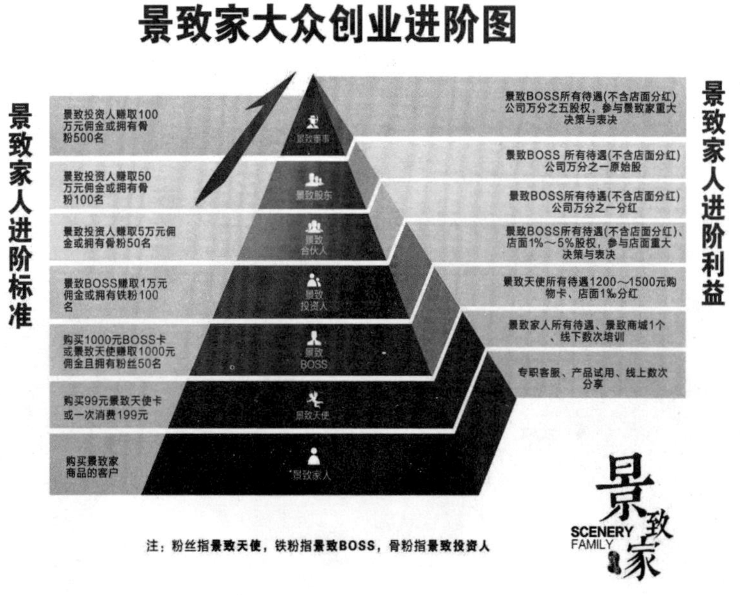

那么做了这些运作，景致家到底颠覆了哪些陈规旧律呢？

一、体验重构：以二维码入口构建的粉丝微信群实现了有效的互动。

在最初把所有用户放到一个群里，确实带来了很大的挑战，因为所有店面遇到的问题都非常直接粗暴地反馈在群里，因此在服务上压力巨大，但是随着一个一个问题的调整，最后所有的用户都积极参与到店面的管理和升级上来，甚至告知哪些产品好卖，定价如何定更好，自己有什么资源可以帮助到我们。所有这一切打破了传统店面孤立的境遇，而让用户和景致家融为一体，实现了动态的生态组织构建。

二、价值重构：15 天周转率带来的超高性价比产品。

常规的同类产品正常需要 45 天周转率，而景致家基于用户预售之下的 BOSS 系统，能做到 15 天周转率，这样，在定价上就有了很大的底气，可以承诺比某些知名的电商机构便宜 10% 以上。同时景致家在 F2C 和 C2B 以及众筹等新方向上也做了积极的探索。

三、连接重构：突破了 3—5 公里的店面辐射半径。

因为景致家实现的是受众驱动下的社群电商，所以许多业务都是从线下导到线上，然后再从线上导到线下。店面只是一个工具、一个载体，主要是解决信任、体验的问题，所以一旦有了第一次的购买，有了 BOSS 自己商城的推动，那么接下来就不再依赖到店面购买了，这样很多的交易不再受地理位置的限制，在店面辐射上可以做到更远。

四、成本颠覆：颠覆了三大成本。

（一）物理成本。

在 2016 年，景致家连锁店面中凡实现了 500 个消费商的店面，都将把商超里面的店面转入到社区内，并在社区租下来的空间中增加茶艺、美甲等配套服务。基于店面的调整，房租可以迅速节约 50% 上的成本，但服务大大增值。

（二）组织成本。

过去我们对店员提供的薪酬结构，基本都是工资加奖金，但即使这样也不能真正地激发店员工作，且固定成本不安全。景致家的做法是为每一个店员分配 50 个以上的消费商，用消费商的业绩提成作为他们的收入，正常情况下 50 个消费商，每个月可以为店员创造 4000—6000 元的收入，所以在薪资结构上就直接消除底薪制，做得越好收入越高，收入高低完全取决于店员的服务能力。当然如果店员离职的时候，只需要一键转移，把对应的消费商转到另一个店员手里，就可以实现管理的调整。

（三）交易成本。

景致家线上商城使用的也是三级分销制，但是在运营上更多的是通过社群推动移动商城实现销售。在景致家超过一定数量的店面时，将把所有的物流和厂家做系统的对接，对于某些高频的产品还会通过工厂做到一键代发，实现物流费用的节约，同时还能保障有效安全的成本控制。

景致家在所有运营中都倚靠自己研发出来的一套实用、实战、实效的"店商 BOSS 系统"，让拓客成本更低，让转化率更好，让复购成为可能，并实现了自组织、自传播、自裂变的良性循环。

景致家在打破陈规旧律的短短数月，实现高达 60 家申请加盟的店面，为什么能够有这么多用户被吸引呢？除了景致家的独特定位和运营能力外，最重要的就是景致家颠覆了一个多年以来被诟病无数的加盟行业的陈规旧律。景致家在利他思维的基础上，去除了加盟费、保证金、管理费、培训费等一切费用，同时在合作上免费提供系统的辅导、培训以及其他硬件系统服务，把所有景致家已经积累实践有效的产品与服务体系免费开放给每一个合作伙伴。这样的做法对景致家这样拥有盈利能力和优势品牌的电商来说虽然似乎失去了一些眼前的利润，但是得到的将是未来更大的合作收益。

2016 年景致家通过"大牌特卖""景致爆品""景致定制"等项目推动更高的业绩，这些都是激发业绩的法宝。更重要的是在此过程中景致家会构建属于大家众创的"居家店商联盟"，并开放给各个城市的合作伙伴，届时景致家的平台将成为完完全全的众创平台。

第五步：爆点设计突破

对企业来说，再强大的企业，资源也是有限的，所以要想实现结果落地，需要在合适的时间和区域，汇聚核心资源，在突破的关键点上实施定点引爆。创业初期和成长中的企业更是如此，唯有找到爆点再注入精力和资源方能实现安全的市场回报。

企业经营的核心载体是产品，产品的成败关系着一切。因此在产品上的爆点设计是重中之重的事，移动互联网时代，产品就是广告和信息包，基于产品的爆点设计是突破的关键。

我先从一个娱乐市场的案例说起。在娱乐市场，即使许多传统娱乐节目，往往通过重新设计和打造也可以焕然一新，对于选秀节目来说确实是最没什么新鲜感的了，但是《中国好声音》居然还能那么红。

有人说这是源于荷兰节目《The Voice of Holland》本身原版设计的就好，《中国好声音》请来荷兰原版节目团队做幕后指导，走了一条“高仿真”之路。节目中，除了“盲选”“擂台赛”“直播秀”的节目赛制一样外，细节部分包括导师配比、宣传片头、旋转座椅、节目现场红色的整体背景包装等，都与《The Voice of Holland》无异。

还有人说是星空传媒旗下灿星制作能力强以及加盟的明星给力。

还有人说他们营销方式牛，推歌手卖故事。除了选手的实力与导师的魅力，其煽情的营销方法也起了推波助澜的作用，《中国好声音》的每一个选手都不缺乏故事：要么父亲死了；要么北漂很久一直在幕后或者苦不得志，但是真心喜欢唱歌，希望在这个平台得到肯定；还有人说，如果没有被老师选上，以后都不再唱歌了。这些故事深深地触动了观众的心。

还有人说是因为社会化营销手段丰富，特别是微博营销。《中国好声音》在开播之前，就做好微博营销，通过微博上的互动，制造好悬念，吊足观众的胃口。

但是这些都不是本质，先抛开版权和其他什么明星、传播等分析，最重要的是我们得看到《中国好声音》这个产品在本质上确实做到了独特的创新曲线的重塑。在中国一直都不缺选秀节目，但是以往的选秀节目一直都与以貌取人这个观念有关，但是《中国好声音》就是只关注“好声音”这个点。“声音好”这个要素是统领所有其他要素的，在落地过程中，还通过评委背着选的这种独特方式，去塑造聚焦声音的品牌价值，而其他均为这个点而服务。

其实对于一个项目或者一个产品，一旦发现某个值得聚焦的有价值的点，那么所有的一切都应该聚焦这个点强势爆破，比如小米手机聚焦“高性价比”、三星手机聚焦屏“大”。对于这个点的认知要做看到西瓜藤就有“新鲜”感知的及时反应一样才好。

而除此之外还需要注意整体性的设计，如何将痛点和痒点相结合升级产品的价值创新，这是在设计上需要系统考量的。有个价值曲线工具可以更好地帮助我们梳理产品的整体性设计。

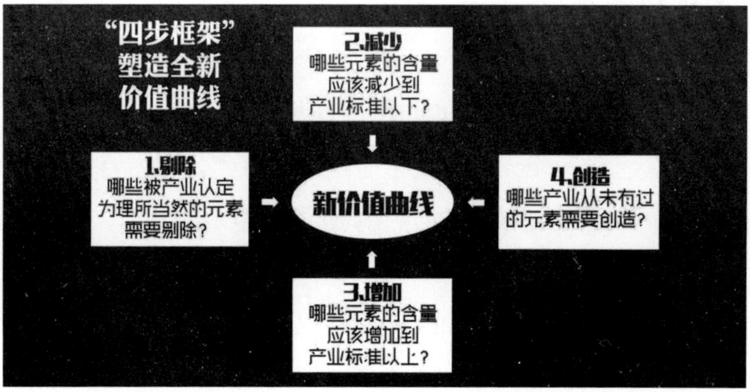

对于一个产品，一旦确认出一个靠谱的价值主张后，就必须围绕这个价值主张进行价值创新，基于存在的价值点，有的要做增加或创造，

有的你得剔除或减少。从根本上看，一个产品或者服务其实是众多价值点的组合，只是其中有个统领的点决定着价值主张的凸显，而综合在一起的点构成了产品代表着的解决方案。

剔除：哪些被产业认定为理所当然的元素需要剔除？

减少：哪些元素的含量应该减少到产业标准以下？

增加：哪些元素的含量应该增加到产业标准以上？

创造：哪些产业从未有过的元素需要创造？

第一个问题迫使你去剔除你所在产业中企业长期竞争攀比的元素。这些元素经常被认作是理所当然的，虽然它们不再具有价值，甚至还减少了价值。有时，用户所重视的价值出现了根本性变化，但互相比照的品牌却不采取相应行动来应付这种变化，甚至都没有发现这种变化。这样的部分就需要剔除。

第二个问题促使你做出决定，看看现有的产品或服务是不是在功能上设计过头，只为竞比和打败竞争对手。在这种情况下，企业给顾客的超过他们所需的，陡然增加了企业的成本却没有好效果。这样的部分需要减少。

第三个问题促使你去发掘和消除产业中消费者不得不做出的妥协。该增加的部分还是得增加，以提升满意度。

第四个问题帮助你发现买方价值的全新源泉，以创造新的需求，改变产业的战略定价标准。这一点往往能带来尖叫点。

解决前两个问题（剔除和减少），能让你明白如何把成本降到竞争对手之下。在产品竞争惯于攀比的元素方面，企业经理们很少去系统性地剔除、减少投资。结果是成本不断增加，商业模式也日趋复杂。与之相对应，后两个问题教我们如何去提升买方价值，创造新需求。

总括起来，这四个问题让我们能够系统地探索如何跨越重构用户价值的过程，从而向用户提供全新体验，并同时降低自身成本。这其中最重要的就是剔除和创造两个动作，它们使企业超越以现有竞争元素为基础追求价值最大化的境界。它们促使企业改变竞争元素本身，从而使现有的竞争规则变得无关紧要，以全新的模样展现在你面前。

我们现在再来看《中国好声音》做了什么？

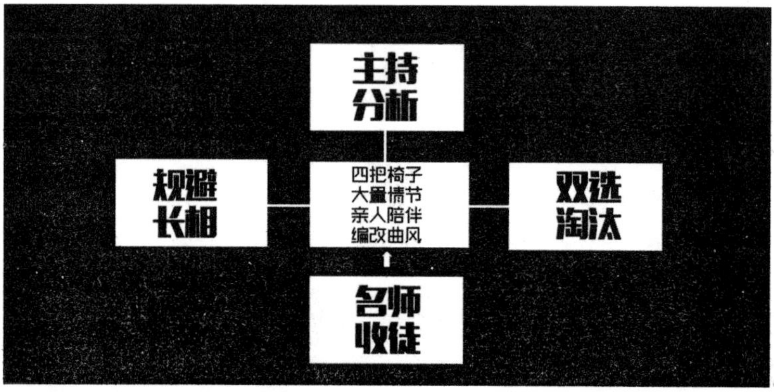

从这些方面我们再去理解产品爆点设计背后的方法论和落地操作，这些能够给我们实际商业中的运作带来有力的竞争力。

曾经宜必思酒店以及西南航空等大型企业也处于慢慢失去市场的危机中，用这个方法论设计爆点打造产品，最后开辟出一条全新的道路。

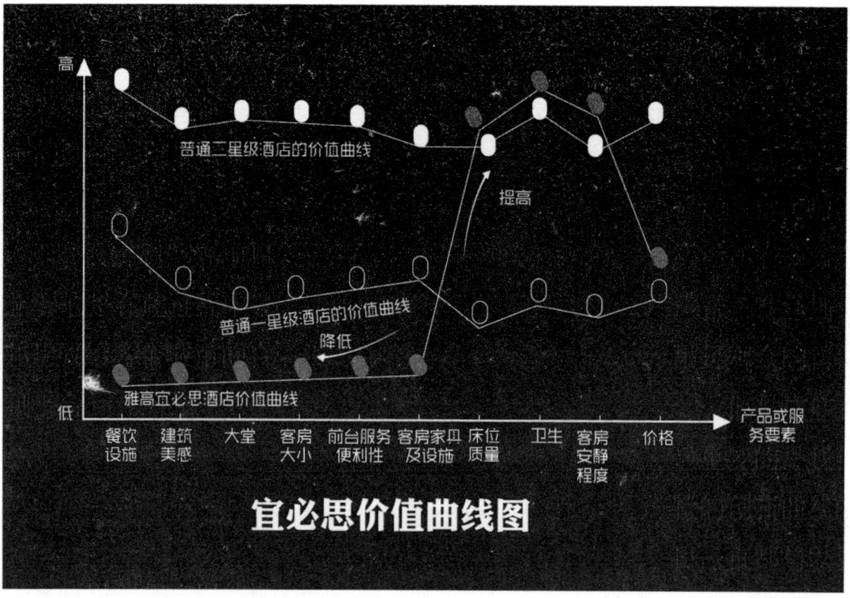

宜必思价值曲线图

我们首先来看宜必思在通过市场调研分析后，做的全新的价值曲线重塑结果。

在宜必思从“餐饮设施”“建筑美感”“大堂”“客房大小”“前台服务便利性”“客房家具及设施”“床位质量”“卫生”“客房安静程度”“价格”等产品和服务要素中，找到了“床位质量”“卫生”“客房安静程度”“价格”这四个用户关注的重要要素，最后通过“床”这个核心载体（提供超过二星级的床位），附以“卫生”和“安静”的软环境体验，助以超低客单价（接近一星级酒店的价格），使得宜必思的价值主张在众多的对手中脱颖而出。

西南航空的案例则更是经典中的经典，同样在价值曲线的爆点设计中，取得巨大的成功。

SOUTHWEST AIRLINES
A SYMBOL OF FREEDOM

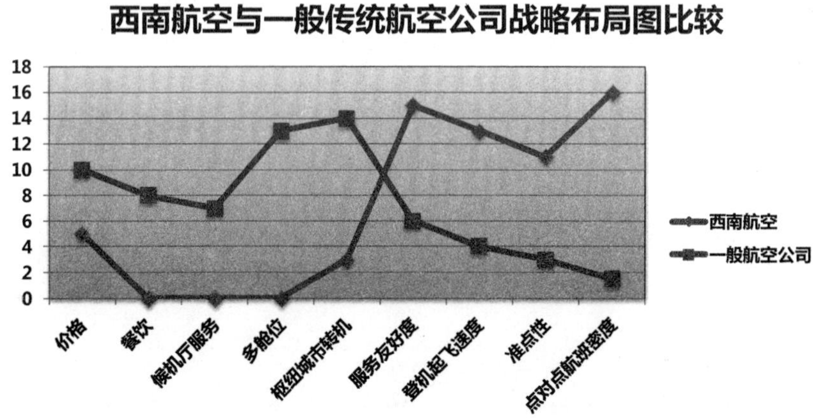

如图所示，西南航空从航空体验中提炼出“价格”“餐饮”“候车厅

服务”“多舱位”“枢纽城市转机”“服务友好度”“登机起飞速度”“准点性”“点对点航班密度”等相关要素，首先西南航空对用户做了重新定位。

西南航空市场定位于对票价敏感、力求方便的顾客，如商业旅行者、举家外出者以及学生。

西南航空公司的战略活动：中等城市间短途飞行；用较少的飞机实现频繁的飞行起降；不提供订座；不提供机上用餐；不提供航班间行李寄存核查；标准的737班机；不设高级服务仓。

西南航空的价值主张对标的不是航空公司，而是汽车旅行，它要用汽车旅行价格来做航空服务，所以爆点设计是聚焦航空服务的“价格”。

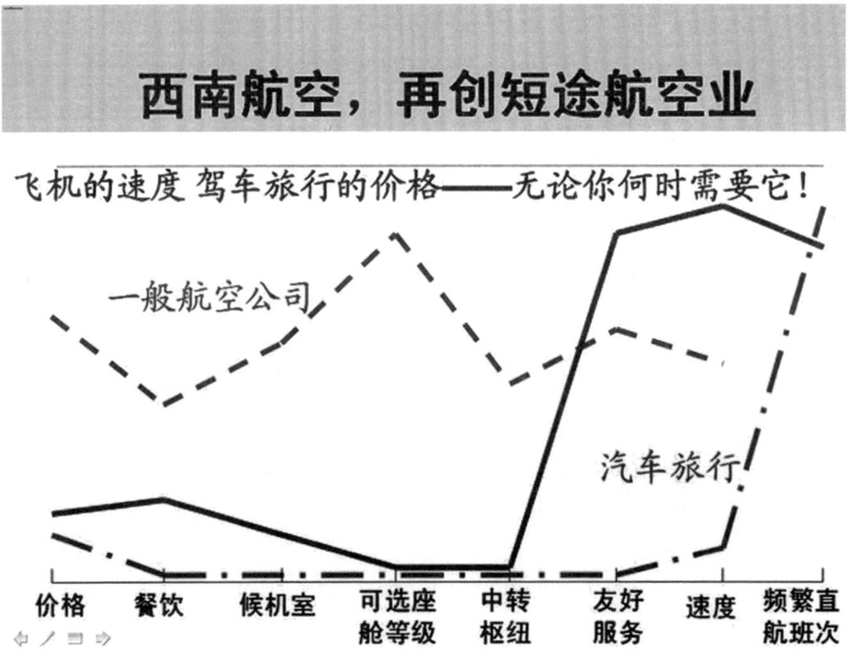

从这里可以看出，在选择爆点上西南航空除了直取“价格”外，辅助性的设计是“速度”“友好服务”“频繁直航班次”这三个高体验服务。为了实现这个爆点和价值曲线的创新，西南航空不但在成本上做到了重

构，此外，还在资产使用效率上做了有效的提升。

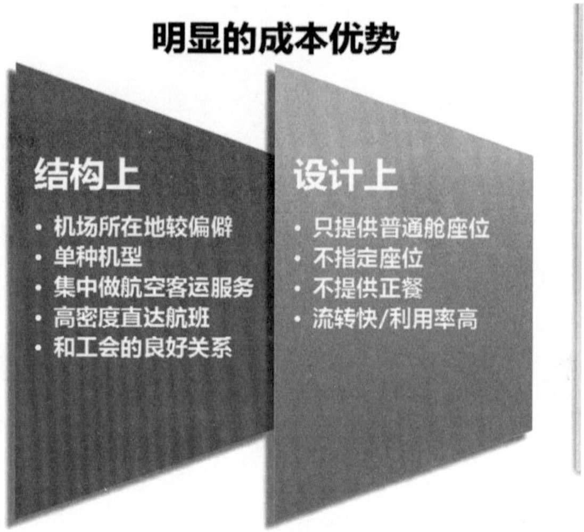

资产使用效率

航空公司	飞机平均每天飞行(小时)	每个登机门试用频率(航班/次)	旅行社预定座位比例	降落/起飞调度时间(分钟)	驾驶员每月飞行时间	飞机类型
西南航空	12	10.5	55%	15	70	1种
其他航空公司	8	4.5	90%	35	50	N种

另外西南航空在管理上同样也做了对应的优化，比如：

只关注简单的目标：用户服务和生产力。

明确的业绩目标：如15分钟的地面停留时间。

不断创新实现高效：如电子机票；只销售自己航班的机票，不进行资源共享；设有航油管理部门，专职负责油料供应管理。

西南航空，通过等等此类要素的改造，最后打造出基于“价格”这个爆点（背后的价值主张是飞机的速度、驾车旅行的价格）背后的新市场的突破和超高业绩的腾飞。

当然还有诸如苹果品牌更显科技和创新的爆点设计更是新时代值得学习的典范。回顾苹果公司最初25年的历史，它仅仅是一家电脑公司而已，期间经历了数次辉煌，同时也有20世纪90年代中后期一个季度巨亏7.4亿美元的低谷时期。当2001年iTunes和iPod出现后，一切都发生了改变。

iTunes发布于2001年旧金山苹果世界博览会。这款软件被设计用来播放和编辑数字音乐文件。10月iTunes成为音乐和iPod数字媒体播放器之间的媒介。第一部iPod发布于2001年10月23日，这是苹果首次进军数字音乐市场。2007年1月9日旧金山苹果世博会上，乔布斯介绍了具有重大变革意义的iPhone；展示了苹果电视，它最初的代号是iTV；宣布了苹果电脑公司正式去掉名称中的“电脑”二字，更名为“苹果公司”，此举反映了苹果除了继续专注于个人电脑行业，也正向消费电子市场扩张。而随着乔布斯发现了多触点技术等最后直接应用于iPhone和iPad这两个引领消费电子市场的革命，更是让苹果成为今天世界上最赚钱的公司。

这些推动苹果公司走向一个又一个辉煌，而每一个击破市场认知的产品背后都有爆点设计的功劳：无论是可以把1000首歌曲放到口袋里的iPod还是基于多触点技术的iPhone，以及纯粹通过便捷娱乐服务的iPad（基本上成了孩子的玩具，很友好的界面，即使是一个3岁的孩子也很容易操作）。

而如今虽然进入了移动互联网时代，不过对于众多的传统产品，还是可以通过基于爆点设计的产品击破，拉动一个公司和企业的市场价值，比如洛可可55度杯的案例，就是靠一个通过摇一摇就能把冷水变成55度温水的杯子，最后引爆整个市场，在一年的时间内卖到几个亿的惊人销量，同时也打造出属于自己的原创产品品牌和平台。

第六步：破局运营传播

对于企业发展，步步为营的努力固然重要，但是没有基于爆点的破局出现，那么将一直陷于量的积累而没有质的飞跃，久而久之不但容易影响团队对未来的期望和士气，也会使企业在发展中落于平凡，导致没有更多资源的吸引从而失去竞争力。

破局不等同于爆点设计那么简单，在破局阶段常常是做到一定的积累，并且最好能够集合已有的优势，实现有效的局面扭转，达到方向性的突破。破局需要的是通过系统全面的规划和推进，从而打破现有的竞争格局，创造自己在行业内的势能并构建壁垒。

我们常说“当局者迷旁观者清”，要破局就要看得高望得远想得奇，或站在宏观行业的角度看现状找出路，或站在差异化的深度看可突破的机遇，或站在未来用至少三年五年后的预判看现在的决策。总之如果在思维模式上是顽固不化的，结果则一定不容乐观。

传统行业的破局实践：名创优品的不传之秘

对于比较传统的行业如何实现破局，我们可以通过“名创优品”的案例来做一个参考性的学习。

名创优品于 2013 年 9 月 24 日在广州开出第一家店铺。目前店铺超过 1100 家，其中中国市场超过 1000 家门店，均开在一线城市的商业步行街和购物中心。每家店铺精心遴选 3000 多种优质低价商品，每周推出一百种新品。2015 年全年销售额突破 50 亿元。

在过去的几年里，零售行业遭到淘宝、京东等互联网公司的致命冲击，从 2011 年起，关店风潮席卷各地。同时，店铺租金以每年 12% 的速度下滑。在所有亟待转型的传统产业中，零售服务业也许是最水深火热的。

而创立“哎呀呀”后继续寻求发展出路的叶国富也在寻找更好的商业机会。叶国富的哎呀呀曾经风光一时，但是后来也突然没有了竞争力。有一次他去日本旅行，发现百货精品店遍地开花，有很多仅仅需要两百日元就能购买的好产品，而两百日元只相当人民币 12 元。这些品质不错的东西，要是放在中国也会被人抢购一空的。在这种情况下叶国富看到了商机，认为值得一试。

于是他创立了名创优品，他认为优质低价的商业模式才顺应了中国消费市场转型升级的大趋势，此外他在做哎呀呀中也很清楚实体店面的机会和痛点。传统实体零售高价暴利致使中国市场的价格体系畸形扭曲，但是其实优质与低价能够做到不矛盾，优质与低价也是相对的。

叶国富创建的名创优品店约有3000种商品，绝大部分从800多家中国工厂中直接订制采购，首先能够保证价格上的优势。这些工厂几乎全部为外销企业，80%在珠三角和长三角。同时也通过设计管控，控制了部分的商品设计，并统一使用名创优品的品牌，掌握定价权。除此之外，名创优品的店面全部开在繁华地段的繁华位置，因为在繁华城市中心地带，销售超高性价比的生活用品，用前端的高频次、轻决策、强客流的变现能力逆向倒逼供应链，从而释放了价值优势。这样基于足够的客流做到及时有效的快速流转，一般百货店的商品流转时间为三到四个月，名创优品可以做到21天。

吴晓波老师对这个案例是这样点评的：名创优品撕掉了最后的一层纸，即零售终端价格的虚高。针对市场桎梏，一是渠道的陈旧与沉重，二是品牌商对价格的贪婪控制，把这两个打掉之后，价格的空间就突然出现了。竞争的要点也许真的不在线上或线下，而是工厂到店铺的距离。

旅游企业的破局之旅：同程网的逆袭

除此之外，我们再看一个旅游企业的破局之旅。这个案例的主角叫同程网。我和同程网的创始人吴志祥是同一个学校的校友，从2000年开始的第一次合作之后，一路见证着同程网从小到大，从弱到强，从平凡走向卓越的成长路径。

一、“网上名片”，打开全国市场。

2002年，吴志祥选择辞职，与同学、老师共5人，一起拿出几百元启动资金，在苏州大学一间10平方米的教工宿舍开始自主创业，创建同程网。最初打开全国市场，同程网靠的是“网上名片”。

“中国有 10 万多旅行社从业人员，经常参加各种各样的旅游交易会，参加旅交会的目的就是为了相互认识，拓展生意，如果把大家的名片都放在网站上，不就可以天天认识，开网上旅交会了吗？”

这是同程网“网上名片”产品诞生的出发点。

“网上名片”定价 100 元 / 年，提供的服务就是把用户的名片和照片传到网上，很快获得了第一个用户。不到一年的时间，“网上名片”取代了网上旅行社，价格也从 100 元涨到了 1000 元。到 2006 年参加《赢在中国》的时候，同程的名片已经卖到国内第一名了，其实也就是大概两三千个收费的用户，但已经是第一了。

二、改道 B2C，狠砸百度。

2006 年吴志祥参加《赢在中国》获得 5 强的名次，这个过程中吴志祥意识到如果只是做名片肯定做不大，于是开始换路子，尝试选择直接走 B2C。

刚开始同程选择用 B2C 做订酒店服务业务，同时还策划了一个点评奖金的模式，为了让用户知道同程，想了很多方法：比如说携程在机场发卡，同程就在写字楼里发卡，本以为这个主意可行，但发了几次后发现没效果。

在这个过程中间，同程忽然发现在搜索引擎上打广告效果很给力，基本上投入多少都能再赚回来而且有得赚。于是在 2009 年同程决定把大部分融到的钱近 1000 万全部投放到百度，当年同程是百度旅游行业投钱最多的一个公司。

为了更好地把这笔钱花好，同程把市场上面能够买到的 SEO 和 SEM 的书全买到，最后从中挑出实用实战的几本，公司 500 人，人手一本，不管是前台，还是搞研发、搞市场、做招聘的都要学，并且每个礼拜要考一次试，从第 1 名到 500 名，最后 10 名每人罚款 100 元奖给前面的 5 名。就这样到 2009 年年底的时候，在百度搜“城市名 + 酒店”，前面三个是花钱的：第一个是同程，第二个、第三个可能有其他网站，然后下面是不花钱的，不花钱的一页大概还有 20 个结果，这 20 个各种各样的搜索结果，其实大多都是同程的。同程最多的时候一共做过大概有2000个网站。

吴志祥当时给同事们打了一个比方，商业街上面为什么茶叶店东面开一家，西面开一家，中间还开一家，消费者认为是不一样的。同程要做的事情就是，这一条街全是同程的，但名字都不一样。

2009年，同程的酒店预订量一下就上来了。当时携程、艺龙已经做了六七年酒店了，在它们的眼皮底下能把酒店做起来，投资人觉得是不可能的事情，但同程就做到了。2009年，同程酒店预订量已经做到大概5000间一天，当时艺龙差不多在20000间左右，同程做到了它的四分之一。2010年同程继续高歌猛进,最多的时候做到艺龙的三分之一。

2010年同程觉得酒店做完了以后，机票也可以上，又开始按照这个路子做机票。

但是机票行业的陷阱比酒店大多了，有些机票平台完全就是金融平台，非常复杂，技术含量非常高，当时同程的技术水平太差。SEO的技术比较简单，绝对是要靠人和钱堆上去的。同程又不知道跑北京关系把中航信的数据拿过来，导致机票查询很不准。同程在机票项目上亏了很多钱，当时酒店挣到的钱，全贴给机票业务了。

慢慢做到2010年年底的时候，同程终于摸索清楚了，2011年的时候同程的票量做到5000张一天。这个机票项目做成了之后，同程自信心超级爆棚，有点做什么就能成什么的感觉。而那个时候还是没人重度关注到百度搜索，到2010年年底的时候，艺龙才关注到，携程还在睡觉呢。

在这个过程中，同程通过渠道的力量实现了自我的业绩突破。

三、聚焦景点门票，建立根据地。

同程的团队进入B2C以后，一直生活在携程、艺龙的阴影底下，但是在打拼市场中同程终于找到了一块宝贝。2010年的时候同程发现门票是一个可以挖金矿的领域。因为同程自己也很清楚，酒店、机票做得再好都不可能超过携程、艺龙，而门票，携程、艺龙都没做，这样就容易做到细分领域的第一名。

同程开始盯上了门票这个小生意，于是门票量上去了，那时候驴妈妈发展得也挺好，同程把它当对手，但是同程最怕的是携程进来。所以同程当时绝不接受任何媒体采访，绝不在外面讲景点门票的事情，也不提供任何数据。吴志祥跟同事讲，留给同程的时间可能就一到两年，如果这个壁垒建不起来，别人踩死你是很容易的事情。

比较幸运的是，同程在苏州非常低调，当时携程也在睡大觉。2010 年年底的时候同程又拿了 A+ 轮两千万元投资进来，不干别的事情就干这一件事情：卖门票。到 2013 年年底的时候，同程的酒店一天 20000 间，机票一天 20000 张，而门票 2013 年差不多卖了 1000 万张，是第二名的 4 倍以上。

而携程终于在 2013 年梁建章走马上任后醒了，梁建章开发布会说要建立全球最大的门票分销平台，于是所有人的好日子都结束了。用梁建章的原话："我既然干了 CEO，携程就正儿八经做门票了。"

对于同程来说自己很清楚，如果门票这一仗输掉了，公司的所有前景就没有了。在所有的业务都是别人的五分之一的状况下，有什么意思？当时因为融资的钱还没有完全到账，同程就憋住，处于高度紧张和焦虑的状态，就等钱到账。还好过完春节钱终于到账了。

这里插一句，梁建章当时说要一两年在景点门票上超过同程，但是时至今日，同程还是领先它 4 倍左右。其实同程在门票这个细分领域抢占了先机，并构建了壁垒是同程破局的关键。

从 PC 跨入无线，1 元门票，转型破局，深度巩固。

在 2013 年同程面对的巨大挑战就是刚刚把 PC 搞明白了，移动互联网又来了，而同程在无线一直是很落后的，于是如出一辙，吴志祥要求当时的公司里面就跟当年搞 PC 端一样，所有的人都开始学习移动互联网，一个月考一次。同程就是要以门票作为切入口来构建自己的商业帝国。每个在线旅游供应商都想做一站式服务，每家切入点不同，比如去哪儿是机票搜索服务，艺龙是订酒店服务，佰程是签证服务。最后谁能胜出，就是靠在自己聚焦的领域内拼，而这一次的拼搏，吴志祥使出的撒手锏是一元门票竞争战略。

四、“1 元钱”的商业价值。

2013 年同程推出了几百个 1 元景点，截至 2014 年 8 月 31 日，同程旅游已在全国 120 个城市举办了 3000 场次的 1 元门票活动，累计覆盖了 600 多万游客。

2014 年夏天，我太太和我说带着全家的老小以及邻居一起去常州野生动物园去玩，当时我还在疑惑大家怎么会突然想到去 200 公里外的野生动物园玩呢？然后才知道，之前野生动物园的门票 100 多元，而和同程合作后直接就把它变成了 1 元门票，在同程的推广下，很多人都知道了，一下子激发了很多市场需求。当时一部智能手机只可以买 1 张 1 元的门票，即使如此在当天的夜里，这个门票就卖了 14 万多张。

吴志祥坦言这与在线旅游业绵延几年的价格战有着相同的内在逻辑，“1 元门票”就在于终结门票价格战。那为什么吴志祥要亏成本全力推动着 1 元门票战略呢？道理很简单，今天的商业都明白获取足够的用户是根本，同时基于海量用户，就可以构建出自己的生态圈，并实现转化变现，获取市场回报。

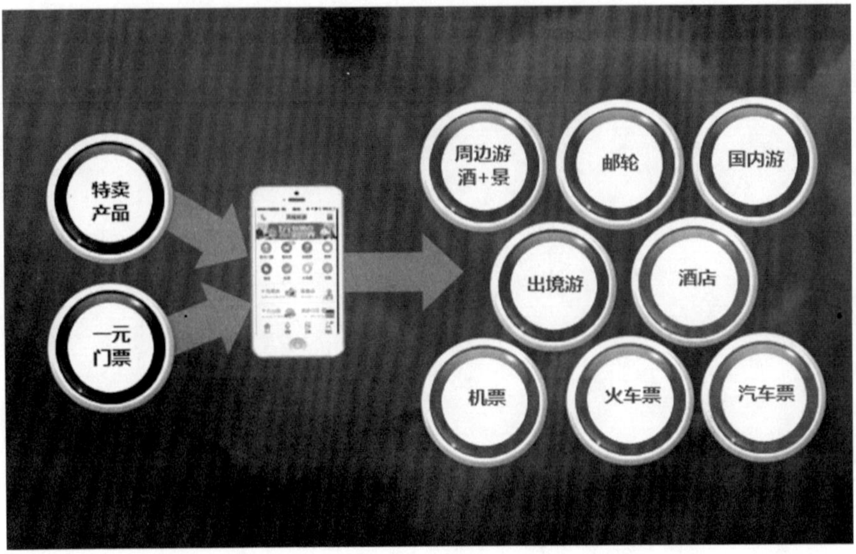

当携程开始以同样的方式，对付在景区门票上有体量优势的同程时，同程首先尝试的反制是“包园模式”。2013 年 10 月，同程以西山林屋洞景区开始“包园”尝试，以固定价格买断景区整个黄金周的活动，最终其入园量同比增长了 300%。

包一个景区花 100 万元，同程可以让 10 万人到那里去旅游，平均一个用户花 10 块钱就可以；而其对手可能只能拉动 1 万人，那每人就得 100 元了，这个决定了同程的竞争优势。

2014 年 5 月，同程在苏州乐园景区实现了“1 元门票”植入“包园模式”，2 天入园量超过 12 万人次。当门票彻底被降到 1 元，吴志祥认为没有对手能跟上这种“价格屠夫”式的节奏了。

把门票产品上升到战略层面上之后，这就需要公司整体性系统的配合，因为此时的同程就必须跟上无线的形势。PC 时代的流量来自于搜索引擎，你只需优化。但是在移动时代每个人都依赖手机，能否抢占移动端是同程能否赢得未来的关键。

就这样同程全力以赴投入到无线中去，同程在 2014 年 1 月的营收只有 5% 来自于移动端，但 2014 年的整个暑期下来这个数字已经达到了50%，同时同程通过送出的1亿张门票在更短的时间内获得了大量移动用户。

当门票被证实能够成为巨大的流量聚集点的时候，跨界的合作伙伴都趋之若鹜，这也给同程更多的资源与更大的想象力去扩大“1元门票”的规模；正向循环的形成，夯实了由价格屠夫树立起的市场区隔，令同程在一个安全的空间里转型无线。

对于同程来说，“1元门票”承载了价格屠夫、无线战略、布局休闲游市场等多个任务，2014年5个月内同程投入5亿元资金连同对应的50亿授信将全部用于下一阶段的1元门票和无线战略的实施。

因此，同程的“1元门票”本质上是旨在布局无线时代的商业模式，在运作上如同360当年的免费引流，依靠其他延伸服务构建盈利模式。

不同的是，360提供的免费杀毒软件是纯互联网产品，流量变现也是通过纯线上的方式，比如游戏分发。但在线旅游则更多的是涉及线下，如景区、酒店等，链条长、模式重。同程网旨在形成一个流量平台，可以和大众点评这样的企业合作，提供休闲旅游中的诸如餐饮等周边服务，并以此获得收益。

吴志祥认为，未来五年，休闲游将是一个超过 6000 亿元的市场，线下旅行社与线上旅行社将会各占 50% 的市场份额，规模型线上旅行社不会超过 5 家，第一名营业收入将超过 1000 亿元。

在同程破局运营的几年中，吴志祥总结了同程做对了的三件事。

一、拿到了一张船票，这是在线旅游移动互联网的最后机会，180 天时间，1 元玩景点席卷全国，超过千万用户参加，同程无线的排名从第 16 名跃升到第 3 名，用户端订单占比从不足 5% 到如今的 70%。

二、打造了两个消费场景：快乐周末和快乐长假，围绕这两个场景，同程迅速完成了产品线的布局，从门票、火车票、汽车票到电影票，从周边游到周边玩乐，从酒店、机票、国内游到出境、邮轮。尤其是在出境方面也打了一场硬仗，面临同行的垄断封杀，同程在日韩泰反超，同时邮轮也领先至三倍以上。

三、形成了一个中心，就是一切以用户口碑为中心，同程深知没有用户口碑的烧钱就是自焚。对外，同程通过百万年薪招聘首席吐槽官的方式做了市场营销推广；对内，同程建立了以用户口碑为核心的闭环体系，把用户评分与同程各事业部的考核及排名全部挂钩。

从整个同程的发展历程，我们再来回顾破局运营的运作。做企业基本上就是边打仗边升级，打仗保障生存，而升级是为了构建壁垒提升企业竞争力，对于破局运营，我们要明白在此其中构建壁垒的至关重要性。这里有三点是需要注意的：

一、必须找到战略制高点。那个制高点是能够拥有独特价值主张的并可以建立起自己的竞争壁垒的。

二、必须要适时 ALL IN。该出手时就出手，在破局的关键点上需要将资源全部投入而不能吝惜成本，唯有如此才能一鼓作气和第二名拉开距离，保持绝对的优势。

三、必须做好后续布局。一个阶段性的成功是另一个新阶段的起点，在破局的同时，需要及时审视后续势态并积极预判可能面对的挑战，在运营的节奏上需要保持平衡的节奏感。

在企业的发展中，我们无法做到每一步都踩对，但是如何用最快速度、最低成本在 100 条道路中排除掉 99 条错误的，找到那条正确的，那是赢得市场的前提。

在 2015 年的 7 月份，万达宣布以 35.8 亿元战略投资同程旅游，除了万达之外，投资方还有腾讯产业共赢基金、中信资本等多家机构。同程这一轮融资总额超过 60 亿元，截至目前，这是国内 OTA 的单笔最大投资。

吴志祥表示，获得万达的战略投资后，同程不但将与万达旅业的线下旅行社全面合作，更将在景点及周边游方面与万达文化旅游城开展优先性合作。此外，未来更值得期待的是同程旅游和万达院线、万达商业地产做更多的合作，也许以后每一个万达广场，都可能有一家同程旅游体验店。

未来同程将重度聚焦于做好一个旅行社的服务。在 2015 年的这一轮融资完成后，同程不但拥有腾讯的 QQ 和微信的线上入口流量，还可以拥有万达每年超过 20 亿人次的线下流量。这又是下一个传奇的开始。祝福同程再创新的辉煌。

回顾同程在整个成长的历程中，从雏形产品到渠道突破到产品打造再到无线占领……如果说爆点是一个成长的机会的话，那么破局就是壁垒构建的开始，也是真正创建细分领域势能的关键。对一个企业和一个品牌来说，破局是真正具有里程碑意义的价值，从此一个企业和一个品牌完全上升到另一个境界，那个境界往往意味着细分第一。

在同程融资之后仅仅过了 3 个月，携程宣布和去哪儿合并，合并后携程将拥有 45% 的去哪儿股份。所有的战局再一次变化，接下来又将是一片烽烟四起的商战。

破局运营的四个角度

第一个突破角度：产品。

如果你拥有一个超有竞争力的产品，这是最简单也最直接的突破口。比如苹果手机，产品好得没办法，买完之后就有口碑，极简、精致的设计加上耐用的质感和时尚的科技感,基本上产品本身就能带来市场势能。

猎豹也是在产品上找到了一个细分的机会，因为傅盛发现他的一个哈尔滨同学自己做了一个手机清理软件。一个人的努力居然也能做到美国市场的排名第三，从而使得他举公司之力投入其中，最后实现了猎豹的战略地位。

产品的突破，除了基于主流市场的强势竞争之外，基于边缘化的创新突破往往是更容易落地的路径。

我们常常说的“人无我有、人有我优、人优我精、人精我强、人强我全、人全我廉、人廉我先”，基本上都是在产品和服务上的死磕，不过这个世界上没有完美的产品，只有合适的产品。谈移动互联网不谈产品就是伪移动互联网，移动互联网下的运营，对产品有着从来没有过的关注。从移动互联网下的市场竞争来说，产品是绝对的第一竞争要素。

但是话说回来，面对现实往往结果是：产品线是梦想线，营销线是生命线。我见到过一些可以称之为好的产品，但是确实被埋没了，在一定阶段里，确实存在着劣币驱逐良币的情形。所以有一个有机会破局的好产品，也不能完全只靠产品本身，还要靠其他辅助要素协助推动才能保证更安全的结果。我们再翻翻乔布斯发布苹果的现场记录，一切都堪称完美，在黑色的布景下，带有显著乔布斯特征的圆领 T 恤，以及带来尖叫感的现场演讲,如今这一切都被小米和锤子的创始人们借鉴模仿，并且也同样产生积极的推动价值，所以产品破局不是仅仅聚焦产品就够了，还需要以产品为中心的营销运作和呈现来共同推动最后的结果。

第二个突破角度：价格。

无论如何，性价比始终都是一个有力量的话题，无论用户钱多钱少，都有占便宜或赚便宜的心理。

价格破局最狠的就是免费模式（对于某些少赚钱或不赚钱的模式也可以归类到免费模式的一种）。早期吉利剃须刀在推动自己业务的时候，通过亏钱卖刀架，赚钱靠刀片的方式打开一片天地。淘宝通过免费打跑了 eBay，360 靠免费打趴了瑞星，奥克斯靠它的《空调白皮书》赢得了阶段性的胜利。这些都是价格破局的经典之战。

因此在设计企业的破局路径时，根据了解的市场去研究价格的变动能否带来有效的冲击。如果有，那么就值得全力以赴地投入进去跑马圈地。

第三个突破角度：渠道。

对于渠道，可口可乐早期的“货架理论”早就研究得很透，今天我们熟知的“椰汁”，品牌却叫“椰树”，真正的“椰汁”品牌就是被“椰树”的渠道策略活活地逼死了。渠道在不同时代有着不同的定义，但无法回避的是，渠道永远都是竞争的一部分。

曾经，品客被乐事挤到不容易找到买到的境地，而娃哈哈集团也因为自己拥有的独特渠道优势，让非常可乐在可口可乐和百事可乐占有绝对优势的前提下，一样在四五线城市活得自在。

华为在 2015 年的市场竞争中，算是对渠道做了重度的投入才获取了比较客观的好成绩。

移动互联网之下，渠道正在从占领空间资源转向了时间资源，如今对于自媒体和新媒体的依赖更多，如何发现和占有渠道，并创造出新的市场在这个新旧交替的时代确实大有可为。

2014 年杨怀江创办“桌联网”，可以说是集传统渠道和移动互联网渠道为一体的一个经典的案例，在 2014 年 9 月时拿到了薛蛮子与麦涛两位知名天使投资人的百万级投资；仅用了一年多的时间，他们的“餐桌圈地运动”已经是爆发式地在进行了。

“桌联网”定位为打造国内最大“餐消场景移动广告新媒体”，整合全国餐消资源，以餐消碗贴为广告媒体，覆盖全国主要城市的大部分就餐消费人群，以“二维码”扫码形式实现线下“0”距离曝光、快速导流手机线上互动平台的移动广告新媒体。

“桌联网”就是一个非常值得学习的在渠道突破上找到了一个可以挖掘餐消移动广告媒体的“金矿”的破局案例。

第四个突破角度：受众。

移动互联网最厉害的地方就是可以基于人的传播，人人入口、人人传播可以让有强内容和强利益的产品或服务轻而易举地获得传播的红利，并使得传播成本趋向于零。所以如果你能够找到受众的支点，那么你就能更好地通过移动互联网获得商业回报。

受众驱动破局需要的是一个打动人的理念或情怀、一个激发人共鸣的态度。今天罗永浩做锤子手机，在没出来之前能够实现预售，正是因为他个人的魅力特别是那种追求极致的“工匠精神”汇聚了各种资源，并实现了受众追捧从而保障了第一步的市场覆盖，同时也为他的“坚果”打下了坚实的基础。

受众驱动，往往拥有四两拨千斤的能量，当年红军一句“打土豪、分田地”，在什么都缺的前提下，最后就靠一句能够打动农民的口号，激发了一波又一波的参军者，并最终以弱胜强，取得了革命的最终成功。

受众驱动最佳的结果就是粉丝驱动，如哈雷摩托、乐高玩具以及刚刚上市的铁血网，都在受众驱动上实现了粉丝经济的强势反哺。

今天很多传媒圈子里的名人以及娱乐圈子的明星都在尝试通过粉丝经济的转化去实现商业变现，比如杜子健基于自己的粉丝做的酒生意，是一个典型的受众突破的直销生意，从老杜酱酒到小任性一路发展高歌猛进取得了不菲的成绩。打动受众的除了老杜作为大V不断书写的内容，还有老杜创立的花艺多年电商培训和资源的积累。

其实今天许多社群电商本质上也是受众驱动，有了认同的受众自然就有了流量和转化的生意。

初心众创营里有个做虫草生意的企业，他们做的品牌叫“仙草”，说实在的产品确实非常有竞争力，已经积累了很多独特的优势。

首先“仙草”的科研团队历经数载，攻克了冬虫夏草无损活性成分的保鲜技术，取得了7项国家专利。其次坚持在原产地建厂，原产地清洁加工，一次性封装，每根虫草都使用专利试管独立包装，以根计价，杜绝一切掺假造假的可能，并且通过PICC质量保证，假一罚百！

相对于这样的优质虫草，创始人毛东来强调仙草“鲜”着，相对于极草的“含”着吃，毛东来有专业的理由，因为新鲜的冬虫夏草保鲜期很短，头草在采摘后，如果没有通过技术手段保存，它仍然会继续生长，那它的营养活性成分就大打折扣了。仙草必须是在48小时内，从采掘到工厂技术保鲜，必须原产地建厂，现场一次性封装。必须精选0.5克以上，品相完整饱满，无任何破损的头草为佳。

就这样的好产品，正常情况下应该好卖了吧，然而事实并非如此，因为这是高价值的产品，基本归类于保健品，而对于保健品如果用户不了解你、不信任你，即使产品再好，没有信任背书也很难打开局面。但是如果学习极草狂轰滥炸式的广告策略也不可行，除了投入的成本巨大之外，这一招本身也已经过时了，不一定能出现类似极草的销售效果。

在百般无奈之下，“仙草”最后决定使用受众驱动去破局运营，从身边最适合的并匹配的人开始，从中找种子用户，因为基本的信任背书会让沟通成本更低，转化率更高。通过用户的试用和体验来拉动第一波种子用户的认可，进而带动更多的天使用户购买，进而拉动主流用户的认同。就这样基于看似简单的运营模式，“仙草”业绩很快出现了爆破，最关键的是购买仙草的消费者重复购买率高达82%以上，在服务的过程中辅助基于健康、养生等分享活动，更是拉动许多认同仙草理念的老顾客将仙草推荐给自己信任的朋友。仙草的破局就是一个典型的受众驱动的过程，在国内大多高端滋补品选择广告来狂轰滥炸宣传自己的时候，仙草选择了更轻但更有效的方式，在高端保健品市场开辟出了一片根据地。

第七步：生态构建运作

一个企业发展到一个阶段，自然而然就会成为行业产业链的一部分，这时候也会面临着整合和被整合的市场竞争。我们身边的教育产业、旅游产业或者视频行业等等，都不断地在整合中构建自己的生态圈。许多并购合作的背后，也都是基于生态圈的思考和构建而带来的结果。

为人熟知的小米在苦心经营 5 年之后，倚靠“硬件 + 软件 + 服务”“铁人三项”理论，也初步建立起一套属于自己的生态系统。

小米打造的生态圈包含着移动互联网、智能硬件、电商平台这三个圈。事实上对于这些相关的公司产品都有互联网部分，也有硬件部分，最后都需要倚靠平台把服务和硬件设备推出去，小米把这三方构成完整

的生态圈联盟合作，使得服务能够分发，硬件能够互通，所有增值能够更有竞争力和卖点。

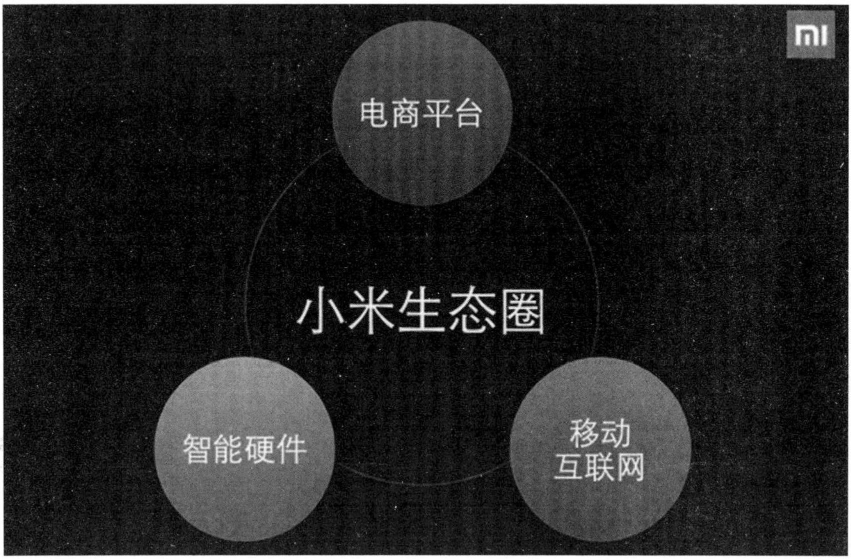

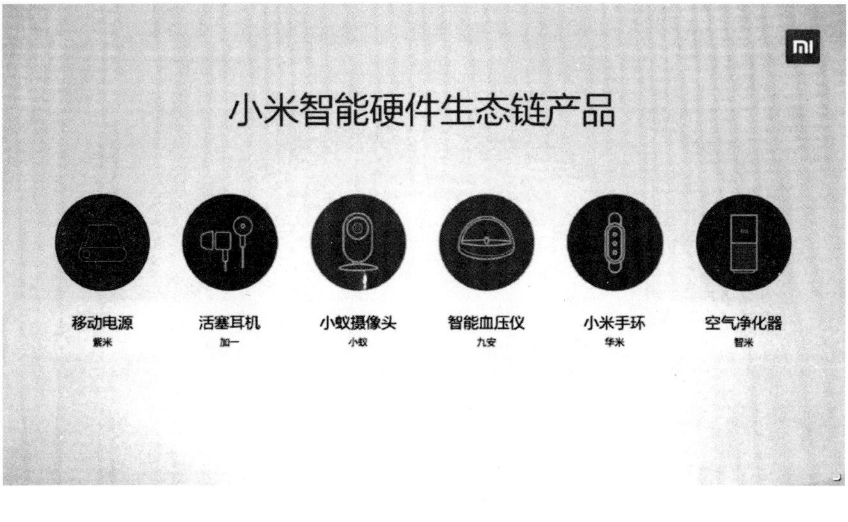

在硬件领域，除小米手机外，小米还陆续推出了小米盒子、小米电视、小米平板电脑、小米阅读器，以及路由器、移动电源、随身Wifi、

耳机等诸多产品。在软件领域，作为其核心产品的 MIUI 操作系统，用户只需在小米应用商店下载其 app，便可享受 MIUI 桌面、MIUI 短信、MIUI 联系人、MIUI 拨号、小米云服务等多种应用与服务。在服务领域，以 MIUI 操作系统为平台，小米先后推出了应用商店、主题商店、电子阅读、游戏中心、小米云服务、电子商务等多款互联网服务。此外，小米还尝试涉足互联网金融与移动支付，逐步完善其互联网服务体系。这样一整套庞大的生态圈体系正在一步一步建立，正如小米联合创始人洪峰所说："做手机是为了什么？正是为了更大的一个生态圈，小米会成为一种智能互联的生活方式，它几乎能覆盖人们衣食住行的各个方面。"

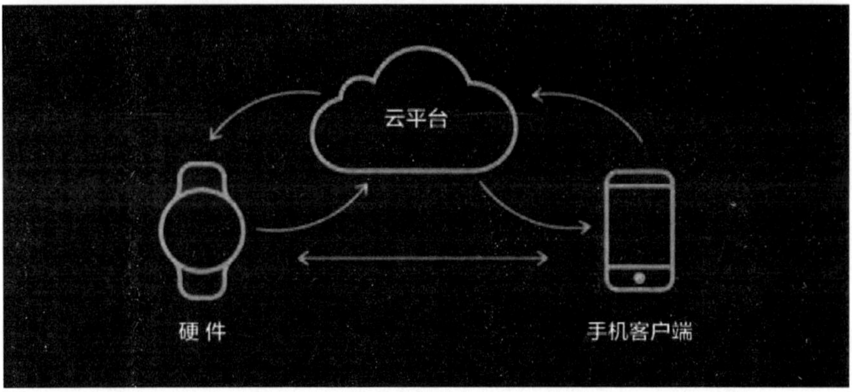

除了小米还有乐视，当然还有不可回避的 BAT，它们都已经超越产品层面的思考而转向生态平台的层面在规划未来，这既是市场空间的拓宽，同时也是企业自身系统防御的需要。但是能否真的做到生态圈的价值和意义，有一个东西比什么都重要，那就是价值原点，也就是一切企业最重要的根基，如同小米，如果手机业务出现大问题，那么对应构建的生态圈则会受到极大的影响甚至动荡。是什么决定着一个企业乃至于一个生态圈的稳健？是什么保障着发展的安全和持续？那就是代表着企业价值原点并支撑着企业摩天大厦的最初始动机——初心。勿忘初心，方得始终。初心是价值观也是企业的命。

第八章

勿忘初心

导读：为什么那么多的中小企业中，有的三年成长超越想象，有的十年之久旧颜不改？是什么决定了中小企业成长和突破的关键呢？曾经沧海难为水，除却巫山不是云。企业的发展既需要抓住机遇，更需要守住初心。没有积累，自然没有应对风险和意外的能力；没有初心，自然就不会有任何的敬畏和约束。创业需要的更多的是智慧而非聪明，需要的是初心而非投机。初心决定成败，初心即锚，初心即命！初心无敌，初心是你创业最好的BP。

冯仑在一次演讲中说：今天企业活过来的概率是多少？如果五年以上是7%，十年以上大概是2%，中国有几千万家公司，上市的有四千家，你成为这个的概率都很小。那你靠什么？唯有靠每一天积极应对变化而不松懈，每一刻不忘记梦想和使命，不放弃原则。冯仑分享了他多年的感悟：坚守初心和价值观是迈向成功的关键。对于大多数创业者来说，创业是一个永远没有句号的旅程。

初心决定成败

对一个创业者来说，一旦走到创业的路上，就不由自主地忙。我们

70% 的时间忙着 How 的事情，就是解决如何做的问题，25% 的时间忙着 What 的事情，就是思考到底做什么的问题，只留下 5% 甚至更少的时间去考虑 Why 和 Who 的问题。

其实对于创业来说,“为什么做”和“为什么是我去做”比“做什么”和“怎么做”都重要。所有的创业如果回归到最初的原点，可能也就是一个念头一个想法而已，而那个念头或想法往往就是你的初心，是你与别人最本质的不同。

在创业的路上，商业的残酷让走在创业道路上的任何一个创业者都饱受干扰。绝大多数创业者都因竞争的压力忘却了初心，让视角无法回到内心而失去了聚焦。

很多看似叱咤风云的人，往往积累的财富增加了足够的标签和物质的满足，然而最让人唏嘘的结果却可能是：忙碌了一生，却山寨了别人。

对于成功与失败，不同的人有不同的解释，但是如果一个人一生都没有真正地做自己，那么再多的人生标签、再多的物质财富也换不回重新再来一次的机会，那又怎么能够称之为成功呢？

初心就是竞争力

一颗初心看似微不足道，但初心的动能确实是永无止境的，任何事只要自己内心始终如一地喜欢，就能带来源源不断的能量，久而久之因积累从而产生极大的势能。比如“凯叔讲故事”的创始人王凯，他就是从为女儿讲故事中找到了自己创业的项目，既可以为女儿带来快乐也给自己极强的幸福感，进而给孩子以及家长们做了凯叔书屋、凯叔话剧《西游记》绘本等等，粉丝很快破四百万，即使一本《西游记》绘本也迅速做到预售几百万的业绩。基于为孩子讲故事的初心居然成就了一个亲子教育的大事业，如今更是一发不可收拾。

如果说过去的时代，我们无法让初心在商业的洗礼中保持纯粹，那么在移动互联网时代，我们不但能够保持初心且能够获取对应的商业价值。借 KK 的话：你只需拥有 1000 名铁杆粉丝，那么便足以让你活得很好。

如今很多人都在谈初心，从京东的广告《初心未变》到廖凡演的微电影《坚信初心之美》，从《中国企业家》“初心颠覆此刻”的特刊文章到各类使用初心为标题的新闻事件，初心似乎突然在移动互联网发展的浮躁氛围中显得重要起来。但是初心到底是什么？对我们意味着什么？和创业又有怎样的关联？

大家对初心的理解，大多是基于价值观、人生观、世界观三个层面去表达，如果一定要给初心一个定义的话，其实很难。我自己的理解是：初心就是对自己的终极期许，只关于心性，无关其他。初心即初始的本心，初心即命！初心决定了自己和别人的本质不同。初心可以决定每一个人的独一无二。

初心成就商业

在生命的成长中，初心会因为人的阅历和智慧而升级。在企业经营中，创始人的初心往往会成为企业的使命和愿景。马云成立阿里巴巴的使命就是他的初心：让天下没有难做的生意。而在创业过程中，阿里巴巴每解决一个实践中的难题就得到一次质的飞跃，从早期的 B2B 业务到 B2C 的淘宝再到支付宝等，无不聚焦着那颗“让生意不再难做”的初心。阿里巴巴 CEO 张勇在 2015 年集团内部演讲中还在强调阿里巴巴必须回到这颗“让天下没有难做的生意”的初心。他说：“如果我们想继续跟随着我们的愿景让天下没有难做的生意，那么我们首先要了解我们的用户在怎么做生意，他们有什么痛，我们能怎样帮助他们去解决这个痛，这样我们才能真正做到让天下没有难做的生意。”

而对于超速发展的小米手机来说，也开始不再处处都提目标了。创始人雷军是这样说的:“最近小米内部也在反思，提各种各样的销售指标和市场份额，在有非常多的短期目标的情况下，其实不利于坚守感动人心。最近几个月小米内部讨论的都是，‘回归初心、感动人心，把用户当朋友’的话题”。

初心需要我们反传统创业

现实的商业世界，我们身边更多的是“今朝有酒今朝醉，明日愁来明日愁”的生意人，见风使舵、见异思迁，或许能抓住一点商机，但从长期看最后还是落得两袋空空。传统创业者的思维逻辑更多把焦点放在外部而非内心。如果说过去我们谈初心，对于创业好像太奢侈了，那么今天谈初心可能恰恰是我们用反传统的创业方式迈向成功的关键。

坚守初心，以终为始，会让我们走出的步伐更持久更有张力。一颗初心能够在纷乱复杂的世界里不断地带来动力,它能够沉淀我们的兴趣、发挥我们的天赋并且能满足内心最深处的诉求，进而成就属于自己的人生意义。对于商业来说，物质和标签是最终的参照物，但是对于人生来说,精神和意义才是终极的追求。物质是永远弥补不了精神上的匮乏的，拥有一个有意义的行动导向，远比稀里糊涂地积累财富重要。

今天越来越多的创业者会基于自己的初心从一个小市场开始创业，在移动互联网方兴未艾的今天，一个小生意也有可能做成大事业。今天我们回头看看那些德国的隐形冠军，即使他们做的就是最传统的生意，即使他们没有依赖移动互联网的力量，但他们默默无闻地坚持，打造细分领域的极致产品，一样帮助他们过上体面的生活，并且还具备绝对的影响力和话语权。

当然对于更多年轻的创业者，面对这个百年难遇的时代机遇，需要好好珍惜利用，让它助力我们初心驱动之下的业绩成长和突破。今天很多基于移动互联网耳熟能详的成功案例,也给了我们更多的信心和力量。罗振宇的“爱智求真”让几百万粉丝趋之若鹜，并通过卖书销售了近 2

亿左右的业绩。而富有“工匠精神”的罗永浩,也创造了锤子手机品牌。更有意思的是写过歌、拍过电影、甚至坐过牢的高晓松，基于他最有天赋的“侃大山”分享，也做成了《晓说》《奇葩说》《晓松奇谈》等响当当的脱口秀节目。今天这个世界给足了舞台，只要展示出有张力和价值的东西，我们就能在商业中拥有一席之地。

今天在我周围还有很多基于“初心”而创业的案例，无论是绽放女装的三儿还是搜集各种美食的旋子，还是用声音记录一个城市人文风情的麦田，他们都在很幸福地创业，同时也收获了很多认同他们的粉丝，当然这背后也将收获巨大的想象空间和商业回报。

初心如月，阴晴未缺。拥有一颗不变的初心，并在初心的引领下积累、沉淀、升华，我们将不但拥有意义丰满且充实的人生，更有机会成就一番自己热爱并永葆活力和激情的事业。

总而言之，所有的一切最终还是在于自己的实践和执行。“实践是检验真理的唯一标准”,每个创业的人都应该踏踏实实地做一个“践人”,把“践”字进行到底。

扫描二维码
给你听一首歌

后记 / POSTSCRIPT

创业路上的寄语

致创业路上的伙伴们：

创业是条不归路，但也是一生中最具价值最有意义的事，因为它是开创自己的另一种人生。曾经只知道分辨对错，创业才知道如何平衡利弊；曾经只知道黑白分明，创业才知道必须适度妥协。创业没有吃不了的苦，但却有享不了的福。事实上，曾经以为的众多“苦难”，在若干年以后才发觉却成了最宝贵的财富和最美好的回忆。

如今我还记得做业务每天 150 家的拜访量 73 家有效用户的“扫楼”目标，在异乡每天几块钱连续撑过一周无人可求的困难期，连续八天半白天上课晚上做课件最后小腿静脉曲张，第一次全国培训师峰会分享后被批没有深度失魂落魄，做项目缺钱但不愿麻烦朋友的第一次银行借贷……无数第一次的痛苦和窘迫却成就自己今天的担当和自信。

创业的这些年给我带来的最大的三个变化和进步：

一、包容：世界太大，什么人都有，要自己有出息就得与众不同，这个世界能人很多，但仁人不多，唯有宽厚的心胸才能积聚更多的伙伴和朋友。遇到不爽的人和事，要学会忽略不计，计较本身带不来任何价值和回报，一切得向前看。看一个人不要只听别人怎么讲怎么说，要学会看他的价值观、性格习惯以及他周围的朋友,看人要用心,更需要时间。

人是一个复杂的动物，每一个人都曾有着善意和恶念，特别是在利益面前，哪里可能一下遇到完全洁净的圣人。有的人看似质疑你然而却是真正愿意陪你到最后的人，有的人看似关心你却往往希望看到你的笑话……人性就是这么无常和可爱。每一个人都有不同的基因、个性、成长环境和背景，乃至差异化巨大的三观和信仰，同一件事一个人还可能在不同的人面前呈现出N个版本，以不变应万变的态度对待是最佳的选择。

我的座右铭是:“我本将心向明月，无谓明月照沟渠。”用善良对待善良，用正直对待小人，不要刻意地希望改变一个人，人不是被改变的而是需要他自己改变的，最好的方向是努力升级自己，让自己强大。人生匆匆,善良远比聪明重要,走着走着就会发现很多事都越来越不重要,智慧往往就是你活着的态度，适度妥协是一种修养，包容是给彼此的一个机会，四个字概括叫:难得糊涂。但过于世故的人，要敬而远之，因为他已经没有正能量了。

二、选择:每个人只有一次生命,只有一次经过同一时间河流的机会,对事业来说选择比努力更重要,兴趣比勤奋更重要,天赋比资源更重要,初心比财富更重要。创业久了，才发现曾经太执着于与不在同频道的人沟通，以为自己拥有强大的沟通能力，随着年纪越来越大，就越来越发现学会选择和拒绝是迈向成熟的一种能力。很多看似聪明的选择却最没有未来，而很多看似傻傻的选择却获得成就。选择需要顺势而为，顺自己的势，顺时代的势，顺机遇的势。

创业路上，我们常常问How、问What但很少问Why问Who，为什么是自己，一生无数选择，但是关键的就只有几次，人生的成就不在于起点而在于转折点。什么都可以来,但最最要提醒自己的是:别忙碌了一生,却山寨了别人。

三、感恩:没有人天生就应该帮你支持你陪伴你，但我们却拥有了很多认同、关心和照顾。很多事一开始只是为了参与，但走着走着却走出了使命和梦想，身边的亲朋好友、同事伙伴都只能在路上陪伴一个阶段，遇到了都是缘分，受人恩泽就必须心存感恩，这是对别人最基本的尊重和感谢，更重要的是让帮助你的人感到温暖，这也会让自己感到更加幸福。在越来越快的世界，大家越来越孤独，遇到一个认同和支持你的人，从概率上来看那是无比幸运的事，感恩可以让你更愿意帮助更多的人，也会更好地净化自己的心灵。感恩会让自己获得更多幸福的体验，也是我们为人处世的根本。

快乐只与自己有关，但幸福确实唯有与别人联系在一起才有可能。感恩是一道证明题，出题的人也是做题的人，个中感受不言而喻。光阴似水，信念无价。创业创的是另一种人生，有的人35岁就死了，75岁才埋葬。我们无法重复过去，但可以重塑未来，谁知道明天是怎样的呢？那么就试试吧，不试也是几十年。对于每个人来说，这时间根本就是借来的，你一秒也存不下来，既然如此，那就搏一搏吧，万一你创造了另一番天地呢？

最后，感谢那些看透了我，却还一直陪在我身边的人，对于我来说好朋友的感觉就是：有人懂你的欲言又止。对于过往，我已经很幸运，希望你们也如我一样：该珍惜的珍惜，该怀念的怀念，但唯有面向未来的时候，我们才能沐浴未知的灿烂星光！

王　挺

2016年10月24日

最后特别感谢初心会的好伙伴汤洁、郑伟、璐璐、殷少聪等协助校对矫正书中的错误，更要感谢的是宗仁、青柏、杨卿、立忠兄等，还有芈月会的利峰、李洋、芳芳、印红霞、叮叮、朱丹、李月等组织的试读小组小伙们给予的莫大支持。在这里再次感谢大家的厚爱和帮助！

创业·笔记

创业·笔记

初心会成功案例

传统礼服店升级为 > 中国首家互联网礼服租售平台

传统制陶吧升级为 > 家居陶瓷定制服务专家

传统酒类消费品 > 黄祖初心众创社群 + 互联网黄酒第一品牌

初心会
海盗团会员

扫描二维码
加入初心会

了解
初心会

扫描二维码
关注初心会公众号